목사 공부

# 목사
# 공부

수행과 순례로서의
목회

정용섭 지음

Holy
WavePlus

차
례

# 머리말

한평생 목사로 살아왔는데도 나는 아직 "목사란 누구인가?"라는 질문에 확실한 대답을 얻지 못했다. 숨이 끊어지는 순간까지 그 대답을 얻지 못할 것이다. 따지고 보면 목사 이전에 기독교인이고, 기독교인 이전에 사람이기에 기독교인이란 누군가, 그리고 사람이란 누군가를 먼저 질문해야 할지 모르겠다. 하지만 아무리 내공이 뛰어난 선생이라고 해도 시간과 공간의 결합으로 진행되는 이 세상에서 숨을 쉬고 먹고 마시면서 생명을 유지하는 피조물인 한 이런 질문에 딱 떨어지는 정답은 내리지 못한다. 궁극적인 것은 은폐되어 있기 때문이다. 뭔가를 자기만 알고 있는 것처럼 말하는 사람은 세상의 깊이를 눈치 채지 못할 정도로 순진하거나 그걸 두려워하는 것뿐이다. 1980년 군목으로 시작된 지난 목사 생활을 돌아보니 다음과 같은 욥의 고백을 내 고백으로 인정할 수밖에 없다. "무지한 말로 이치를 가리는 자가 누구니이까? 나는 깨닫지도 못한 일을 말하였고 스스로 알 수도 없고 헤아리기도 어려운 일을 말하였나이다"(욥 42:3).

오해는 없었으면 한다. 목사로서 내면의 불안을 완전히 씻어내지는 못했지만 나는 이제껏 목사의 길을 더할 나위 없이 즐겁게 걸어왔으며, 지금도 그렇게 목회의 마지막 지점을 바라보면서 걷고 있다. 다시 인생을 살아보라고 해도 역시 목사의 길을 기꺼이 선택할 것이다. 상투적으로 하는 말이 아니다. 궁극적인 생명의 현실인 하나님께 가까이 가는 것보다 더 즐거운 일이 세상에 없지 않은가. 다른 직업도 하나님을 믿는 사람에게는 소명이기에 그분께 가까이 가는 길이기는 하지만, 목사는 전업으로 하나님의 말씀을 연구하고 질문하고 대답을 찾고 그리고 그것을 회중에게 전하는 일을 하는 사람이니까, 특별한 은사를 받은 사람임이 틀림없다. 이 말은 목사로서의 확신과 그 존재의 불안이 내 삶에서 빚어내는 긴장을 놓치지 않겠다는 뜻이다.

『목사 공부』라는 제목에 대해 간단히 설명해야겠다. 목사가 되려고 하거나 이미 그 길에 들어선 이들에게 무슨 비법을 전수하거나 충고를 하려고 이 책을 쓴 게 아니다. 여기 쓴 글은 다른 이들이 아니라 나 자신에게 하는 말이다. 좀 더 젊었을 때 준비되었으면 좋았을 문제들을 마치 바둑에서 복기하듯이 되돌아본 것이다. 복기의 과정을 통해 내가 걸어온 목사의 길이 어땠는지를 확인하는 작업이기도 하다. "공부"라는 제목을 붙인 이유는 이렇다. 원래 공부는 "학문이나 기술을 배우고 익힘"이라는 뜻인데, 내 생각에 더 근본적으로는 수행을 가리킨다. 곧 어떤 경지에 도달하는 것으로 끝나는 게 아니라 꾸준히 자기를 단련하는 과정을 가리킨다는 뜻이다. 예술가도 그렇다. 피아니스트는 쇼팽 콩쿠르에서 대상을 탔다고 해서 연습을 게을리하지 않는다. 피아노 연주의 세계 안으로 깊이 들어가면 들어갈수록 그는 더 치열하게 피아노 공부를 한다. 소리를 듣기도 하고 보기도 하면서 즐겁게 예술의 길을 구도자처럼 갈 뿐이다. 바울도 자신이 이미 얻었거나 이룬 게 아니라 푯대를 향해서 달려간다고 말했다(빌 3:12-14). 나는 거룩한 예술가라 할 목사의 길을 이런 공부로 이해했다.

『목사 공부』는 목사론이나 목회론을 위한 본격 저술이 아니다. 설교도 아니고 논문도 아니다. 목회에 성공한 사람의 감동적인 간증도 아니며, 교회 개혁을 함께 실천하자는 격문도 아니다. 차라리 영혼의 수필이라고 보는 게 맞다. 매일 조금씩 기도하는 마음으로 썼다. 어떤 것에도 묶이지 않고, 정말 편하게 글을 썼다. 처음부터 전체 줄거리를 짜지 않고, 글을 쓰면서 그때그때의 생각을 자연스럽게 따랐을 뿐이다. 이것을 나는 성령의 이끄심에 순종한 것이라고 생각한다. 이 글을 붙들고 있을 때 내가 느꼈던 영적 즐거움이 독자들에게 전달되었으면 한다.

사유와 글쓰기에서 말석에 앉아 있는 필자의 글을 출판해준 새물결플러스의 김요한 대표님과 모든 관계자들에게 중심에서 감사의 말씀을 드린다. 빚진 자의 심정이다.

2017년 부활절을 앞두고, 영천 원당에서
정용섭 목사

# 목사란 누구인가?

한국에는 목사가 넘쳐난다. 이에 비해서 목사가 활동할 수 있는 자리는 제한적이다. 목사가 됐지만 자리가 없어 백수로 지내거나 대리 운전이나 택배 기사 등, 임시로 다른 일을 하는 이들도 제법 많다. 담임 목사를 찾는다는 청빙 광고에 사오십 명은 보통이고, 많게는 칠팔십 명이 지원하는 것이 다반사다. 요즘 대한민국 젊은이들의 어려운 취업 상황과 비슷하다. 이렇게 된 데에는 수요와 공급의 불균형이 일차 원인이다. 이천 년대에 들어오면서 교인 수는 정체되거나 줄어드는데 비해 1980, 90년대 늘어난 신학생 정원 수는 그대로 유지되었다. 수요가 줄면 공급도 줄어야 마땅한데도 이런 불균형이 계속된다. 이유가 뭔가?

신학생 수를 줄이면 교단 전체의 교세가 약화된다는 생각이 각 교단의 지도급 인사들에게 팽배하다는 게 하나의 이유다. 지금까지 한국교회가 성장한 데에는 신학생 배출이 큰 몫을 차지했다. 군소 교단이었던 몇몇 교단이 대거 신학생을 배출한 덕에 손에 꼽히는 교단으로 성장한 일도 있다. 교단 간의 경쟁이 극심한 한국교회 상황에서 신학대학교 정원을 줄이는 일은 쉽지 않을 것이다.

현재 신학대학교 재정 운영의 등록금 의존도가 높은 것도 또 다른 이유다. 신학대학교마다 차이가 있겠지만 신학생 숫자가 10퍼센트만 줄어도 경영에 적지 않은 어려움을 겪는다. 교단이나 이사들이 큰 액수의 전입금을 부담하지 않는 한 신학대학 당국으로서는 입학 정원을 줄일 수 없다. 목사를 양성하는 신학대학이 경영 논리에서 한 발자국도 벗어나지 못한다는 게 비극이라면 비극이다. 다른 건 몰라도 로마 가톨릭교회가 신학교 운영에서만은 모범적이지 않을까 생각한다. 경영 논리가 아니라 교회의 본질이라는 차원에서 신학교를 운영하고 있으니 말이다. 그들은 정원 미달을 감수하면서까지 양질의 신학 후보생을 선발하고 있다.

목사직에 대한 무조건적인 선망도 또 하나의 이유가 된다. 목사에 대한 교회 밖의 평가는 가지각색이지만 여전히 교회 안에서는 우호적이다. 은혜를 받으면 목사가 되거나 선교사가 되어야 한다고 생각하는 이들이 아직도 많다. 이런 경향이 부정적으로 나타나기도 한다. 개인의 사업이 실패하거나 특별히 할 일이 없는 사람들도 은혜를 받았다는 명분으로 신학대학교의 문을 두드린다. 심한 경우는 세상에서 못된 짓을 골라가며 하던 사람이 나이 들어서 신학을 공부하여 목사가 되기도 한다. 정년이 몇 년 남지 않은 나이인데도 불구하고 목사 안수를 받는 어처구니없는 일도 벌어진다. 자신을 목사로 만드시기 위해서 하나님께서 세상에서 단련을 받게 했다고 자랑삼아 말한다. 이런 일들은 주로 군소 교단에서 자주 일어나지만 그 풍토는 모든 교단에 해당된다. 이런 상황에서 신학생의 숫자는 줄어들 수 없다.

목사의 과잉 배출에 대한 다른 의견도 있긴 하다. 남북통일 이후 북한 지역에 달려갈 목사들을 준비시키려면 목사 배출을 좀 넘치게 해도 좋다는 주장이 그것이다. 그런 말은 전형적인 견강부회다. 그런 자기 합리화로 오늘의 목사 과잉을 합리화할 수는 없다. 하나님의 큰 섭리는 그분께 맡기고 지금 여기서 시시비비를 가릴 건 가려야 한다. 고칠 게 있으면 고치고, 버릴 게 있으며 버리고, 필요한 건 채워야 한다.

목사 과잉으로 인해서 벌어지는 문제 중 하나는 목사들끼리의 경쟁이다. 경우에 따라서 경쟁이 교회 성장의 에너지로 기능할 수도 있지만, 한국교회에서는 그런 긍정적인 영향보다는 교회 일치를 훼손하는 부정적인 영향이 훨씬 더 크다. 이건 목사만의 문제가 아니라 한국교회 전반에 걸친 것이다. 개교회주의가 극에 달했다는 사실은 아무도 부정하지 않는다. 마치 식당이나 슈퍼마켓이 서로 경쟁하듯이 교회도 경쟁을 당연하게 받아들인다. "꿩 잡는 게 매"라는 식으로 이런 현상이 별 문제가 아니라고 생각하는 사람들이 있겠지만, 교회의 본질이 왜곡되면 결국 위기에 봉착하는 것은 시간문제다.

목사 과잉으로 인해 벌어지는 또 하나의 문제는 목사의 질적 저하다. 목사의 수준을 표준화해서 말하기는 어렵다. 지적 수준이나 인격적인 수준이 낮아도 영적 수준이 높은 사람이 있을 수 있다. 그렇지만 누구라도 알 수 있는 최소한의 수준이라는 게 있다. 단기 과정으로 목사 안수를 남발하는 군소 교단은 접어두자. 어느 정도 인정받는 교단의 신학생들도 수준이 모두 적정하다고 말하기는 어렵다. 너무 많은 신학생이 배출되기 때문에 적정 수준에 이르지 못한 학생을 걸러내기가 어렵다.

더 심각한 문제는 악화가 양화를 구축한다는 경제 원리가 목사 세계에도 적용된다는 사실이다. 질이 떨어지는 목사들의 득세로 인해 괜찮은 목사들이 갈 자리를 찾지 못한다. 교회 권력을 손에 쥔 당회원들은 신학적으로 반듯한 목사보다는 무조건 교회를 성장시킬 수 있는 목사를 찾는다. 목사도 거기에 영향을 받지 않을 수 없다. 이런 상황에서는 바르게 목회하고 설교하려는 목사가 점점 줄어들 수밖에 없다.

목사 과잉 배출은 분명히 비정상적인 구조인데도 이를 근본적으로 해결해보려는 움직임은 찾아보기 힘들다. 그런 노력을 하는 분들이 일부 있긴 하나 실제 교권을 행사하고 있는 사람 중에는 없다고 해도 과언이 아니다. 그러니 문제 해결이 요원할 수밖에 없다. 또 이 문제는 구조적으로 이리저리 얽혀 있어서 뾰족한 수도 없다. 목사의 질은 떨어지고, 권위도 떨어지고, 목사들끼리의 경쟁은 심해지고, 요행으로 자리를 얻은 사람은 거기에 매달리는 악순환이 가중될 뿐이다.

2014년 4월 13일 자 아무개 인터넷 신문에 따르면 장로교 통합과 합동 교단에서만 목사가 일 년에 천 명이 넘게 배출된다. 소위 미자립 교회도 예상 외로 많다. 통합 교단은 2013년 기준으로 8,417개 교회 중 2,880개의 교회가 미자립이라고 한다. 5년 전보다 330개가 더 늘었다. 합동 교단은 2011년 기준으로 10,709개 교회 중 5,058개 교회가 미자립이다. 여기서 미자립이라는 말은 교회 재정으로 단독으로 목사의 생활비를 감당하지 못하는 교회를 가리킨다. 이 보도는 과장된 면이 없지 않아 보이긴 한다. 그래도 많은 교회의 재정 상황이 별로 좋지 않다는 것만은 누구나 인정할 것이다.

이런 문제는 알 만한 사람은 다 알고 있으니 더 이상 말하지 않겠다. 이렇게 떠든다고 해서 문제가 해결되지도 않을 뿐만 아니라 다른 한편으로 때가 되면 저절로 해결될지도 모르겠다. 다만 이것이 한국 교회와 목사의 현주소를 볼 수 있는 단면이기에 한번 짚어본 것뿐이다. 그것보다는 목사의 정체성에 대한 질문이 내게는 더 중요하다. 이에 대한 진지한 성찰이 없었기에 목사 과잉 배출 현상도 교정의 기미가 보이지 않는 것이 아니겠는가.

목사의 정체성이 무엇인지 모르거나 오해하는 신자들이 많다. 정작 목사 자신도 모를 수 있다. 교과서에 적힌 답은 대충 안다. 하나님의 소명을 받아 일정한 과정의 훈련을 받고 교단에서 안수를 받아 교회의 영적 지도자로 활동하는 사람이 목사다. 이런 대답으로 충분한가? 이게 무슨 뜻인지 알고 있을까? 오늘날 목사가 실제로 영적 지도자로 사는가? "영적"이라는 말을 알기나 하는 걸까? 목사들은 성서가 말하는 영이 무엇인지 알며, 또한 그걸 경험했을까? 하나님으로부터 소명을 받았다는 말의 참된 의미를 이해하고 있을까? 더 근본적으로 하나님이 누군지는 아나? 아는 것도 없고, 경험도 없고, 진정성도 없고, 도덕성도 없고, 카리스마도 없이 목사라는 직업인으로 머물고 있는 건 아닌지.

나는 여기서 상투적인 대답은 가능한 한 피하겠다. 문제가 있으면 돌려서 말하지도 않겠다. 30여 년을 목사로 살아온 사람으로서 본 대로, 들은 대로, 생각이 흘러가는 대로 좌고우면 없이 말하겠다. 성령께서 도와주시기를!

## 소명

내가 이십 대 초 신학생이었을 때와 삼십 대 젊은 목사였을 때까지
처음 만난 분들로부터 들은 가장 흔한 질문은, 어떻게 해서 신학대학
교에 갈 생각을 했느냐 하는 것이었다. 하나님의 부르심을 어떻게 받
았느냐는 질문이다. 이런 질문을 하는 분들은 일반적으로 바울이나
아우구스티누스의 경우처럼 극적인 경험을 기대한다.

신학대학교에 가는 동기는 각양각색이다. 가장 흔한 동기는 고등
학생 때나 대학생 때 신앙적으로 뜨거운 경험을 하는 것이다. 소위
은혜 체험이다. 이런 은혜 체험이 있으면 신학대학에 가서 목사가 될
생각을 한다. 한국교회의 분위기가 그렇다. 어떤 이들은 부모의 강요
로 신학생이 되기도 한다. 부모가 소위 서원 기도를 하기도 한다. 아
들을 낳으면 목사로 만들고, 딸을 낳으면 사모로 만들겠다고 말이다.
요즘은 좀 덜하겠지만 내가 신학교를 다니던 시절만 해도 그런 에피
소드가 많았다. 큰 병에 걸렸다가 기도하고 치료된 후 신학대학교에
오기도 한다. 또는 수능시험 점수가 좋은 대학교에 들어갈 정도로 나
오지 않아서 어쩔 수 없이 신학대학교에 오는 학생들도 적지 않다.

도대체 목사의 소명(召命)이 무엇인가? 소명이 객관적 실체로서
있기는 하는 걸까? 소명은 하나님으로부터 부름을 받았다는 뜻이다.
이런 소명을 받았다는 확신이야 강할수록 좋은 것이지만 그게 간단
한 문제가 아니다. 사이비 이단 교주들도 다 하나님이 자기를 부르셨

다고 주장하는 마당이니, 하나님이 부르셨다는 사실을 객관적으로 확인할 길은 없다. 어떤 이들은 기도하는 중에 하나님의 음성을 직접 들은 것처럼 주장한다. 그런 경험은 가능하지만 실제로 그런 일은 일어날 수 없다. 그런 주장은 대부분 뭔가를 오해하는 데서 벌어진다. 하나님은 사람처럼 성대를 관통하는 공기의 떨림으로 말씀하는 분이 아니니 우리가 귀로 그분의 말씀을 직접 들을 수는 없다. 그런 경험은 환청이다. 환청이 반복되면 임상 치료를 받는 게 좋다.

하나님으로부터 소명을 직접 받은 이들의 이야기가 성서에 나온다. 그냥 나오는 정도가 아니라 자주 나온다. 모든 예언자는 하나님으로부터 직접 소명을 받은 사람들이다. 그들은 과감하게 하나님이 자신에게 말씀을 주셨다고 선포했다. 그들의 고유한 소명 경험과 말씀 선포 행위를 가리켜 신탁(神託)이라 부른다. 대예언자 중 하나인 이사야는 성전에서 신비한 현상을 경험했다. 그는 하나님의 부르심을 받고 대답한다. 이사야 6:8은 그걸 이렇게 전한다.

내가 또 주의 목소리를 들으니 주께서 이르시되 "내가 누구를 보내며 누가 우리를 위하여 갈꼬" 하시니 그때에 내가 이르되 "내가 여기 있나이다, 나를 보내소서" 하였더니…(사 6:8).

이 뒤로 야웨 하나님과 이사야의 대화가 이어진다. 이런 걸 보면 구약의 예언자들은 하나님과 직접 대화를 나누는 방식으로 소명을 받은 것처럼 보인다. 예레미야도 비슷하게 하나님의 부르심을 직접 듣고 대답한다. 그가 들은 말씀은 이렇다.

내가 너를 모태에 짓기 전에 너를 알았고 네가 배에서 나오기 전에 너를 성별하였고 너를 여러 나라의 선지자로 세웠노라(렘 1:5).

아브라함과 모세의 소명은 더 드라마틱하다. 모세 이야기만 보자. 그는 살인 사건에 연루되어 오랫동안 망명생활을 했다. 미디안에서 양을 키우며 지내던 어느 날 미디안 원주민들의 성지라 할 수 있는 호렙 산에 올라갔다가 불은 붙었지만 타지 않는 떨기나무를 보았다. 그 현상을 보려고 가까이 가자 야웨의 말씀이 그에게 임한다. 그 장면을 본문은 이렇게 전한다.

하나님이 떨기나무 가운데서 그를 불러 이르시되 "모세야, 모세야" 하시매 그가 이르되 "내가 여기 있나이다" 하나님이 이르시되 "이리로 가까이 오지 말라, 네가 선 곳은 거룩한 땅이니 네 발에서 신을 벗으라"(출 3:4).

이후로 모세는 하나님과 많은 이야기를 나눈다. 하나님은 모세에게 이집트에서 고통 당하는 동족 이스라엘을 해방시키라는 명령을 내린다. 전형적인 소명 이야기다. 모세는 호렙 산의 처음 소명부터 시작해서 평생 하나님으로부터 말씀을 듣는다. 유대 전승에 따르면 모세는 하나님과 늘 대면하는 사람이었다. 오죽했으면 그가 시내 산에서 내려왔을 때 사람들이 감히 쳐다볼 수 없는 후광이 비쳤다고 했겠는가.

이런 이야기를 기자들이 확인해서 보도할 수 있는 객관적 사건으로 이해하면 곤란하다. 물론 아무런 근거가 없는 이야기라는 말이 아

목사 공부

니다. 성서를 읽을 때는 사실(fact)과 사건(event)을 구분해야 한다. 사실은 신문기자가 취재해서 보도할 수 있는 이야기라고 한다면, 사건은 역사학자에 의해서 해석되어야 하는 이야기다. 성서 이야기는 사실이라기보다 사건이다. 사실과 대비된다는 점에서 사건이라는 단어를 사용했지만, 그게 정확한 건 아니다. 우리의 일상에서 영어 event는 사랑하는 사람의 생일을 축하해주는 행위 같은 것을 가리킨다. 그 단어가 성서의 심층을 충분히 알려주지는 못한다. 따라서 차라리 독일어 "에어아이그니스"(Ereignis)가 더 낫다. "에어아이그니스"는 사건으로 번역되긴 하나 생기(生起)라는 뜻이 강한 단어다. 역동적인 힘이 실린 사건이라는 뜻이다. 이런 점에서 성서의 소명 이야기는 시(詩)와 같다. 시어는 사실을 넘어서 훨씬 근원적인 사건을 가리킨다. 시를 사실의 차원에서만 읽는 사람은 시를 모르는 사람이다.

예컨대 서정주 시인의 "나를 키운 건 팔 할이 바람이다…"라는 시구가 있다 하자. 여기서 바람을 물리 현상인 그 바람이라고 읽는다면 이 시의 근본 의미를 놓치는 거다. 서정주의 바람은 자기를 자기 되게 한 어떤 근원적인 사건이다. 이는 언어일 수도 있고, 존재일 수도 있고, (이건 억측인데) 바람기일 수도 있고, 사랑일 수도 있고, 시작(詩作)일 수도 있다. 약간 옆으로 나가는 말이지만, 나는 서정주의 이 말이 기독교 신앙에도 들어맞는다고 생각한다. 나는 이렇게 말할 수 있다. "나를 나 되게 한 건 대부분이 루아흐다." 루아흐는 바람, 영이라는 뜻의 히브리어다. 그건 생명의 힘이다. 루아흐가 있으면 생명이 있는 거고, 없으면 생명이 없는 거다. 루아흐가 떠나면 사람은 죽는다. 죽을 때 숨이 멎는 현상과 같다. 서정주 시인이 이런 성서의 의미를 알고 저런 말을 했는지, 확실치는 않다. 허나 기독교인이 아닌 사람에게서 간혹 기독교 신앙에 관련된 경험을 들을 수 있다는 건 신기한 일이다.

모세의 떨기나무 소명 장면을 시처럼 읽어보라. 모세는 어떤 절대적인 힘을 경험했다. 지난 40년 동안 미디안 제사장인 이드로의 데릴사위로 살면서도 그의 영혼에서 떠나지 않는 것은 이집트에서 고통 당하는 동족 이스라엘이었다. 미디안 광야를 오가는 낙타 행상들을 통해 그쪽 소식을 전해들을 때마다 그의 영혼은 무너져 내렸을 것이다. 그는 양을 치면서 많은 생각을 했다. 사족으로, 모세에게 양을 치는 일은 수행이었을 것이다. 사실 준비만 되면 인간의 모든 행위가 수행이긴 하다. 민족의 해방을 위해서 자신의 운명을 던져야겠다는 생각이 점점 분명해지던 어느 날, 그는 호렙 산의 불붙은 떨기나무 앞에 서게 되었다. 이상한 현상 앞에서, 사실은 그게 "성 엘모의 불"이라는 자연현상이지만, 그는 민족 구원에 대한 사명을 하나님의 소명으로 경험했다.

이런 말을 듣고 불편하게 생각하는 사람들도 있을 것이다. 모세의 호렙 산 경험이 하나님의 직접적인 현현에 의한 게 아니라 단지 모세의 결단에 불과한 거냐 하고 말이다. 그게 아니다. 하나님 표상은 인간의 심리적 투사가 아니다. 하나님은 오이디푸스 콤플렉스의 대상도 아니다. 그분은 우리의 생각을 초월하는 분이기에 우리의 생각에 좌우되지 않는다. 그분은 우리를 창조하신 분이지 "만들어진 신"이 아니다. 지금 나는 하나님과 그의 계시 자체에 대해서 말하는 게 아니라 그분과 그분의 계시에 대한 증언인 성서의 소명 이야기를 설명

목사 공부

하는 중이다. 다시 강조하거니와 우리는 그 이야기를 단순한 사실 언어(fact language)가 아니라 의미 충만한 사건 언어(event language)로 읽어야 한다.

소명에 관한 질문을 받을 때마다 나는 똑 부러진 대답을 하지 못했다. 대답할 만한 특별한 일이 없었기 때문이다. 그래서 "하나님이 불러주셨지요"라고 두루뭉술하게 대답한 것 같다. 아주 오래전이라서 기억이 분명하지는 않다. 실제로 내게는 신학대학교에 갈 특별한 동기가 없었다. 어려운 가정 형편으로 고등학교에 갈 수도 없었다. 서울 출신이지만 여차한 과정을 통해서 경주상고를 다녔다. 상고를 다닌 덕에 부기와 주산, 타자를 배워서 지금도 좀 도움이 된다. 당시 상고 학생은 졸업하면 대다수가 취업을 했다. 왜 그런 생각을 했는지 모르겠지만, 나는 어떻게 해서라도 대학교에 가겠다는 속셈으로 학교수업 외에 개인적으로 입시공부를 했다. 당시는 예비고사 제도가 있었다. 여기서 일단 전국 입시생의 반이 걸러진다. 내 기억으로 당시 경주상고 졸업생 중 나를 포함해서 두 명이 예비고사에 합격했다. 나는 등록금이 들어가지 않는 대학에 지원했다가 떨어졌다. 부득이 서울에 올라와서 형님 댁에 신세를 지면서 재수를 했다. 하루 종일 어둠침침한, 여름에는 바로 옆에 있는 변소에서 구더기가 문틈으로 기어들어 오던 그 골방이 기억에 생생하다. 교회는 열심히 다녔다. 예비고사 성적이 뛰어난 게 아니니 이번에도 원하는 학교에 들어갈 수 없을 것 같았다. 그럴 바에야 교회에서 등록금을 지원해준다는 신학대학교에 들어가는 게 좋겠다는 생각을 했고, 담임목사님께 상의를 드린 후 신학대학교 입학원서를 사왔다. 내가 다니던 교회가 성결교회

여서 서대문구 충정로에 있는 서울신학대학교를 다녔다. 학부 2학년 2학기 때는 캠퍼스가 부천으로 이전했다. 상황이 이러니 소명이라는 말을 입에 담기가 어색했다. 사실에 입각해서 말한다면, 돈이 없어서 신학대학교에 갔다고 보는 게 맞다. 결국 이십 대 젊은 시절 수도승처럼 신학교와 교회에만 붙어 살다가 목사가 되어 지금까지 왔다.

서울신학대학교 입학이 1973년도이니, 벌써 40년이 넘었다. 이제야 소명이 무엇인지가 손에 잡히는 것 같다. 무슨 말인가? 소명은 한순간으로 결정되는 게 아니라 그의 삶 전체로 완성된다. 한순간의 소명의식을 짜릿하게 경험하는 것보다는 전체 삶의 과정에서 소명의식의 깊이로 시나브로 들어가는 게 더 중요하다. 더 중요한 정도가 아니라 결정적으로 중요하다. 모세가 호렙 산에서 경험한 소명이 옳은 이유는 그의 전체 삶이 그걸 보증했기 때문이 아니겠는가.

소명은 목사만이 아니라 모든 기독교인의 삶과 관련된다. 그걸 평생 인식하고 사는 사람이 있고, 그렇지 못한 사람이 있다. 거칠게 표현하면, 전자에 속한 사람은 영적으로 깨어 있는 사람이고, 후자는 잠들어 있는 사람이다.

마르틴 루터는 기독교인의 소명 개념을 정확하게 가르쳤다. 그는 직업을 가리키는 독일어 명사 베루프(Beruf)가 "소환하다"는 뜻의 동사 베루펜(berufen)에서 온 것이라는 사실에 근거해서 모든 직업을 하나님으로부터의 부름이라고 말했다. 그 이전까지는 성직만 소명으로 받아들여졌다. 성직은 거룩하고 일반 직업은 세속적이라고 말이다. 하지만 루터 이후로 기독교인들은 모든 직업을 똑같이 소명이라고 여길 수 있게 되었다. 구두수선공이나 주교나 똑같이 소명을 받은 사람들일 뿐이다. 그 이상도 아니고 그 이하도 아니다. 직업에 대한 성속이원론으로부터의 해방이 이루어졌다.

루터의 소명론은 기본적으로 만인사제직과 연결된다. 당시 로마 가톨릭은 사제만 미사를 집전할 수 있었다. 사제가 하나님과 평신도 사이를 중재한다는 뜻이다. 이런 관점은 오늘의 가톨릭교회에도 여전하다. 루터는 사제와 평신도의 질적인 구별을 거부했다. 모든 신자는 하나님께 직접 기도드릴 수 있으며, 직접 용서를 받을 수 있다. 당연히 직접 예배도 드릴 수 있다. 이런 생각을 지금 우리는 당연하고 자연스럽게 받아들이지만 당시로서는 혁명적인 발상이었다.

이런 신학적 통찰에 따르면 소명은 우리의 일상 영역 전체에 해당된다. 일상이 곧 하나님의 소명이다. 일상은 삶의 자리다. 아니, 삶자체다. 하나님은 우리를 삶(생명)으로 부르셨다. 일상에서 소명을 경험하는 사람이 바로 하나님의 사람이다. 목사도 여기서 예외가 아니다.


## 수행으로서의 목회

앞에서 소명은 한순간의 특별한 경험이라기보다는 전체 삶에서 심화되어야 한다고 말했다. 그것이 일상의 소명과 일치하는 이야기다. 삶전체로서의 소명과 일상으로서의 소명을 연결해서 생각하면 답이 나온다. 한 사람의 전체 삶은 일상으로 구성되며, 일상은 전체 삶에서 완성된다. 일상이 있어야 전체 삶이 가능하고, 전체 삶 안에서 일상은 의미를 얻는다. 인간의 삶에도 부분과 전체가 신비롭게 연결되어 있다.

이걸 아는 사람은 삶과 일상을 수행으로 받아들인다. 다른 사람이나 조직이 자신에게 강요하는 것을 억지로 떠맡거나 자신의 능력을 다른 이들에게 보여주기 위해서 살지 않는다. 일상이 전체 삶과 어떻게 연결되는지 예민하게 성찰하면서 산다. 그게 수행이다. 이런 점에서 목회를 수행으로 여기는 목사야말로 소명을 받은 사람이라고 보는 게 옳다.

수행으로서의 목회란 무슨 뜻일까? 이에 대한 대답을 찾기 전에 한국교회 신자들이 수행(修行)이라는 말을 별로 탐탁스러워하지 않는 이유를 먼저 짚어야겠다. 이를 확인하면 목사가 목회를 왜 수행의 차원으로 대하지 못하는지를 알 수 있을 것이다. 여기에는 여러 이유가 있다. 우선 한국교회 신자들은 수행을 불교나 유교와 같은 동양 종교의 특성으로 여긴다. 그게 아주 틀린 말은 아니다. 불교, 유교, 도교 등은 수행을 자기들 종교의 가장 큰 덕목으로 생각한다. 동양 종교에서 암자나 토굴에 들어앉아서 묵언 수행하는 일은 흔하다. 성철이라는 승려는 8년 동안이나 장좌불와(長坐不臥), 즉 눕지 않은 채 가부좌 자세를 유지하면서 수행을 했다고 한다. 기독교에도 이런 수행의 전통이 없는 게 아니다. 중세기에는 사막의 교부도 많았다. 모래, 먼지, 태양, 모래 식물과 곤충으로만 만들어진 척박한 환경에서 오로지 하나님만을 향해 영적 촉수를 예민하게 작동시키면서 살았던 이들이다. 수행이 아니라면 삶 자체가 불가능했을 것이다. 수도원 제도는 기본적으로 수행을 기초로 한다. 수도사들은 가장 단순한 방식으로 살아가면서 하나님께 가까이 가기 위해 노력한 이들이다.

세속의 삶을 살아야 할 신자들이 당장 출가해서 전문적인 수행자로 살기는 어렵다. 반드시 그래야만 하는 것도 아니다. 그러나 기본적으로는 수행자의 영성으로 살아야 한다. 하나님을 믿는다는 것은 수행이 아니면 유지될 수 없기 때문이다. 이건 그렇게 복잡한 이야기가 아니다. 여기 어떤 전문 가수가 있다고 하자. 자기의 노래 실력만 믿고 연습을 하지 않는다면 그는 곧 아마추어가 되고 말 것이다. 실제로 그들은 매일 기량을 연마한다. 하루만 연습을 게을리해도 음감에 차이가 난다고 한다. 세상의 예술도 수행이 필요한데 영혼의 예술이라 할 믿음이야 오죽하겠는가. 더구나 그런 영혼의 예술 영역에서 전문가라 할 목사에게는 긴말이 필요 없다. 그저 아마추어에 머물고 싶다면 수행을 포기해도 된다.

수행을 달가워하지 않는 또 다른 이유는 기독교 신앙의 본질을 율법이 아니라 복음에서 찾는다는 사실에 있다. 이는 믿음으로 의롭다고 인정받는다는 사실에만 충실하면 된다는 생각이다. 형식적으로는 이게 말이 된다. 종교적이고 윤리적인 덕을 아무리 높이 쌓는다고 해도 그것으로는 의롭다는 인정을 받을 수 없다. 율법적인 노력은 우리를 좌절하게 하거나 교만하게 만든다. 바울이 로마서와 갈라디아서에서 충분히 해명했고, 루터도 오직 믿음과 오직 은총이라는 신학 개념에서 분명하게 언급한 칭의(稱義)에 대한 가르침이 그것이다. 칭의란 실제로는 의롭지 않지만 믿음으로 의롭다고 인정을 받는다는 뜻이다. 하지만 바울과 루터의 칭의론에 근거해서 수행을 가볍게 여기는 건 칭의에 대한 오해일 뿐만 아니라 수행에 대한 오해이기도 하다. 칭의는 업적주의에 대한 경고이지 삶의 무게를 배제하는 것이 아니다. 삶이 배제되면 소위 값싼 은혜에 떨어지게 된다. 수행을 율법으로 보면 곤란하다. 수행이 오히려 복음이다. 수행은 복음과 마찬가지로 업적주의를 거부하고 하나님과의 관계에 집중하는 영적 태도이기 때문이다. 이런 점에서 수행은 칭의의 인식론적 토대이고, 칭의는 수행의 존재론적 근거다. 칭의의 세계로 들어간 사람만이 삶을 수행으로 여길 수 있다.

한국교회 신자들에게 일반적으로 나타나는 신앙의 아이러니는, 겉으로는 믿음을 강조하는데 실제로는 업적주의에 치우쳐 있다는 것이다. 칭의가 아니라 자기 의(義)에 기울어진 셈이다. 믿음조차도 업적으로 변질되었다. 신자들은 믿음이라는 사태에 관심이 있는 게 아니라 믿음을 통해서 자신의 종교적이거나 인간적인 욕망을 채우려고 한다. 이를 확인할 수 있는 예를 여기서 일일이 열거하지는 않겠다. 하나의 예만 들면 충분하다. 한국교회에서 초대형 베스트셀러가 된 책들을 보라. 모두 종교적 업적과 욕망을 자극하는 것들이다. 기도를 통해서 자신이 원하는 것을 얻게 되었다는 간증 유의 책이 범람하고 있다. 이건 믿음이 아니라 자기 확신이며, 영성이 아니라 심리학이다.

이왕 말이 나온 김에 칭의가 아니라 자기 의(義)에 치우친 신앙생활의 한 단면을 짚고 넘어가야겠다. 한국교회에는 각종 행사가 너무 많다. 예배와 기도회와 각종 모임도 지나치게 많다. 교회생활을 성실하게 하려는 사람은 대부분의 시간을 교회에서 보내야 할 것이다. 헌금 종류도 너무 많다. 과소비의 신앙 행태다. 그게 다 믿음이 좋다는 증거로 제시된다. 교회는 종교 상품을 판매하는 기구로 전락했다. 신자들은 진열대에서 자기가 필요한 종교 상품을 구매하면서 즐거워한다. 바람이 든 사람처럼 믿음이라는 사태에 진득하게 붙어 있지 못한 채 영적인 에너지를 밖으로 표출하는 데만 마음을 둔다. 그러니 믿음을 수행의 차원에서 받아들일 수 있겠는가. 한국교회의 이런 현상에 목사도 일조하고 있다. 더 정확하게 말하면 목사의 책임이 더 크다.

수행으로서의 목회라는 말은 목회를 구원 행위로 받아들인다는 뜻이다. 이런 쪽으로 생각하기가 쉽지 않다. 목사는 이미 구원받은 사람으로서 다른 사람의 구원을 위해 소명을 받았다는 생각이 강하기 때문이다. 이것처럼 큰 착각도 없다. 목사는 구원받은 사람이 아니다. 그가 남을 구원할 수도 없다. 단지 전문적인 교육을 받아서 목회를 책임지고 있을 뿐이다. 목사의 이런 역할이 별 게 아니라는 뜻이 아니다. 그 역할은 비교할 수 없을 정도로 크다. 크기 때문에 오히려 자신의 구원에 천착해야 한다. 그게 전제되지 않으면 목사의 영성은 훼손되고 말 것이며, 수행의 길을 갈 수 없을 것이다. 그야말로 종교 장사꾼으로 머물 뿐이다.

목회를 구원 행위로 받아들인다는 말은 목회 행위를 통해서 하나님과의 관계가 깊어져야 한다는 뜻이다. 당연한 말이라고 생각할지 모르겠으나, 이게 그렇게 당연한 게 아니다. 목회 현장에서 목사들은 일단 하나님에 대해서 별로 관심이 없다. 모든 관심은 교회 성장이다. 또는 신자들 양육이다. 목회의 연륜이 깊어질수록 하나님에 대한 관심은 줄어들고 목회의 노하우만 는다. 목회의 상투성을 아는 사람은 다 알 것이다. 단적인 예로, 목회에 어느 정도 성과를 낸 목사는 총회장 선거에 뛰어드는 경우가 많다. 돈을 써서라도 총회장에 당선되려고 한다. 교회 장로들은 그들 교회의 명예를 생각해서 담임목사의 선거를 물심양면으로 지원한다. 총회장을 배출한 교회라는 자부심으로 그들은 신앙생활을 한다. 원칙적으로 말해서 목회를 구원 행위로 받아들이는 목사라고 한다면 총회장으로 추대를 받아도 고사할 것이다. 왜냐하면 총회장은 구원이나 수행과는 전혀 상관없는 종교 권력, 또는 명예에 불과하기 때문이다. 이런 현상을 당연시하거나 그러려니 하는 한국교회가 하나님에 대해 관심이 있는 교회라고 말할 자신이 내게는 없다. 그렇게 말하면 양심 불량이 아니겠는가. 목사의 구원 문제는 이 책의 마지막 단락에서 한 번 더 짚을 예정이다. "목사 공부"는 바로 그 주제로부터 시작되며 그 주제를 향하기 때문이다.

목회의 연륜이 깊어질수록 하나님과의 관계가 더 밀접해지는 목사라고 한다면 그는 목회를 수행으로 받아들이는 사람이다. 그런 목사는 목회 행위에 존재론적으로 참여하기 때문에 결과에 연연해하지 않는다. 당연하지 않겠는가. 하나님과의 관계에서만 목회의 기쁨을 얻는 사람이 주변의 반응에 일희일비할 까닭이 있겠는가.

이게 말은 좋지만 과연 현실 목회에서 가능하겠는가? 현실적으로 쉽지 않다. 교회 구조가 열악하면 아무리 뛰어난 영성의 목사라고 하더라도 그 구조를 극복하기가 어렵다. 목사 한 사람의 의식이 변해야 하는 것은 물론이지만 교회 구조도 거기에 따라줘야 한다. 성장 중심 구조로 고착된 교회에서 목회를 수행의 차원에서 밀고 나가기는 힘들기 때문이다. 한국교회의 구조가 바뀌려면 시간이 좀 더 필요하다. 좀 더 멀리 봐야 한다. 한 세대 이상의 시간이 필요할지도 모르겠다. 그것도 변화를 향한 몸부림이 전제됐을 때나 가능한 일이지, 지금처럼 방향을 찾지 못하고 있을 때는 두 세대가 지나도 마찬가지일 것이다. 이제는 어쩔 수 없다. 목사 개개인이 용맹정진의 자세로 상황을 헤쳐 나가야 한다. 침몰하는 배 안에 그대로 앉아 있을 수는 없지 않 겠는가.

이 대목에서 하나님과의 관계가 밀접해지는 게 실제적으로 무엇 인지에 대한 설명이 필요하다. 그걸 알아야 자신의 현재 목회 행위가 수행의 차원에서 작동되는지의 여부를 알 수 있다. 그렇지만 지금 당 장 그 주제로 들어가지는 않겠다. 세 가지 이유가 있다. 첫째, 이것은 "목사 공부"의 모든 것이기에 따로 설명할 필요가 없을지 모른다. 둘 째, 이것은 굳이 설명하지 않아도 알 만한 사람은 다 알 수 있다. 셋 째, 이 문제는 지나가면서 한두 마디로 해결되는 게 아니다. 이를 뒤 에서 본격적으로 다루게 될 것이다.

## 수도원 영성

목사의 수행은 구체적으로 어떤 방식으로 이뤄져야 할까? 목사와 평 신도의 경우가 각각 다를까? 목사나 평신도 모두 기본적으로 기독교 인이라는 점에서는 그 수행도 다를 게 없다. 그러나 교회 안에서 전 업으로 사는 목사만의 특별한 역할이 있기 때문에 목사의 수행을 구 별해서 볼 수도 있다. 먼저 모든 기독교인에게 해당되는 수행 방법을 말하겠다. 말은 방법이라고 했지만 실제로는 구체적인 방법이 아니 라 방향성이다.

나는 수도원 전통의 수행이 모든 기독교인에게 최선이라고 생각 한다. 수도원 전통에서의 수행은 크게 봐서 기도와 노동이다. *Ora et labora!* 기도하라, 그리고 노동하라! 기도는 영혼의 활성화이며, 노동은 몸의 활성화다. 기도에는 단순히 기도만이 아니라 말씀 읽기와 명상과 깊은 대화가 다 포함된다. 기도와 노동은 어원적으로도 뿌리가 같다. *lab-ora!* 유감스럽게도 오늘 한국교회는 기도마저 종교적 여흥의 수준으로 떨어뜨렸다. 기도의 영성에 침잠하기보다는 기도의 방법론에 심취해 있다. 그런 방식으로는 수행이 일어날 수 없다.

수도원에서는 노동도 수행이다. 수도사들은 모두 각자 맡은 노동의 역할이 있다. 청소, 식사 준비와 설거지, 공구 제작, 텃밭 가꾸기, 소나 양 키우기 등등이다. 규모가 어느 정도 되는 수도원에는 자체 출판사나 학교도 있다. 노동이 수행인 이유는 하나님이 우리의 몸을 만들었다는 사실에 놓여 있다. 우리의 몸을 하나님이 창조하셨다면 우리의 몸은 신성과 연결된 것이다. "너희 몸을 하나님이 기뻐하시는 거룩한 산 제물로 드리라"(롬 12:1)는 바울의 충고도 이런 신앙에 근거한다. 동양의 스승들도 몸의 수행을 중요한 공부로 여겼다. 제자가 오면 그에게 도량(道場) 청소를 맡긴다. 물을 긷고, 밥을 짓고, 나무를 해오게 한다. 그게 다 그들에게 수행이다.

수도원 전통에서 또 하나 중요한 것은 말을 줄이는 것이다. 어느 수도원은 아예 묵언 수행을 원칙으로 한다. 자신을 표출하는 게 아니라 하나님의 영을 받아들이는 데 초점을 맞추기 때문이다. 프랑스의 어느 여자 수도원에는 거울 자체가 없다고 한다. 자신에 대한 모든 관심을 끊었다는 뜻이다. 그렇지만 개신교 수도원이라 할 수 있는 기도원에서 벌어지는 풍경은 오히려 반대다. 고래고래 고함을 지른다. 이는 하나님에게 집중하는 수행이 아니라 심리적인 스트레스 해소에 가깝다. 목회 현장도 크게 다르지 않다. 오늘 목사들은 말이 너무 많다. 교회 구조가 일단 목사로 하여금 말을 많이 하게 만든다. 설교도 많고, 성서 공부도 많고, 심방도 많고, 회의도 많다. 그 모든 모임에 목사의 말이 중심이다. 이런 구조에서 살다 보니 목사는 말을 줄일 줄 모른다. 말을 줄이면 심리적으로 불안을 느낀다. 여기에 해당되는 목사는 심리치료를 받아야 할 것이다.

이런 수도원 전통이 세상에서 살아야 할 기독교인들에게 실제로 가능할까? 쉽지 않다. 아니 불가능하다고 봐야 한다. 특히 개인의 경쟁력 제고를 최우선의 가치로 여기는 21세기 대한민국에서 수도원 영성은 발을 붙일 수 없다. 기독교인이라 하더라도 말과 행동으로 싸울 때는 싸워야 하고, 돈을 벌어야 할 때는 벌어야 한다. 출가 수도사가 아닌 사람이 수도원 영성을 구체적으로 살아내기는 어렵다. 그럼에도 불구하고 수도원 영성은 모든 기독교인의 영혼을 견인해가는 중심축이어야 한다. 현실이 아무리 척박하더라도 그것이 하나님을 믿는 사람들이 가야 할 길이기 때문이다. 이런 점에서 삶을 수행으로 받아들이는 모든 기독교인은 재가(在家) 수도사다.

목사에게는 교회 공동체 안에서 특별한 지위가 주어진다. 질적으로 특별하다는 게 아니라 역할에서 특별하다는 말이다. 특별하다는 말도 뛰어나다는 게 아니라 구별된다는 뜻이다. 그게 은사(카리스마)의 특징이다. 교회에 속한 모든 이들은 다 그런 카리스마가 있다. 목사에게 주어진 고유한 카리스마를 감당하려면 특별한 수행이 필요하다. 그것은 신학 공부다. 목사 공부는 곧 신학 공부다.

여기서 약간의 오해를 풀어야겠다. 신학 공부는 신학교 다닐 때 충분히 했다는 오해가 그것이다. 개인에 따라서 차이가 있지만 신학생 시절에 신학 공부를 충분히 한 사람은 별로 없다. 충분히 했다고 하더라도 신학 공부는 거기서 끝나는 게 아니다. 의사가 의대를 나왔다고 해서 의학 지식이 충분한 것도 아니며, 어느 정도 준비가 되었다고 해도 평생 의술을 소명으로 감당하며 살아가는 사람에게는 그것으로 끝나는 게 아닌 거와 같다.

평신도 독자들을 위해 신학대학교에서 신학 교육이 어떻게 이루어지는지 간략하게 소개하겠다. 목사가 되려면 모두 교단에 속한 신학대학원을 졸업해야 한다. 신학대학원은 통상 3년짜리 master of divinity 과정을 가리킨다. 여기에 입학하려면 일단 학부를 졸업해야 한다. 신대원에 오는 학생은 두 종류다. 하나는 학부에서 신학을 전공한 학생들이고, 다른 하나는 학부에서 신학 외의 것을 전공한 학생들이다. 이들은 신대원에서 통합 교육을 받기 때문에 강의 수준도 들쑥날쑥할 수밖에 없다. 학부에서 신학을 전공한 학생은 신대원에서 비슷한 수준의 신학 과목을 중복해서 듣는 경우도 많다. 그런데 신대원은 본격적인 신학 훈련 과정이 아니다. 대부분의 과목이 개론에 머문다. 성서신학, 교회사, 조직신학, 실천신학의 맛을 보는 정도다. 이런 과정을 통해 신학의 사유로 들어가기는, 개인이 따로 노력하지 않는 한 거의 불가능하다. 따라서 신대원은 목사로 활동하기 위해 필요한 최소한의 신학적 소양을 배우는 과정에 불과하다고 보면 된다.

신대원을 졸업했다 하더라도 가령 칼 바르트의 책을 소화해낼 수 있는 목사는 별로 많지 않을 것이다. 그 말은 그가 신학을 모른다는 뜻이다. 신학을 모른다는 것은 기독교 자체를 모른다는 의미이기도 하다. 한국교회 목사들이 신학 책을 읽지 않는 이유가 이런 데에서 연유한다. 모르니 읽기 싫어지고, 읽지 않으니 점점 더 모른다. 악순환이다. 이 악순환의 고리를 끊어내는 사람도 있고, 단순히 목회의 재미에 빠져서 거기에 안주하는 사람도 있다. 신학의 깊이가 없으면 목회자가 될 수 없다는 말이냐, 하는 반론은 또 하나의 다른 주제이기에 여기서 더 길게 말하지 않겠다. 이 문제는 큰 틀에서 교회 제도와 연관된 것이므로 나중에 말할 수 있는 기회가 올 것이다. 미리 한마디 한다면, 신학의 깊이가 없어도 좋은 목회자가 될 수는 있다.

한국교회의 목회 현실에서 목사가 구도적인 태도로 신학 공부를 꾸준히 한다는 건 쉽지 않다. 일단 교회 구성원들이 그걸 별로 달가워하지 않는다. 그들은 담임목사가 서재에 앉아서 공부하는 걸 쉬는 걸로 안다. 그것보다는 기도, 심방, 전도를 열심히 해서 교회 성장에 견인차 노릇을 해주기 바란다. 이렇게 된 데에는 여러 이유가 있다. 신학이 신앙에 별로 도움이 되지 않는다는 선입견이 하나의 이유다. 더 솔직하게 말하면, 신학이 신앙에 오히려 방해가 된다는 생각이 한국교회에 팽배하다.

신학대학교 예배에는 설교자들이 종종 외부에서 초청된다. 그들은 대다수가 목회에 성공한 목사다. 예외는 있지만 그들 대부분은 자신의 목회 경험담을 전달하면서 신학생들에게 신학 무용론을 직간접적으로 설파한다. 목회 현장에 신학이 필요 없다는 논리가 주를 이룬다. 신학생의 롤 모델이라 할 수 있는 중대형 교회 목사들의 이런 주장이 신학생에게 어떤 영향을 끼칠지는 불을 보듯 분명하다.

신학 공부가 신앙 성장에 별로 도움이 안 된다거나, 더 나아가 방해가 된다는 주장은 기독교의 역사를 전혀 모르고 하는 말이다. 기독교에 관계된 모든 것은 신학을 그 바탕으로 한다. 성서만 해도 그렇다. 성서를 기록한 사람은 모두가 다 신학자다. 신학적인 인식과 사유 능력이 없으면 하나님의 말씀을 경험할 수도 없고, 그것을 언어화하거나 문자화할 수 없다. 사도신경도 신학자에 의해 문서화되었다. 신약 공동체에서 만들어진 문서들 중 27권을 묶어 정경으로 결정한 사람도 신학자들이다. 기독교 교리 역시 신학자에 의해 만들어졌다. 신학적으로 사유할 줄 모르는 사람은 기독교의 깊은 세계로 들어갈 수 없다. 노골적으로 표현하면, 신학이 없으면 신앙도 없다.

한국교회에 신학무용론이 팽배하다는 말은 곧 목사들이 기독교를 모른 채 복음을 전하고 있다는 의미이다. 일반 신자는 그 사태를 눈치 채지 못한다. 목사들이 늘 성서 이야기를 하고, 신앙적인 용어를 잘 구사하고, 간혹 신학적인 개념을 건넬 줄 아니까 기독교를 잘 알고 있는 것으로 여긴다. 그건 착각이다. 기독교에 대해 잘 아는 목사는 드물다. 대부분은 대충 안다. 평신도보다 더 모르는 목사도, 또는 아예 잘못 알고 있는 목사도 없지 않다. 마 15:14을 기억해두는 게 좋다. "그냥 두라. 그들은 맹인이 되어 맹인을 인도하는 자로다. 만일 맹인이 맹인을 인도하면 둘이 다 구덩이에 빠지리라."

나는 지금도 기독교의 근본 세계에 대해 깊이 아는 게 많지 않지만, 젊은 시절을 돌아보면 한심하다는 생각을 지울 수 없다. 기독교의 세계에 들어가지도 못한 채 주일학교 학생과 중고등부 학생, 대학생과 청년들을 지도했고, 그리고 교회에서 담임목사로 활동했다. 기독교를 잘 몰라도 교회 활동은 얼마든지 가능하다. 목회의 진정성만 확보되면 목회의 성과도 어느 정도는 보장된다. 더구나 운이 따르면 목회 성공도 가능하다. 목회 성공이 모두 하나님의 뜻은 아니다. 목사의 능력만도 아니다. 운이 크게 작용한다. 그러니 목회에 성공한 분은 "내가 운이 좋았구나" 하는 정도로 생각하는 게 좋다. 이런 생각을 할 줄 아는 목사는 운이 따르지 않은 동료 목사들을 따뜻하게 챙겨줄 마음이 들 것이다.

여기서 모른다는 말은 기독교를 정보의 차원에서만 안다는 뜻이다. 그건 사실 아는 게 아니라 흉내를 내는 것이다. 그런 수준에서 목사로 살았으니, 얼마나 부끄러운 일인가. 예컨대 여기 "주는 그리스도시오, 살아계신 하나님의 아들입니다" 하는 베드로의 고백이 있다고 하자. 이걸 정보로만 아는 것과 리얼리티(reality)로 아는 것은 완전히 다르다. 이 문장에는 네 개의 단어가 있다. 주, 그리스도, 살아계신, 하나님의 아들이 그것이다. 각각의 단어는 인류 역사의 무게가 담겨 있다. 일단 그것을 파악할 수 있어야 한다. 그다음에는 네 개의 단어가 결합해서 만들어내는 기독교 신앙의 더 깊은 세계까지 파고들어야 한다.

하나님의 아들이라는 단어만 보자. 도대체 하나님이 아들을 둘 수 있을까? 그런 것은 그리스 신화의 제우스에게나 해당된다. 성서의 하나님은 이름도 붙일 수 없을 정도로 우리의 인식을 근본적으로 초월하시는 분이다. 모세의 호렙 산 전승에서 하나님은 "스스로 있는 자"(출 3:14)로 불린다. 히브리 원어로 그것은 "나는 나다"라는 뜻이다. 루터는 이 문장을 "나는 앞으로 존재하게 될 그런 자로 존재할 것이다"로 번역했다. 그 하나님은 알파와 오메가로서 창조와 종말의 영이시다. 이런 하나님에 대해서 아들 운운하는 것은 신성 모독이다. 그런데도 그런 표현이 성서에 나온다. 예수님을 가리키는 신약만이 아니라 구약인 시편에도 나온다. "여호와께서 내게 이르시되 '너는 내 아들이라 오늘 내가 너를 낳았도다'"(시 2:7). 이처럼 상식적으로 말이 되지 않는 표현이 성서에 나오는 이유가 무엇인지를 알려면 신학 공부를 하는 수밖에 없다. 이런 단어만이 아니라 성서와 기독교의 모든 것이 다 이런 깊이가 있다. 칭의도 그렇고 삼위일체도 그렇고 교회, 세례, 성찬, 찬송이 다 그렇다. 이걸 모르면서도 공부하지 않는 목사라고 한다면 그는 근본적으로 소명의식이 아예 없거나 턱없이 부족한 사람이다. 그런 사람이 한평생을 목사로 산다는 것은 목사 자신에게만이 아니라 그가 목회하는 교회의 회중에게도 불행이다.

모든 공부에 때가 있듯이 신학 공부에도 때가 있다. 그때를 놓치면 따라잡기가 더 힘들다. 『논어』 학이편에 "자왈 학이시습지 불역열호"(子曰 學而時習之 不亦說乎)라는 말이 있다. 일반적으로 그 뜻은 "때때로 배우고 익히면 또한 기쁘지 아니한가"인데, 도올 선생이 "때에 맞추어 배우고 익히면 또한 기쁘지 아니한가"로 새롭게 번역했다고 한다. 배우고 익히는 일에도 때가 있다는 뜻이니, 적절한 해석이 아닌가 생각된다. 신학 공부의 가장 귀중한 때는 나이로 이십 대 초반이나 중반인 신학생 시절이다. 이 시절에 신학적인 토대가 잡히면 세월이 갈수록 신학의 깊이가 깊어지겠지만, 그 시절을 허투루 보내면 신학과는 평생 담을 쌓을 가능성이 높다.

신학생도 여러 유형이 있다. 공부에 수고를 아끼지 않는 학생도 있고, 공부와 담을 쌓고 어영부영 신학생 시절을 보내는 학생도 있고, 학점을 괜찮게 받을 정도로만 공부하는 학생도 있다. 전체적으로는 공부에 열정을 쏟지 않는 신학생이 훨씬 많다고 봐야 한다. 내 경우도 대충 공부하는 쪽이었다. 신학 공부가 절실하지 않았다. 그것보다는 교회 활동이 더 절실했다. 지내고 보니 후회막급이다. 내가 신학생들을 만날 때마다 그들에게 강조하는 이야기가 이것이다. 신학교를 다닐 때만은 교회 일을 가능한 한 적게 하고 신학 공부에 매진하라고 말이다.

목회를 전업으로 하면서 신학석사나 박사 과정을 겸하는 목사도 제법 된다. 요즘은 교회 구성원의 학력 수준이 옛날과 달리 높아져서 목사의 학력도 어느 정도 요구된다. 현실적으로 보면 담임목사로 청빙을 받게 될 경우에 석사나 박사 학위가 일종의 스펙으로 작용한다. 문제는 그런 학위 공부의 수준이다. 한 학기에 9학점을 이수해야 하는데, 전업 목회자가 공식적으로 쉬는 월요일에 모든 강의가 몰려 있다. 하루에 3학점짜리 강의 세 과목을 듣는다고 생각해보라. 당연히 집중력이 떨어질 수밖에 없다. 학생도 수업 준비에 소홀할 수밖에 없으며 전체적으로 수업 내용이 크게 떨어진다. 그리고 그런 목사들의 형편을 잘 알고 있어서 교수도 웬만해서는 학점을 날리지 않는다. 한편으로 그런 방식으로 학생을 붙들어두는 게 학교 운영에도 도움이 된다. 강의를 깐깐하게 진행하고 학점도 엄격하게 처리하는 교수는 학생에게 비호감이다. 안타깝지만 이런저런 이유로 대한민국 신학대학교의 공교육은 부실하다. 일반 대학교도 마찬가지겠지만.

## 목사의 책 읽기

신대원에서의 공부는 최소한의 준비다. 설령 신학석사와 신학박사학위를 받은 사람이라고 해도 마찬가지다. 앞으로 평생 공부할 기초 준비를 마친 것뿐이다. 양적으로도 그렇고 질적으로도 그렇다. 그런 준비를 마친 사람은 목사의 직을 끝낼 때까지 신학 공부를 손에서 놓지 말아야 한다. 그가 진정으로 하나님께 관심이 있다면 저절로 그렇게 할 것이다.

신학 공부의 구체적인 방법은 무엇일까? 한 가지 방법만 있는 건 아니다. 높은 수준의 학위를 따는 것도 하나의 방법이고, 뜻이 맞는 동료 목사들과의 정기적인 모임을 통해 함께 공부하는 방법도 있다. 내가 보기에 공부의 토대이자 최선은 책 읽기다. 이것도 간단한 게 아니다. 일단 책을 고르는 게 어렵다. 좋은 책을 고를 수 있는 안목을 갖추려면 상당한 훈련을 받아야 한다. 내가 신학대학교에 강의 나갈 때 책 읽기의 기술에 대해서 가끔 이야기하는데, 그 내용을 간추려서 설명하겠다.

책을 고를 때 가장 먼저 봐야 하는 게 저자다. 가능하면 국내 저자의 책이 좋지만, 우리나라에서는 아직 권위 있는 신학자가 많이 배출된 상황이 아니기 때문에 아무래도 외국 저자의 이름을 먼저 보게 된다. 번역자도 물론 중요하다. 과거에는 명망이 있는 신학대학교 교수가 조교에게 번역을 시킨 다음 자신의 이름으로 출판하는 경우도 비일비재했다. 그런 책은 벌써 표시가 난다.

한국교회는 번역 작업에 좀 더 적극적으로 참여해야 한다. 전문 번역자를 키우는 게 급선무다. 한국교회는 해외 선교사 파송에는 열심을 내지만 전문 번역자 양성에는 아예 관심이 없다. 내가 보기에 해외 선교사 숫자를 대폭 줄이고 그 숫자만큼 전문 번역자를 확보하는 게 한국교회의 내일을 위해서 훨씬 바람직하다. 번역 작업이 신학 공부에서 왜 중요한지는 여기서 길게 설명하지 않겠다. 번역만 잘해놓으면 비싼 돈 들여서 외국 유학을 가지 않아도 될 것이다. 일본 사람들이 박사 학위 공부를 위해 외국으로 잘 나가지 않는 이유도 일본의 번역 문화에 있다. 신학 책만 해도 그렇다. 일본은 우리에 비해 기독교인 수가 턱없이 적은 나라지만 신학 도서 번역은 우리보다 몇 배 앞서 있다. 예를 들어 우리는 지금에서야 바르트의 『교회 교의학』 전집을 번역 중에 있지만 일본은 진작 다 끝냈다. 내가 전공한 판넨베르크 책 번역은 아직 걸음마 단계다. 이에 비해 몰트만의 저서는 많이 번역되었는데, 그 이유는 한국교회가 몰트만의 신학에 관심이 크기 때문이 아니라 몰트만의 제자 중에 한국 학생이 많다는 데 있다.

책을 읽을 때 중요한 것은 모든 내용을 다 파악해야 한다는 부담감으로부터의 해방이다. 전체 내용을 다 몰라도 괜찮다. 일단 머리에 들어오는 것만큼만 이해하고 넘어가면 된다. 그런 책 읽기가 축적되면 자기도 모르는 사이에 신학적 사유도 깊어진다. 책 읽기는 등산과 비슷하다. 처음부터 높은 산을 오를 수는 없다. 자신이 오를 수 있는 정도의 높이만큼 올라가다 보면 등산의 내공이 생기고, 결국 점점 더 높은 산을 오를 수 있다. 또 하나 중요한 기술은 읽기의 반복이다. 신학생 시절에 읽은 책을 나이 들어 다시 읽으면 더 많은 내용이 들어온다. 이런 과정을 반복하다 보면 책 읽기의 기쁨을 얻게 될 것이다.

깨달음보다 더 큰 기쁨은 없지 않겠는가.

목사의 소명 이야기로부터 시작하여 수행으로서의 목회 행위와 신학 공부를 거쳐 책 읽기까지 왔다. 그렇다면 목사의 소명은 책 읽기라는 말이 된다. 나는 이것이 결코 비약이 아니라고 생각한다. 소명을 아는 사람은 책을 읽게 된다. 거꾸로 책을 읽지 않으면서 소명 운운할 수는 없다.

책 읽기가 소명의 차원에 속한다는 말을 이해하려면 책과 소명의 관계를 짚어야 한다. 이건 그렇게 복잡한 이야기가 아니다. 우선 좋은 책을, 즉 소명에 의해서 집필된 책을 골라야 한다는 사실을 전제하고 하는 말이다. 책에는 소명의 본질이 담겨 있다. 하나님과의 관계를 예민하게 생각할 줄 아는 사람이 아니라면 책을 쓸 수 없다. 그래서 그런 책을 읽으면 소명의식이 각성될 뿐만 아니라 그것의 교정과 심화도 일어난다. 루터와 칼뱅, 바르트와 몰트만과 판넨베르크 등의 책을 읽으면서 나의 소명의식도 크게 교정되고 심화되었다. 그들의 도움으로 하나님과의 관계가 새로워지고 깊어졌다는 뜻이다.

소명의식의 교정과 심화가 왜 중요한지를 예로 들겠다. 나는 테니스를 즐긴다. 군목으로 입대하던 1980년부터 시작해서 지금까지 테니스를 취미로 삼아 즐긴다. 테니스는 재미도 있거니와 건강에도 좋고, 비용도 적게 들어서 목사에게 맞춤한 운동이 아닐까 생각한다. 언제부턴가 목사도 골프를 친다는데, 나는 한 번도 그쪽으로 눈을 돌린 적이 없다. 테니스에서 중요한 것은 코치로부터 꾸준히 레슨을 받는 것이다. 그런 과정을 통해 테니스 기술과 태도 등이 교정되고 심화된다. 그게 테니스 영성이다. 그런 교정과 심화의 과정이 없으면 테니스

실력은 정체된다. 실력이 정체되면 테니스 자체가 아니라 다른 것에 눈을 돌릴 수밖에 없다. 목사의 소명의식도 마찬가지다. 교정과 심화의 과정이 중단되면 소명의식도 죽는다.

소명의식의 교정과 심화가 얼마나 중요한지는 우리나라에서 극성을 부리는 기독교 사이비 이단 교주들의 행태에서 잘 나타난다. 그들은 소명의식이 투철하다. 진정성도 확보하고 있다. 연설과 삶에서 대중의 영혼을 사로잡을 만한 카리스마도 탁월하다. 그들이 초기에 보여준 행태는 소명의 화신이라고 해도 지나치지 않다. 문제는 그 소명이 세월이 지나면서 상투성에 빠지거나 대중성에 휘둘린다는 것이다. 초기의 소명이 순수했는지는 모르겠으나 하나님과의 고유한 관계로만 유지되는 소명은 그런 순수성만으로 유지되지 않는다. 소명이 유지되려면 끊임없이 자신의 신앙과 영성을 성찰하는 노력이 필요하다. 이단 교주에게 나타나는 일반적인 특징은 정통 신학 서적을 읽지 않는다는 것이다. 이천 년 기독교 역사에 도도한 물결로 이어지는 정통 신학을 외면하고 자신을 중심으로 벌어지는 종교 현상에만 매몰된다. 그러니 소명의 교정과 심화가 일어날 수 없다. 이들은 영적인 마마보이다. 비록 종교적인 열정을 보이기는 하나 그것이 결국 자기연민이기에 성령과의 소통은 일어날 수 없다. 성령과의 단절은 곧 죽음이다. 이단들의 종교적 열정은 결국 죽음을 불러올 수밖에 없다. 소명의식의 교정과 심화가 없는 탓이다.

정통 교회의 목사들도 이런 위기에 노출되어 있는 경우가 많다. 소명의식의 교정과 심화가 일어나지 않는다는 말이다. 목사로서 살아온 세월과 더불어 목회의 노하우는 확대되고 축적된다. 목회 업적도 향상된다. 하지만 목회에 자신감이 붙으면서 자신의 업무가 어디서 연원하며 어떤 힘에 의해 존속되는지를 까마득하게 잊는다. 소명의식이 소실점 너머로 사라진다. 물론 늘 초심을 유지하는 목사도 있다. 모든 목사를 매도하려는 게 아니라 전반적인 흐름이 그렇다는 뜻이니 오해가 없기를 바란다.

이왕 말이 나왔으니 이에 대한 단서를 한 가지만 말하자. 목사에게는 모임이 많다. 공사(公私)에 걸쳐서 그 종류도 다양하다. 공적인 모임도 성격이 서로 다르다. 노회나 총회, 각종 위원회와 부서 모임도 있고, 목회와 설교 및 신학 세미나 같은 모임도 있다. 여기에 공적이기도 하고 사적이기도 한 친목 모임도 있다. 재미있는 건 이런 모임에서 신학적인 논의는 거의 이루어지지 않는다는 사실이다. 사적인 모임에서는 두말할 나위도 없다. 이런 모임에서 오가는 대화란 게 일반 사람들이 저녁에 술집에 모여 잡담하는 수준의 대화와 별로 다를 게 없다. 기껏해야 목회 정보의 공유에 머문다. 심지어 문제를 일으키는 장로를 처리한 무용담으로 대화가 활기차게 돌아가는 경우도 있다. 모르긴 몰라도 정치 장로들도 모여서 그런 말만 할 것이다. 목사흉보기, 목사 쫓아내기, 이권 챙기기 등 말이다.

이런 일이 일어나는 이유는 목사의 신앙이나 인격이 특별히 잘못되었기 때문이 아니라 인간 실존이 원래 그렇기 때문이다. 목회 현장에 들어가면 목회 메커니즘이 그에게 현실이 되어서 교회 조직을 활성화하는 데만 마음이 갈 수밖에 없다. 소명의식이 소진되거나 경직되든지, 또는 과대 포장된다. 소명의식이 목사의 한평생에 걸쳐서 교정되고 심화되지 않으면 목사는 종교적 과대망상, 아니면 패배주의에 빠진다. 다시 강조하거니와 소명의식의 교정과 심화를 위해서는 책 읽기가 최선이다.

## 목사의 정체성

앞에서 목사의 정체성에 대한 질문이 중요하다고 말하면서도 정작 정체성 자체에 대해서는 언급하지 않고 주로 정체성을 확보하는 과정에 대해서만 설명했다. 그 과정은 소명, 수행, 책 읽기 등이라고 했다. 이것이 목사의 정체성과 아주 상관없는 것은 아니다. 다만 간접적으로 방향을 제시한 것이다. 여기서는 이를 좀 더 요약적으로 정리하면서 목사의 정체성을 직접적으로 말하는 게 좋겠다. 이것은 곧 "목사인 나는 누군가?"라는 실존적인 질문이기도 하다.

내가 생각하는 목사의 정체성은 크게 세 가지다. 이 세 가지는 교회의 성격을 어떻게 보느냐에 따라서 달라진다. 에클레시아로서의 교회, 신학교로서의 교회, 수도원으로서의 교회가 그것이다. (1) 에클레시아로서의 교회는 그야말로 구체적인 사람들이 모이는 공동체를 가리킨다. 이런 교회의 책임자로서 목사는 신자들의 모임이 원활하게 운영될 수 있도록 돕는 일을 한다. 이게 가장 일반적인 목회 행위다. 교회는 공중에 떠 있는 천사가 아니라 땅에 두 발을 딛고 사는 사람의 모임이기 때문에 여러 문제에서 자유롭지 않다. 목사는 필요에 따라 심방도 해야 하고, 상담 업무를 감당해야 하고, 더 나아가 행정적인 일을 처리해야 한다. (2) 교회는 단순히 신자들이 모이는 공동체로서만이 아니라 기독교 교리의 깊은 세계 안으로 들어가고 그 세계를 함께 나눌 수 있는 사람들의 공동체다. 그 작업이 바로 신학이다. 예컨대 사도신경의 모든 내용은 신학을 그 바탕에 둔다. "전능하신 아버지"라거나 "천지의 창조주"라는 말은 단순히 낱말 뜻에 한정되지 않고 신학적인 깊이를 담고 있다. 신학에 정통하지 못한 목사는 기독교 교리를 신자에게 정확히 전달할 수 없다는 사실은 아무리 강조해도 지나치지 않다. 오늘 한국교회에서 벌어지는 대다수 문제들은 신학의 부재에서 비롯된다고 해도 과언이 아니다. 나는 목사로서의 자기 정체성을 신학 선생의 자리에서 찾는다. (3) 어떤 이들은 신학을 신학적인 정보로 오해한다. 그러나 신학은 이론이 아니라 오히려 실천에 가깝다. 곧 영적인 실천이다. 신학자는 자신의 논리를 이론적으로 해명하는 게 아니라 자기가 경험한 영적인 현실(spiritual reality)을 논리적으로 해명하는 사람이다. 영적인 현실에 대한 경험은 앞에서 한 번 짚은 수도원 영성이라 할 수 있다. 목사는 인간의 말로 다 담아낼 수 없는 절대적인 세계를 직관하고 영혼의 깊이에서 경험할 수 있어야 한다. 그 경험은 루돌프 오토의 표현으로 하면 "누미노제"(거룩한 두려움)다. 다시 정리하면 신자의 교회생활을 돕는 목회자, 신자의 신학적 사유를 깊이 있게 이끌어가는 신학 선생, 신자의 영성이 풍요로워질 수 있도록 자극하는 영적 지도자로 살아가는 것이 목사의 정체성이다. 나는 목사이고 교수이며 수도원장인 셈이다.

여기서 다음과 같은 질문이 가능하다. 한 가지 정체성을 확보하기도 어려운데 목사가 어떻게 세 가지 정체성을 모두 확보한다는 말이냐? 목사의 역할을 감당하려면 팔방미인이 되라는 말이냐? 목회도 잘하고, 가르치기도 잘하고, 영성도 깊은 사람이 과연 가능한가? 이 세 가지는 구분되기는 하지만 완전히 다른 것은 아니다. 세 가지 정체성은 기독교 신앙 안에서 서로 통한다. 진정성 있게 목회를 잘하는 목사는 신학과 영성에서도 일정한 수준을 유지한다. 신학교 교수도 실제로 신학의 세계로 들어간 사람이라고 한다면 목회적인 진정성과 영성이 풍부하다. 실제로 수도승의 영성을 아는 사람은 신학적 사유를 충분히 이해하고, 신자들을 돌보는 실제 목회를 어떻게 해야 하는지 알 수 있다. 다시 정리하면 나는 목사로서 구체적인 신자들이 모이는 교회 공동체를 돌보며, 그들을 기독교 교리의 깊은 신학적 세계로 안내하며, 그들이 출가(出家)가 아니라 재가(在家) 수도사로 살아갈 수 있도록 돕는 사람이다.

말이 나온 김에 한마디 더 보태겠다. 이런 세 가지 정체성을 갖춘 목사를 배출하기 위해서 신학교는 교육 방법론을 전체적으로 바꿔나가야 할지도 모르겠다. 현재는 성서신학, 역사신학, 조직신학, 실천신학, 윤리학, 기독교 교육 등의 각 분과가 너무 멀리 분리되어 있어 이것들을 한데 엮어낼 수 있는 길이 없다. 신학생들은 이렇게 분리된 분과의 과목을 무작정 따라가면서 신학의 전체 방향을 놓친다. 그렇지만 이제는 생태 문제나 통일 문제를 놓고 성서신학자와 조직신학자와 윤리신학자가 함께 토론하면서 강의하는 수업을 학생들이 들어야 한다. 설교 과목도 설교학 전공 교수만 강의할 게 아니라 다른 전공 교수에게도 개방되는 게 여러모로 신학생에게 도움이 될 것으로 판단된다. 이런 학습을 통해 신학생은 목회와 신학과 영성의 관계를 실질적으로 이해하면서 소명의식을 더 심화시켜 나갈 수 있을 것이다.

# 예배

이제 목사의 업무가 무엇인지를 구체적으로 찾아봐야겠다. 크게 보면 목사에게는 공적인 업무와 사적인 업무가 있다. 공적인 업무는 목회 전반에 걸친 일이고, 사적인 업무는 그 외의 일, 즉 목사가 아니라 자연인으로서 활동하는 영역이다. 공적인 성격과 사적인 성격이 겹치는 부분도 없진 않다. 기도생활이나 성서 읽기 같은 경건생활 또는 앞에서 강조한 책 읽기 등은 목사로서만이 아니라 한 자연인으로서, 또는 기독교인으로서 해야 할 일에 속한다. 사적인 업무에 대한 설명은 일단 뒤로 미루겠다. 우리의 관심은 우선 목사가 교회에서 공적으로 감당해야 할 업무다.

목사의 공적인 업무를 대충 열거하면 다음과 같다. 예배 준비와 인도, 성례전 집행, 성서 공부 지도, 심방과 상담, 각종 회의 주재와 참석, 행정사무 지도, 지역사회 봉사 활동 등등. 나는 이 모든 항목을 차례대로 따라가면서 설명하지는 않겠다. 목회의 실천 방법론을 제시하는 게 이 글의 목적이 아니기 때문이다. 목사의 업무를 말하더라도 근본적으로는 목사의 정체성, 즉 목사의 영적인 내공을 쌓게 하려는 게 이 글의 목적이다. 달리 말하면 목회의 기술(technique)을 제공하려는 게 아니라 목회의 예술(art)에 들어가라고 권고하려는 것이다.

목회의 기술과 예술의 차이는 작다면 작지만, 그래서 그걸 구분하기가 어렵기도 하지만, 크다면 크다. 상당수의 목사가 목회를 기술로만 여긴다. 이것은 진정성이 없다는 말이 아니다. 진정성을 갖추고 있어도 발상 자체가 기술의 차원에 머물러 있으면 결국 목회의 중심은 흔들리고 만다. 목회를 기술의 차원에서 접근하면 끊임없이 기술 개발에 집착하게 된다. 기술이 바로 목회로 받아들여지기 때문이다. 오늘날 한국교회가 어떤 방식으로 작동되는지를 보면 이를 확인할 수 있다. 목회 기술이 교회의 모든 것을 압도한다. 교회 성장을 위한 프로그램과 이벤트가 끝없이 재생산된다. 기존 것의 약발이 떨어지면 다른 프로그램과 이벤트를 개발하기에 바쁘다.

목회를 예술의 차원에서 접근한다는 것은 목회를 가능케 하는 영에 집중한다는 뜻이다. 그 영은 성령이다. 성령은 창조의 영이기도 하다. 그 영에게 의존할 때만 목회는 창조적일 수 있다. 그 창조가 바로 예술의 본질이다. 이런 말이 실제로 느껴지지 않는 목사도 있을 것이다. 기술적인 목사도 자신이 성령을 따른다고 주장할 수도 있다. 그건 뭘 모르고 하는 주장이다. 기술적인 목회는 소유 지향성에, 예술적인 목회는 존재 지향성에 그 특징이 있다. 존재 지향성의 목회에 들어간 사람은 목회의 참된 즐거움을 알게 될 것이다. 그게 말처럼 쉬운 일은 아니지만.

목사의 가장 중요한 업무는 예배와 설교에 있다. 설교가 예배의 한 단위에 속하니까 예배와 설교를 나누지 말고 예배라고만 해도 된다. 그러나 성찬 중심의 미사를 드리는 로마 가톨릭교회와 달리 설교 중심이라는 개신교의 특징을 근거로 하여 예배와 설교를 구분해서 봐도 좋다. 신학대학교 커리큘럼에서도 예배와 설교는 구분된다. 예배학 전공 교수와 설교학 전공 교수가 다르다. 일단 예배로부터 시작하자.

목사가 예배를 예배답게 인도하려면 예배가 무엇인지를 먼저 알아야 하지 않겠는가. 신학대학교 커리큘럼에 예배와 관계된 것들이 제법 된다. 예배학, 예배와 설교, 예배와 찬송, 성례전, 예배 실습 등등이다. 그런 과목을 통해서 신학생은 예배의 본질이 무엇인지를 배운다. 교수에 따라서 학생이 정확하게 배울 수도 있고, 또는 배우는 시늉만 할 수도 있다. 가르침과 배움이 늘 바르게 일어나는 건 아니다. 예배의 본질이 바르게 전수되기 위해서는 일단 가르치는 사람이 예배의 영성 안으로 들어간 경험이 있어야 한다.

## 하나님의 영광

예배는 하나님께 영광을 바치는 인간의 가장 거룩한 행위라는 말이 있다. 여기서 영광 개념을 정확하게 알지 못하면 예배가 뭔지를 경험할 수 없다. 영광이라는 단어는 교회에서 자주 사용된다. 이를 제목으로 하는 찬송가도 많다. 영광 할렐루야, 하는 노래를 우리는 자주 부르지 않는가. 칼뱅 신학의 특징을 영광의 신학이라도 한다. 영광은 교회에서 익숙한 단어이기 때문에 사람들이 다 안다고 생각한다. 동시에 이 단어의 참뜻이 오해되는 경우도 있고, 왜곡되는 경우도 적지 않다. 찬송을 인도하는 사람들이 회중의 종교적 열정을 불러일으키기 위해서 "하나님께 영광!"이라고 외친다고 해서 그게 곧 영광의 찬송이 되는 건 아니다. 영광에 대한 성서의 가르침을 신약과 구약에서 한 군데씩 선택해 설명하겠다.

고린도후서 4:6은 다음과 같다. "어두운 데서 빛이 비치라 말씀하셨던 그 하나님께서 예수 그리스도의 얼굴에 있는 하나님의 영광을 아는 빛을 우리 마음에 비추셨느니라." 이 문장에서 핵심은 "예수 그리스도의 얼굴에 있는 하나님의 영광"이라는 표현이다. 이 표현을 문자적으로만 이해하는 사람은 없을 것이다. 예수님의 얼굴은 이천 년 전 유대 지역에 살았던 삼십 대 초반의 유대인 한 남자의 모습과 다를 게 없다. 예수님의 얼굴에 하나님의 영광이라는 글자가 새겨진 것도 아니다. 예수님의 얼굴을 보고 있으면 저절로 하나님의 영광이 느껴지는 것도 아니다. 여기서 예수님의 얼굴은 예수님이라는 인격체와 그의 운명을 가리킨다. 바울이 저 구절을 통해 말하려는 것은 예수님이 바로 하나님의 영광이라는 사실이다.

사전적인 의미로 영광은 "빛나고 아름다운 영예"라는 뜻이다. 이 단어는 일상에서도 자주 사용된다. 그리스어 성서는 영광을 "독사"(doxa)라는 단어로 표현한다. 이를 영어 성서는 glory로 번역했다. 마르틴 루터는 "독사"를 영어 glory와 동일한 라틴어 어원에서 온 *Glorie*가 아니라 순수한 독일어인 "헤어리히카이트"(Herrlichkeit)로 번역했다. 이 단어에는 영광이라는 뜻 외에 장엄함, 숭고함이라는 뜻이 들어 있는데, 좀 더 독일어 원뜻을 살려서 번역하면 "주(主)다우심"

이다. Herr는 "주"라는 뜻으로 영어의 Lord다. 곧 하나님의 하나님다우심을 가리켜 영광이라고 한다.

하나님의 하나님 되심은 구원을 가리킨다. 하나님은 구원자로서 우리에게 영광스러운 분이시다. 그래서 바울은 하나님을 "어두운 데서 빛이 있으라" 말씀하신 분이라고 표현했다. 옳은 말이다. 창조의 첫 사건인 빛을 포함해서 창조는 하나님의 하나님 되심을 가장 분명하게 보여준 사건이다. 예수님의 부활은 하나님이 행하신 새로운 창조이며, 동시에 첫 창조의 완성이다. 이 엄청난 사실을 뚫어볼 수 있는 사람이라고 한다면 그는 예수 그리스도의 얼굴에 하나님의 영광이 나타났다고 노래하지 않을 수 없을 것이다.

모세가 시내 산에서 십계명이 각인된 돌판을 받은 일이 두 번이나 있었다. 첫째 돌판은 이스라엘 사람들의 금송아지 숭배 사건으로 인해 모세가 성질을 내다가 던져서 깨뜨렸다. 그 후 하나님은 다시 돌판에 십계명을 새겨주신다. 이 두 돌판 사건 사이에 특별한 이야기가 나온다. 모세는 금송아지에 마음을 쉽게 빼앗기는 이스라엘 민중을 이끌고 광야 횡단과 가나안 입성을 시도하기 어려울 것으로 보고 하나님으로부터 좀 더 확실한 보장을 얻고 싶었던 것일까? 그는 "주의 영광을 내게 보이소서"(출 33:18)라고 요구한다. 하나님을 직접 경험하고 싶다는 뜻이다. 모세는 그게 제가 죽을 일인 줄 몰랐다. "네가 내 얼굴을 보지 못하리니 나를 보고 살 자가 없음이니라"(출 33:20). 모세의 심정을 헤아리신 하나님은 결국 모세를 반석 틈에 숨겼다가 자신의 영광이 지나간 뒤에 그걸 느끼게 하셨다. 출애굽기 33:22, 23은 그 상황을 이렇게 묘사한다. "내 영광이 지나갈 때에 내가 너를 반석 틈에 두고 내가 지나도록 내 손으로 너를 덮었다가 손을 거두리니 네가 내 등을 볼 것이요, 얼굴은 보지 못하리라."

영광을 가리키는 히브리어 "카보드"를 루터는 그리스어 "독사"의 경우와 마찬가지로 Herrlichkeit로 번역했다. 모세는 하나님의 영광을 직면할 수 없었다. 단지 하나님의 영광이 지나간 흔적만 느낄 뿐이다. 출애굽기 저자는 이를 하나님의 얼굴은 보지 못하고 등만 본다고 묘사한 것이다. 여기서 하나님의 얼굴과 등을 사실적인 것으로 볼 사람은 없을 것이다. 이는 궁극적인 어떤 것을 경험하고서 거룩한 두려움에 사로잡힌 사람의 영적 상태를 가리키는 메타포다.

모세는 무엇을 보고 하나님의 등이라고 여긴 것일까? 실제로 하나님의 등이 있는 것도 아니고 그걸 본 것도 아니겠지만 뭔가를 경험했다는 것은 분명하지 않겠는가. 그가 경험한 것은 당연히 하나님의 영광이다. 이스라엘 백성도 하나님의 영광을 경험했다. 모세가 오른 시내 산에서 벌어진 현상이 그것이다. "산 위에 여호와의 영광이 이스라엘 자손의 눈에 맹렬한 불같이 보였고…"(출 24:17). 모세와 고대 이스라엘 사람들은 존재의 신비, 역사의 신비, 자신의 생각을 뛰어넘는 압도적인 힘을 예감했다. 그 힘이 자신의 운명에 개입한다는 사실을 놀라워했고, 동시에 그 사실에서 자신의 존재 근거를 확보할 수 있었다. 그래서 그들은 하나님의 영광을 찬송했으며, 후손에게 영광 찬송을 부르게 했다.

하나님께 영광을 돌리는 거룩한 행위가 예배라고 한다면 예배의 전체 과정은 하나님의 영광을 드러내는 데 집중되어야 한다. 이 사실은 누구나 인정한다. 모두가 자신이 그런 태도로 예배를 드린다고 생각한다. 성가대의 거룩한 찬양, 파이프 오르간의 장엄한 연주, 회중의 은혜로운 찬송, 목사의 카리스마 넘치는 설교를 그런 증거로 내세운다. 각 교회에서 행해지는 예배의 특징이나 장단점을 여기서 일일이 짚을 수는 없다. 다만 한국교회의 예배에 나타나는 일반적인 현상을 간략하게 정리하겠다.

한국교회가 전통적으로 드리는 예배는 정식 예배라기보다는 일종의 전도 집회에 가깝다. 구성도 그렇고 내용도 그렇다. 한국교회 예배의 기본 구성은 찬송, 기도, 설교다. 이 구성 요소가 다 그런 경향을 보인다. 찬송은 "성부여 의지 없어서…"나 "내 주를 가까이 하려함은…" 같은 가사와 곡에서 알 수 있듯이 감수성 깊은 노래를 주로 부른다. 그런 찬송을 부르면서 은혜를 받았다고 여긴다. 물론 그런 감동도 필요하다. 찬송을 부르면서 눈물을 흘릴 수도 있다. 문제는 그런 감동의 근원이 어디에 있느냐 하는 것이다. 우리나라 찬송가의 특징은 예배 찬송의 숫자가 상대적으로 적다는 것이다.『새찬송가』에 나오는 645곡 중에서 예배 찬송으로 사용할 만한 곡은 얼마 되지 않는다. 찬송가 문제는 나중에 본격적으로 다루게 될 것이다.

기도와 설교도 마찬가지다. 하나님이 어떤 일을 행하셨는지에 대한 언급은 최소화하고, 신자의 신앙적인 결단을 끌어내는 언급은 최대화한다. 그런 내용을 듣고 신자들은 그것이 은혜가 넘치는 기도와 설교라고 생각한다. 그걸 잘못되었다고 말할 수는 없다 하더라도 옳은 것이라고 말하기는 어렵다. 원칙적으로 예배에서 사람들의 은혜 경험은 중요하지 않다. 그것은 부차적인 요소다. 그럼에도 이런 예배에 반복적으로 노출되면 신자의 영혼은 골다공증에 걸리기 쉽다.

한국교회의 전통적인 전도 집회 유의 예배가 현대인의 정서에, 특히 젊은이의 정서에 와 닿지 않는다는 이유로 언젠가부터 새롭게 등장한 소위 "경배와 찬양"이나 "열린 예배" 유의 예배는 예배의 본질로부터 더 멀리 나갔다. 예배에 상업성이 도입된 것이다. 목사는 전통적인 목사 복장을 입지 않고 일상복을 입는다. 찬송가는 현대적 감각의 복음송이나 심지어 CCM을 주로 부른다. 이를 통해 회중은 세련되고 깔끔하게 연출된 종교 쇼를 관람했다는 느낌을 받을 것이다. 이런 예배에서도 하나님의 영광과 삼위일체 하나님이 언급되지만 실제로는 공허하다. 예배가 종교적 엔터테인먼트로 전락하고 만 것이다.

전통적인 전도 집회 유의 예배나 현대적인 열린 예배 모두 삼위일체 하나님의 구원의 통치가 아니라 회중의 종교적 감수성에 무게를 둔다는 점에서 예배의 왜곡이자 변질이다. 표면적으로는 종교적 감수성이 고조되는 듯이 보이겠지만 결국 신자들의 영혼은 손상당하고 말 것이다. 예배학자 마르바 던은 이런 예배를 가리켜 "버거킹 예배"라고 이름 붙였다. 바른 지적이다. 당장 입맛이 당기는 것처럼 느끼겠지만 이게 오래 반복되면 건강을 해친다.

### 예전 예배

예배를 예배답게 드릴 수 있는 대안은 무엇인가? 대안을 다른 데서 찾을 필요는 없다. 기독교는 이미 예배다운 예배의 전통을 지켜왔다. 예전 예배가 바로 그것이다. 하지만 그리로 돌아가는 것이 쉽지 않을 것이다. 뭔가 야심차게 자기 인생을 펼쳐보려고 아버지 집을 떠난 탕

자처럼 한국교회도 다른 데 마음을 빼앗겼기 때문에 기독교 영성이 풍부하게 살아 숨 쉬는 예전 예배의 전통으로 돌아오려 하지 않을 것이며, 또 그러고 싶어도 돌아올 수 없을 것이다. 혹시 자신의 처지가 끔찍한 상황으로 떨어지면 생각이 달라질지 모르겠다. 한국교회가 예전 예배의 전통을 외면하게 된 데에는 역사적 이유가 있다. 크게 보면 두 가지다.

첫째, 한국에 복음을 들고 들어온 초창기 미국 선교사들의 신앙은 한편으로 속칭 부흥회 영성이라는 특징과, 다른 한편으로 성서 문자주의라는 특징이 있었다. 한마디로 세계 선교에 대한 뜨거운 열정을 보유한 근본주의자라고 보면 된다. 착하고 순진하기는 하되 세상을 보는 눈은 미숙한 사람들이다. 이들은 성속이원론의 시각으로 세상을 보았고, 아시아나 아프리카 같은 타문화를 적대시했다. 그들은 한민족을 하루빨리 회심시켜서 예수 믿게 하는 것을 지상 목표로 삼았다. 예배도 그런 영향을 받을 수밖에 없었다. 예배에 참석한 사람들이 자신의 죄를 자복하고 눈물 흘리면서 두 손 들고 돌아오기만 하면 됐다.

둘째, 1990년대 현실사회주의의 붕괴 이후 밀물처럼 들이닥친 신자유주의가 교회의 모든 것을 지배했다. 신자유주의 특성은 실용주의의 극대화다. 이런 상황에서는 예배도 실용주의로 흘러갈 수밖에 없다. 이를 회중 중심의 예배라고도 한다. 이는 회중이 예배에 흥미를 느껴야 한다는 사고방식이다. 이런 흥미를 소프트웨어와 하드웨어로 구분하면 다음과 같다. 소프트웨어는 물질적인 축복과 도덕적인 만족감이다. 한국의 중대형 교회 대부분은 이 두 가지 코드로 작동된다. 하드웨어는 현란한 시청각 소재의 사용이다. 회중의 감수성을 자극하는 현대적 감각의 복음찬송과 드럼까지 동원된 반주, 목사 얼굴을 크게 비추는 대형프로젝터가 거리낌 없이 사용된다. 이때 예배는 하나님께 영광을 돌리는 게 아니라 사람들끼리의 종교적 흥미나 교양을 나누는 것에 불과하다.

여기서 반론이 가능하다. 방식이 어떠하든지 예배의 역동성이 살아나면 되고, 복음이 전파되면 좋지 않냐 하고 말이다. 물론 전통을 무조건 고수하는 게 능사는 아니다. 예배도 시대와 민족에 따라서 다른 형식을 취할 수 있다. 그러나 본질마저 훼손하는 변화와 개혁은 잘못이다. 그것이 필요 적절한 개혁인지, 또는 본질의 훼손인지를 분간하기는 쉽지 않다. 따라서 이 문제를 풀기 위해서는 예배학 전공 신학자를 비롯하여 여러 전문 신학자들의 논의가 필요하다. 지금 한국교회는 예배학자의 의견에 귀를 막고 있다는 게 더 큰 문제다. 꿩 잡는 게 매라는 식으로 교회를 크게 키운 목사의 주장이 신학적 진리로 자리를 잡고 있다. 하지만 예배학 전공 신학자들이 제시하는 바람직한 예배는 앞에서 짚은 예전 중심의 예배다. 나도 그 주장에 동의한다.

여기서 예전 예배를 자세하게 설명하기는 어렵다. 기본적인 것만 말하겠다. 우선 내가 담임목사로 섬기는 대구샘터교회의 예배 순서를 예로 들어 설명하겠다. 2017년 3월 5일 사순절 첫째 주일 공동 예배 순서는 다음과 같다.

**예배의 부름** 사회자

사람을 비롯한 만물은 고정되어 있지 않고 미래를 향해서 나아갑니다. 이 모든 것의 궁극적인 미래는 어떻게 될까요? 그 미래를 결정하는 능력이 하나님입니다. 그 하나님에게 전적으로 의존할 때만 우리는 생명을 얻습니다. 우리 모두 진실한 마음으로 하나님께 예배를 드리겠습니다.

*찬송            35장(큰 영화로신 주) 1, 2, 4절        다함께

*공동 기도 다함께

온 세상의 참된 주인이신 하나님, 우리의 기도와 찬양을 받아주십시오. 당신 외에 우리가 기도를 바칠 이가 어디 있으며, 당신 외에 우리가 찬양할 이가 어디 있겠습니까. 우리는 이 세상에서 나그네와 손님으로 살다가/ 종말에 완성될 생명의 근원으로 돌아가야 할 인생이니/ 창조주이신 하나님을 온전히 의지하는 것은/ 우리의 마땅한 도리이며 권리입니다.

우리는 지금 일상을 멈추었습니다. 사람이 겪어야 할 모든 걱정과 즐거움을 내려놓았고, 가깝고 먼 사람들과의 관계도 뒤로 미루었으며, 쫓기는 세상의 일들을 마음에서 지웠습니다. 가능하면 숨 쉬는 것까지 멈추고 싶은 심정으로/ 생명의 주인이신 하나님께만 집중하겠습니다.

하나님의 아들이신 예수 그리스도께서 우리와 동일한 육체를 입고 세상에 오시어/ 우리의 구원을 위하여 고난을 당하시고 십자가에 달려 죽으셨다는 성서의 진술을 믿습니다. 그것은 말로 다 할 수 없는 하나님의 지극한 사랑이었습니다. 그 사랑만이 인류 구원의 유일한 길입니다. 예수 그리스도 이름으로 기도드립니다. 아멘!

*거룩찬송           새로운 예배찬송 469장         다함께

**목사** 자비로우신 하나님, 이 시간 우리 자신의 죄를 고백하며, 또한 세상을 대신하여 사죄의 기도를 바칩니다. 흙에서 왔으니 흙으로 돌아가야 할 우리들이 세상의 주인인 것처럼 오해하거나 착각하며 살았습니다. 너무 많은 것을 소유하고, 소비하고, 서로 지배하며 살았습니다.

**회중** 우리를 불쌍히 여겨주십시오.

**목사** 세상 사람들보다 우리 믿는 사람들의 죄가 더 엄중하다는 사실을 인정합니다. 하나님의 사랑을 먼저 들어 알았으며, 그것을 전할 사명을 받았기 때문입니다. 또한 우리가 하나님을 믿는다고 하나 믿음의 능력으로 살아가지 못했기 때문입니다.

**회중** 우리를 불쌍히 여겨주십시오.

**목사** 고도의 문명사회라 자부하는 이 세상 곳곳에 폭력과 테러가 난무하고 있습니다. 여러 가지 이유로 죽음의 충동이 개인과 사회 안에 깊숙이 스며들고 있습니다. 어둠이 짙은 이 시대를 살아야 할 우리에게 용기를 허락해주십시오. 예수 그리스도의 이름으로 기도드립니다.

함께 아멘!

*침묵 기도               (한 주간의 삶을 되돌아보며)              다함께

*사죄 선포                                                        목사

**목사** "만일 우리가 우리 죄를 자백하면 그는 미쁘시고 의로우사 우리 죄를 사하시며 우리를 모든 불의에서 깨끗하게 하실 것이요."(요일 1:9) 이 말씀과 교회 전통에 따라서 선포합니다. 여러분이 아뢴 모든 것들은 용서받았습니다. 기뻐하십시오. 그리고 이웃의 잘못도 용서하십시오.

함께 아멘!

*영광찬송               국악 찬송 6장(영광 누리소서 3)             다함께

목사 예수 그리스도의 평화가 여러분과 함께!

회중 또한 목사님과 함께!

찬송                 국악 찬송 86장(예수의 십자가)            다함께

## 말씀 예전

설교 전 기도                                                다함께

우리의 삶을 홀로 주관하시는 하나님, 육신을 배부르게 할 밥만이 아니라 영혼을 풍요롭게 할 말씀이/ 지금 우리에게 절실하게 필요합니다. 그 말씀으로 우리 영혼이 생기를 얻어 살도록 보살펴주십시오. 우리 모두 그 말씀을 기다리면서, 예수 그리스도의 이름으로 기도드립니다.

제1독서                     창세기 2:15-17; 3:1-7                김 집사

응답찬송                     새로운 예배찬송 492                    다함께

성시 교독            시편 32편(새로운 예배시편 번역)       사회자와 회중

복되고도 복되어라 이런 사람 복되어라 거역한 죄 용서받아 죄와 허물 벗은 사람

―주님께서 그의 잘못 더 따지지 않으시니 그 마음에 거짓 없는 이런 사람 복 있구나.

내가 입을 굳게 닫고 죄를 고백 안 했을 때 하루종일 신음으로 이 몸 탈진되었다네.

―밤낮으로 주님 손이 이 내 몸을 짓누르니 이 내 몸은 여름 가뭄 풀 시들듯 말랐다네.

주께 죄를 고백했네 숨김없이 아뢰었네. 주님께서 나의 죄를 쾌히 용서하셨다네.

―의인들아, 기뻐하라. 주님에게 감사하라. 마음 바른 사람들아, 모두 함께 기뻐하라.

| | | |
|---|---|---|
| 제2독서 | 로마서 5:12-19 | 김 집사 |
| 응답찬송 | 새로운 예배찬송 492 | 다함께 |
| *제3독서 | 마태복음 4:1-11 | 김 집사 |
| *응답찬송 | 새로운 예배찬송 492 | 다함께 |
| 설교 | "죄의 본질" | 정용섭 목사 |
| 찬송 | 251장(놀랍다 주님의 큰 은혜) 1, 2, 4절 | 다함께 |
| 신앙고백 | 니케아 신조 | 다함께 |
| *헌금 | 429장(세상 모든 풍파 너를 흔들어) 3절 | 다함께 |
| 중보 기도 | | 목사 |
| 주기도 | | 다함께 |

## 성찬 예전

| | | |
|---|---|---|
| 성찬찬송 | 227장(주 앞에 성찬 받기 위하여) 4절 | 다함께 |

### 준비 기원

집례자 주 하나님을 찬양합니다. 주님께서 이 땅과 인간 노동의 열매로 이 빵을 주셨으니, 이 빵이 곧 생명의 양식이 되게 해주십시오.

회중 주 하나님을 영원히 찬양합니다.

집례자 주 하나님을 찬양합니다. 주님께서 포도넝쿨과 인간 노력의 열 매로 이 포도주를 주셨으니 이 포도주가 영원히 하늘나라의 것 이 되게 해주십시오.

회중 주 하나님을 영원히 찬양합니다.

집례자 들판의 밀알이 변하여 빵이 되고, 포도밭의 포도송이가 변하여 포도주가 된 것처럼, 우리 모두 성찬 예식을 통해서 영적으로 변 화된 사람이 되게 해주십시오.

회중 마라나타! 주 예수여, 어서 오시기를! 아멘.

목사 공부

## 인사 나눔

집례자 그리스도께서 여러분과 함께 계십니다.

회중 목사님과도 함께 계십니다.

집례자 주님을 향해 마음을 드높입시다.

회중 주님을 향해 우리의 마음을 드높입니다.

| 성령 | 임재의 기도 | 집례자 |
| --- | --- | --- |

## 성찬 제정사

집례자 주 예수께서 잡히시던 밤에 빵을 손에 들어 축사하시고 이르시
되 "이것은 너희를 위하는 내 몸이니 이것을 행하여 나를 기억
하라" 말씀하시고, 또한 식후에 그와 같이 잔을 들어 이르시되
"이 잔은 내 피로 세운 새 언약이니 이것을 행하여 마실 때마다
나를 기억하라"(고전 11:23-25)고 말씀하셨습니다.

회중 아멘

집례자 이제 하나님이 행하신 놀라운 구원 행위를 기억하면서 예수 그
리스도를 통해서 일어난 구원의 신비를 선포합시다.

회중 그리스도는 십자가에 죽으셨고(마 27:27-50), 그리스도는 부활
하셨으며(눅 24:44-48), 그리스도는 다시 오십니다(행 1:9-11).
아멘.

| 분할례 | | 다함께 |
| --- | --- | --- |

집례자 우리가 이 빵을 떼는 것은 그리스도의 몸을 나누는 거룩한 친교
입니다(막 14:22; 요 6:56-57; 고전 10:16).

회중 아멘.

집례자 우리가 이 포도주를 마시는 것은 그리스도의 피를 나누는 거룩
한 친교입니다(막 14:24; 요 6:56-57; 고전 10:16).

회중 아멘.

| 신앙고백 | (하나님의 어린양) | 다함께 |

하나님의 어린양 세상의 죄를 없애시는 주님, 자비를 베풀어주십시오.
하나님의 어린양 세상의 죄를 없애시는 주님, 자비를 베풀어주십시오.
하나님의 어린양 세상의 죄를 없애시는 주님, 평화를 허락해주십시오.

### 성찬 참여

집례자 성찬 예식에 참여하는 것은 하나님께서 우리 죄를 용서하시고,
하나님과의 화해를 이루기 위하여 희생하신 어린양 예수님의
몸과 피에 참여하는 것입니다. 그러므로 여러분은 형제와 자매
를 용서하고 화해하는 마음으로 성찬에 참여해야 합니다.

회중    아멘. (집례자의 안내에 따라서 회중은 빵과 포도주를 받는다.)

| 감사기도 | | 집례자 |
| 감사찬송 | (시므온의 안식노래, 눅 2:28-32) 3번 반복 | 다함께 |
| 알림 | | 목사 |

### 파송 예전

| *마침 | 찬송 6장(목소리 높여서) | 다함께 |
| *위탁의 말씀 | | 목사 |

봄의 전령이 저 앞에서 달려오는 계절에 우리는 기쁨으로 주일공동예
배를 드렸습니다. 이제 각자 삶의 자리로 돌아가 죄와 죽음이 아니라
의와 생명의 능력으로 살아가십시오.

| *축복 기도 | | 목사 |
| *후주 | | 반주자 |

전체 예배는 몇 개의 소단위로 구분된다. 개회 예전, 말씀 예전, 성찬 예전, 파송 예전이 그것이다. 성찬식은 매월 첫째 주일에 들어 있다. 성찬식이 없는 주일에는 성찬 예전 대신에 "봉헌과 친교 예전"이 들어간다. 이 네 소단위가 물 흐르듯이 잘 흘러가도록 예배가 진행되어야 한다. 개회 예전은 회중이 예배 안으로 들어오는 의식이다. 찬송과 기도가 이어진다. 말씀 예전은 개신교회 예배의 중심이다. 여기서 성서일과에 따른 성서 구절이 읽히고 설교가 선포된다. 성찬 예전은 보이는 말씀이 선포되는 순간이다. 파송 예전은 예배를 마친 이들을 세상에 파송하는 예전으로서 예배의 마무리다. 이 예배 순서는 다음의 세 책에서 도움을 받았다. (1) 한국장로교출판사, 『공동예배서』, 2001년; 이 책은 미국연합장로교에서 1993년도에 발행한 Book of Common Worship을 번역한 것이다. 정통 장로교회라면 이 예배서를 따르는 게 옳다. (2) 백천기 목사 엮음, 『한국교회와 리마 예식서』, 대한기독교서회, 2008년; 이 책은 1982년 페루의 수도 리마에서 열린 세계교회협의회(WCC)의 "신앙과 직제 위원회" 총회에서 채택된 "세례, 성만찬, 사역"(Baptism, Eucharist, Ministry)의 "리마 문서" 중 예식 부분에 해당된 것을 기초로 우리나라 실정에 맞도록 편집한 것이다. (3) 박근원 엮음, 『새로운 예배 시편』, 대한기독교서회, 1998년; 이 책은 시편을 우리말 가락에 맞춰 새롭게 번역한 것이다. 시편은 원래 운율을 갖춘 시(詩)다. 4.4조로 번역된 이 시편은 운율을 갖춰 읽는 데 큰 도움을 준다. 이제 세부적으로 살펴보자.

## 예배 사회자

예배의 시작은 "예배의 부름"이다. 그 부분은 사회자가 간단히 "안녕하세요? 봄의 전령이 바로 앞에 와 있는 듯한 주일입니다. 지난 일주일 동안 잘 지내셨는지요. 오늘은 2017년 3월 5일 사순절 첫째 주일입니다" 하고 인사한 후 주보에 나온 내용을 읽는다.

예배 진행에서 사회자의 역할은 중요하다. 사회자라는 호칭보다는 진행자가 더 어울릴지도 모르겠다. 규모가 어느 정도 되는 교회의 예배는 설교자와 사회자가 구분된다. 그때 사회자는 대부분 목사다. 대구샘터교회 예배의 사회는 일반 신자가 맡는다. 이 경우 사회자는 소위 헌신 예배 때 여신도회나 남신도회 회장이 사회를 보는 것과는 성질이 다르다. 단순히 목사를 보조하는 역할이라기보다는 역할 분담이라고 봐야 한다.

루터의 만인제사장직 개념 이후로 개신교는 목사와 일반 신자 사이에 차별을 두지 않는다. 목사를 거치지 않고도 모든 신자는 하나님께 사죄 기도를 드릴 수 있으며 예배를 드릴 수 있다. 따라서 교회에서 공식적으로 드리는 예배에서도 일반 신자가 역할을 분담하는 게 좋다. 이것은 단순한 편의주의가 아니라 신학적인 근거에서 이뤄져야 한다. 이것은 은사론에 해당된다. 은사론에 따르면 목사의 역할은 성례전의 집행과 말씀의 선포다. 목사는 이 두 항목과 연관된 순서를 맡고, 일반 신자는 나머지를 맡으면 된다. 일반 신자의 역할 중 하나가 바로 예배가 잘 진행될 수 있도록 안내하는 것이다. 이런 역할이 만만한 게 아니다. 예배에 대한 신학적인 이해 및 멘트를 정확하게 전달할 수 있는 능력과 어떤 상황에서도 당황하지 않는 침착성을 필요로 한다.

내 경험에 의하면 사회자의 역할을 일반 신자에게 위임하면 목사의 예배 집중도가 높아진다. 목사는 자기가 맡은 순서만 감당하면 되기 때문에 정신적으로나 육체적으로 훨씬 더 안정감을 유지할 수 있다. 설교해야 할 목사가 찬송 순서까지 인도하는 게 얼마나 어려운지 경험해본 사람은 다 알 것이다.

사회자가 위치하는 자리는 강단이 아니라 회중석의 오른편 통로 앞쪽이다. 목사의 자리는 회중석 왼편 통로 앞쪽이다. 예배가 진행되는 동안 순서를 맡은 사람은 가급적 회중의 눈에 띄지 않는 게 좋다. 왜냐하면 회중의 관심이 사람에게 가는 게 아니라 하나님께 모아져야 하기 때문이다. 이를 상징적으로 표현하는 방법은 강단을 비워놓는 것이다.

강단을 비우는 게 쉽지는 않을 것이다. 예배를 누군가가 이끌어야 한다는 선입견이 강하기 때문이다. 단적으로는 찬송과 기도 인도다. 회중 찬송을 부를 때 사회자가 강대상 앞에서 큰 목소리로 인도하는 경우가 흔하다. 음감 좋은 사회자가 찬송 인도를 잘하면 회중이 은혜를 받기도 한다. 찬송은 우리가 함께 하나님을 찬양하는 것이기 때문에 사회자가 회중을 마주 보고 인도하는 것은 잘못이다. 회중끼리 마주보는 게 아니라 모두 더불어서 하나님을 향해 찬양해야 한다. 기도하는 사람이 강단에 나와 회중을 마주보고 서서 기도하는 경우도 마찬가지다. 그것도 원칙적으로 보면 잘못이다. 기도는 우리가 더불어서 하나님께 드리는 것이지, 대표자가 회중에게 기도의 본을 보이는 게 아니기 때문이다. 어떤 교회에서는 대표 기도자가 회중을 향하는 게 아니라 회중을 뒤로 한 채 강단을 향하기도 한다.

로마 가톨릭과 정교회가 예배를 드리는 공간의 전면에 여러 종교적 상징물을 설치하는 것은 나름 의미가 있다. 이는 회중이 미사를 집전하는 사제보다는 하나님께 집중하도록 돕는 장치들이다. 종교개혁 이후 개신교회는 이런 상징물을 제거했다. 물론 교파에 따라서 차이가 있다. 재세례파 쪽은 로마 가톨릭의 모든 것을 파괴한 반면에, 루터파 쪽은 상당한 부분을 그대로 보존했다. 지금 한국의 개신교회는 어중간한 입장을 보인다.

강단에 사람이 서는 경우는 성서 봉독과 설교, 그리고 헌금을 드릴 때와 성찬 예식을 집전할 때다. 성찬 예식 중에는 목사가 강단이 아니라 그 아래 성찬대 앞에 선다. 성서 봉독과 설교는 당연히 회중을 향해서 선포되어야 한다. 성찬 예식도 보이는 말씀에 참여하는 것이기에 집전하는 사람이 회중을 향해 서야 마땅하다. 헌금과 관계된 순서도 원칙적으로는 회중을 향하는 게 아니라 강단을 향해야 한다.

## 회중 찬송

두 번째 순서는 찬송이다. 예배 중에 찬송을 부르는 순서는 여러 번이다. 예배 도입부에서 부르는 찬송은 그야말로 하나님을 찬양하는 가사와 가락으로 된 것을 택해야 한다. 『새찬송가』는 찬송을 주제별로 분류해놓고 있다. 예배 항목에는 송영, 경배, 찬양, 주일, 봉헌, 예배 마침, 아침과 저녁이라는 소제목의 찬송이 묶여 있다. 여기서 경배, 찬양이라는 소제목의 찬송가가 예배 도입부의 찬송으로 적합하다. 『새찬송가』의 경우 경배가 10곡, 찬양이 24곡이다. 일단 양적으로도 턱없이 부족하다. 주일이라는 소제목의 7곡도 포함될 수 있다. 성부 항목에 있는 창조주라는 소제목의 15곡도 경우에 따라 사용해도 괜찮다.

찬송가를 선곡할 때 다음을 유의하는 게 좋다. 여러 찬송가를 골고루 부를 수 있도록 한다. 찬송 부르기에도 편식은 건강을 해친다. 낯선 찬송가로 인해서 신자들이 당황할 수도 있으니 준비를 철저하게 하는 게 좋다. 성가대가 있으면 성가대가 주도해서 찬송을 이끌어가면 된다. 한 번 부르고 나면 다음부터는 익숙해질 것이다.

회중 찬송을 부를 때 몇 가지 유의 사항을 짚어보겠다. 첫째, 어떤 교회에서는 회중이 찬송가를 부를 때 지휘자가 앞에 나서서 이끌어간다. 별로 바람직하지 않다. 예배는 가급적 찬송의 기술적인 부분보다는 하나님을 찬양한다는 사실에 무게를 두어야 한다. 둘째, 어떤 교회는 회중이 찬송을 부르면서 화음을 넣기도 한다. 그것이 경우에 따라서 예배에 방해가 될 때가 있다. 한두 사람의 목소리가 튀어나오면 다른 사람이 신경을 쓰게 된다. 그런 것만 적당하게 처리가 된다면 화음으로 회중 찬송을 부르는 것은 좋다. 내가 신학생 시절 학교에서 예배를 드릴 때 찬송가는 늘 4부 화음으로 울려 퍼졌다. 단음으로 나는 소리와 화음으로 나는 소리는 그 울림이 완전히 다르다. 그레고리오 성가는 비록 단선율이지만 교회당 건축 구조로 인해서 화음으로 들렸다고 한다. 셋째, 찬송가를 부를 때 반주용 악기는 어떤 것이 좋을까? 이것은 찬송만이 아니라 예배 전체에 해당된다. 파이프 오르간이 가장 적합하겠지만 그럴 만한 여건이 되지 않는 교회가 훨씬 많을 것이다. 피아노는 예배 반주 악기로는 별로 추천할 만한 게 못 된다. 그럴 바에야 파이프 오르간 소리를 어지간히 흉내 낼 수 있는 신디사이저를 사용하는 게 차라리 낫다.

사소한 것 한 가지만 더 말하자. 어쩌면 사소한 게 아니라 오히려 더 중요한 것인지 모르겠다. 찬양을 부를 때 회중을 너무 감정적으로 몰입시키지 않도록 하는 게 좋다. 박수를 유도하거나 할렐루야를 외치는 건 찬양에 오히려 방해가 된다. 그런 방식의 찬송 부르기는 주일 공동 예배가 아니라 찬양 예배나 특별 집회로 돌리면 된다. 무미건조하게 찬송을 불러야 한다는 말이 아니다. 주일 공동 예배 때의 찬송가는 절제미가 우선되어야 한다. 그럴 때 영혼의 공명이 더 깊어질 것이다.

## 공동 기도

세 번째 순서는 공동 기도다. 공동 기도는 말 그대로 예배에 참석한 회중 전체가 공동으로 드리는 기도다. 나는 교회력에 따라 일 년 동안 예배 때 사용할 공동 기도문을 이미 오래전부터 만들어서 사용하고 있다. 그것을 매 주일 주보를 준비하면서 조금씩 다듬고 있다. 교회력을 따른다고 하지만 52주일의 공동 기도문이 늘 교회력에 충실한 것은 아니다. 해당 교회력이 경우에 따라서 여러 주일, 또는 여러 달에 걸쳐 있기 때문이다. 그럼에도 나는 교회력에 딱 맞아떨어지는 공동 기도문이 완성되기를 기대한다. 공동 기도에서 관심을 두어야 할 항목은 다음과 같다.

우선 중요한 것은 공동 기도의 내용이다. 여기서 핵심은 이것이 공적인 기도라는 사실이다. 모든 회중에게 있어 공적인 것은 삼위일체 하나님의 구원 통치다. 그것이 기도의 구성 요소가 되어야 한다. 이런 기도를 드리려면 당연히 삼위일체 하나님의 구원 통치에 대한 신학적인 이해가 전제되어야 한다. 공동 기도는 사적인 기도와 구별되어야 한다. 사적인 기도는 주로 사람들에게 필요한 것을 구하는 간구에 해당된다. 신자들은 일상에 필요한 것을 개인의 기도 시간에 하나님께 사사로이 구할 수 있다. 그러나 주일 공동 예배 때의 공동 기도는 철저하게 공적인 차원에 머물러야 한다. 한국교회에는 이런 구별이 소홀하게 다뤄진다. 내가 보기에 기도의 공공성 회복이 한국교회에 시급하다.

공동 기도의 공적인 성격을 강조하다 보면 기도의 형식을 취하지만 실제로는 설교가 될 수 있다. 이것은 조심할 일이다. 기도는 기도이고, 설교는 설교여야 한다. 설교는 선포이지만 기도는 하나님의 계시에 대한 응답이자 고백이기 때문이다. 그러나 더 깊은 차원에서 생각한다면 설교와 기도를 구분하기 어렵다. 설교도 기본적으로 설교자의 신앙고백이고, 기도 역시 하나님의 구원의 통치를 찬양하는 것이라는 점에서 그렇다. 기도와 찬송과 설교는 상호 변증법적인 긴장 관계에 놓인 게 아닐는지.

공동 기도에서 내용 못지않게 중요한 것은 함께 소리 내서 읽는 행위다. 주보에 나온 기도 내용을 그냥 읽기만 하면 다 잘될 것 같지만 실제로는 쉽지 않다. 사람마다 읽기 호흡이 다르기 때문에 조심하지 않으면 중구난방으로 소리가 날 수 있다. 이와 관련하여 몇 가지 유의 사항이 있다.

우선 모든 사람이 호흡을 함께하는 훈련이 필요하다. 어떤 이는 다른 사람보다 미세하게나마 약간 빠르게 소리를 내고, 또 어떤 사람은 뒤로 처진다. 소리를 하나로 완벽하게 일치시키기는 힘들겠지만 서로 노력하면 어느 정도는 어울리게 된다. 우리 교회에서는 아예 비상조치로 끊어 읽어야 할 부분에 표시(/)를 해두었다.

모든 회중이 비슷한 성량으로 소리를 내는 게 중요하다. 어떤 분은 입안에서 우물거리는 소리를 내고, 또 다른 분은 너무 큰소리를 낸다. 모두가 가능한 한 적당한 소리를 내도록 해야 한다. 사람마다 성대의 능력에 차이가 나기 때문에 완벽하게 일치된 소리를 내기는 힘들겠지만 노력하면 좋은 소리를 낼 수 있다. 다른 사람의 소리를 들으면서 자기 소리를 내는 것도 좋은 방법이다.

공동 기도에 참여한 회중은 자기가 지금 아카펠라 합창을 부른다고 생각하면 된다. 합창에서 소리를 아예 내지 않거나 기어들어 가는 소리를 내면 곤란하고, 자기 목소리를 자랑하듯이 큰소리를 내도 곤란한 것처럼 공동 기도 역시 그렇다. 공동 기도는 가락이 없는 찬송이고, 찬송은 가락이 있는 기도라는 말이 있다. 가락이 없는 기도를 드릴 때도 느낌만은 가락이 있다고 여기는 게 좋고, 가락이 있는 찬송을 부를 때도 기도를 드린다는 느낌으로 소리를 내는 게 좋다. 특히 개인 기도가 아니라 공동 기도를 드릴 때는 그런 가락을 좀 더 분명하게 의식할 필요가 있다.

예배에서 소리 또는 울림은 어떤 경험보다 더 깊이 있게 영적인 것을 경험할 수 있는 기회다. 특히 여러 명이 함께 소리를 내어 드리는 기도는 다른 어떤 것으로도 대체될 수 없는 신비한 경험을 가능케 한다. 회중이 그런 소리 사건에도 민감하게 반응하면서 예배에 집중할 수 있다면 그야말로 거룩한 예배를 경험하게 될 것이다. 이것이 혹 이사야가 성전에서 "카도쉬, 카도쉬, 카도쉬!"라고 노래하는 스랍들의 합창 소리를 들었다는 것과 비슷한 게 아니겠는지.

공동 기도의 좋은 점은 많다. 앞에서 대표 기도의 문제점을 짚었는데, 그것의 반대가 공동 기도의 좋은 점이라고 생각하면 된다. 그걸 압축적으로 정리하면 공동 기도로 인해 회중의 예배 참여도가 높아진다. 대표 기도로 진행되는 예배에서는 회중이 기도를 듣는 입장이었다면 이제는 스스로 기도를 하는 입장이 된다. 이것은 기도만이 아니라 예전 예배 자체의 좋은 점이기도 하다. 이런 예배와 기도에서는 회중이 구경꾼으로 머물지 않는다. 처음부터 끝까지 자신이 주체적으로 참여하고 있다는 느낌을 갖는다. 이것보다 더 좋은 예배가 어디 있겠는가.

또 하나의 장점은 이를 통해서 기도를 배울 수 있다는 점이다. 공동 기도의 내용은 개인이 평소에 하는 기도와 다르다. 평소 개인적으로 하는 기도는 대개 사적인 차원에 머문다면 공동 기도는 공적 차원으로 올라선다. 이런 기도는 신학 훈련이 안 된 평신도가 평소에 드리지 못하던 것들이다. 자신이 충분히 소화한 기도가 아니기 때문이다. 그렇지만 이런 공동 기도를 반복해서 드리면 자신도 의식하지 못하는 사이에 그런 기도의 세계로 들어가게 된다. 그것이 기도 공부다. 이는 좋은 시를 함께 반복해서 읽으면서 시의 세계로 끌려들어가는 것과 비슷한 이치다.

## 대표 기도

한국교회의 주일 공동 예배 관행에 따르면 기도 순서에 대표자가 나서서 기도를 드린다. 다른 나라의 개신교회 예배는 어떤지 잘 모르겠지만 우리나라 교회는 대부분이 그렇다. 그 시간은 주로 장로가 맡는다. 장로가 없거나 숫자가 충분하지 않을 경우에는 안수집사가 맡기도 한다.

나는 이런 관행을 좋게 생각하지 않는다. 다른 모임이라면 모르겠으나 주일 공동 예배에서는 곤란하다. 주일 공동 예배는 신학적으로 엄격한 형식과 내용으로 채워지는 게 좋다. 그리고 그게 옳다. 여기서 엄격하다는 말은 형식주의에 매달려야 한다는 게 아니라 예배의 본질을 훼손하지 말아야 한다는 뜻이다. 소위 대표 기도 시간에 얼마나 많은 문제가 일어나는지 알 만한 이들은 다 알 것이다. 그 순서로 인해서 예배 분위기가 다 망가진다는 말이 있을 정도로 현재의 대표 기도에는 문제가 많다. 어떤 이들은 그걸 일종의 종교적 권력의 기회로 삼는다.

신자들이 대표 기도 순서에서 어떤 기도를 드리는지 잠깐 살펴보면 답이 나온다. 그들은 하나님을 향해서가 아니라 사람을 향해서 기도한다. 입으로는 하나님을 부르지만 마음은 기도를 듣는 회중에게 가 있다. 회중을 설득하려고 애를 쓴다. 또한 훈계와 계몽의 특징을 보인다. 주일학교 교사가 어린이들 앞에서 기도드릴 때도 이런 잘못을 종종 행한다. "떠들지 않고 조용히 예배드리게 도와주시고…"란 기도가 누구를 향한 기도인지는 뻔하다. 가장 큰 문제는 기도의 내용이 사적인 차원으로 떨어진다는 것이다. "빈자리를 채워주시라"는 기도는 철부지 기도거나 뻔뻔한 기도다. 교회 건축을 위해서, 해외 선교사를 위해서, 주일학교 교사와 성가대원을 위해서도 일일이 짚어가며 기도드린다. "말씀을 선포할 목사님에게도 지혜와 담력을 주셔서…"라는 기도는 당연한 것처럼 받아들여진다. 담임목사의 자녀를 위해서 기도드리는 교회도 있다는 말을 들었다. 그런 기도는 몽땅 묶어서 개인 기도로 돌려야 한다. 이런 내용이 주일 공동 예배 시간에 나오면 그건 예배의 본질이 훼손되었다는 증거다.

한국어의 특성으로 인해 벌어지는 어쩔 수 없는 잘못도 있다. 이 것도 물론 개인의 대표 기도에서 자주 나온다. 장로나 집사가 기도하면서 목사를 거론할 때 아무개 목사님이라고 존칭어를 붙인다. 목사가 기도할 때도 마찬가지다. "우리 교회 장로님들에게 큰 은총을 베푸시어…"라고 한다. 기도가 하나님을 향한 경건 행위라고 한다면 어떤 사람에 대해서도 존칭어를 붙이지 말아야 한다. 이는 예의범절에 목을 매는 한국의 정서에서 볼 때 쉽지 않을 것이다. 그러나 조금만 생각을 하면 방법은 있다. 최선은 주일 공동 예배 때 공동 기도를 드리는 것이다. 다른 모임의 경우라면 이렇게 돌려서 기도할 수 있을 것이다. "하나님께서 귀한 종을(또는 말씀 선포자를) 오늘 세우셨으니 지혜와 용기를 허락해주십시오."

나는 한국교회의 평신도 중에서 주일 공동 예배 시간에 건강한 기도를 드릴 수 있는 영적 안목이 있는 사람이 드물다고 생각한다.

물론 기도꾼은 많다. 그들은 청산유수처럼 기도를 쏟아낸다. 정형화된 기도 언어를 자유자재로 사용할 줄 알고, 거기에 감정까지 풍성하게 담아낸다. 하지만 그런 기도는 혼자 골방에 들어가서 드리는 게 좋다. 반복해서 강조하는 바이지만, 주일 공동 예배의 기도는 어디까지나 공공성의 토대에서 수행되어야 한다.

신학교의 커리큘럼 가운데 기도 공부는 없다. 이론 과목은 접어두고 실천신학에 속하는 목회학, 예배학, 찬송가학은 배우는데 기도는 배우지 않는다. 교수와 선배 목사들이 기도하라는 말은 많이 하지만 어떻게 기도해야 하는지는 가르치지 않는다는 게 이상하지 않은가. 이는 초등학교 어린이들에게 정서와 정신 건강에 좋으니 노래를 많이 부르라고 말은 하면서 노래를 어떻게 불러야 하는지를 가르쳐주지 않는 것과 비슷하다.

기도는 배우는 게 아니라 은혜를 받으면 저절로 나오는 것이라고 생각하는 사람들이 있는 것 같다. 신학생 시절의 내 경험에 따르면 남의 기도를 그저 흉내 내는 기도만 했다. 그런 방식으로 반복해서 기도하면 그런 기도가 익숙하게 되어 점점 자연스럽게 몸에 밴다. 철야 기도 등의 모임에 자주 참여하면 기도 잘하는 사람으로, 즉 기도쟁이로 성장하게 되고, 여기서 진도를 더 나가면 마치 무당의 접신처럼 신들림의 경지까지 이르게 된다.

이런 기도 현상을 무조건 배척할 수는 없다. 사람의 영혼은 신학적인 논리로 다 포착해낼 수 없는 깊이가 있기 때문에 이런 열광적인 기도 현상에서도 나름 영적인 경험이 가능하다. 그러나 그런 기도는 어디까지나 앞에서 말한 것처럼 개인 기도에 머물러야 한다. 이는 노래 부르기와 비슷하다. 혼자서 노래를 부를 때는 음정과 박자가 맞지 않고 가사가 엉망이라도 개인적으로 즐기는 데 아무 문제가 없다. 그러나 합창을 부를 때는 이야기가 달라진다. 이때는 단원 모두가 악보를 철저히 따라야 한다. 자신의 감정도 절제해야 한다. 그래야만 실제로 감동적인 합창이 가능하다.

기도를 배운다는 것은 기술적인 문제가 아니다. 기도 용어를 외우고, 기도의 억양을 다양하게 하는 훈련이 아니다. 이것도 결국은 영성의 문제다. 영성의 깊이에 따라서 기도의 내용도 달라질 것이다. 이 사실을 전제한 채 한 가지 방안을 제시하겠다. 시인이 되려면 좋은 시를 많이 읽고 쓰고 외우는 것처럼, 기도의 사람이 되려면 좋은 기도문을 많이 읽고 쓰고 외워야 한다. 나는 『성 어거스틴의 기도』에서 큰 도움을 받았다.

## 사죄 기도

다음은 사죄 기도다. 사죄 기도는 하나님의 용서를 바라는 기도다. 정통 기독교는 개신교, 로마 가톨릭, 정교회를 막론하고 예배 시간에 사죄 기도를 드린다. 어떤 종파는 자신의 가슴을 세 번 두드리면서 "내 탓이오"라고 세 번 소리를 낸다.

소위 구원파에 속한 사람들은 사죄 기도를 못마땅하게 여긴다. 그들의 논리는 분명하다. 구원받은 사람은 이미 모든 죄로부터 용서를 받았기 때문에 반복해서 사죄 기도를 드릴 필요가 없다는 것이다. 그들은 사죄 기도를 드리는 것을 예수님의 십자가와 부활의 능력을 약화시키는 것으로 본다. 그들이 전혀 터무니없는 말을 하는 건 아니다. 다만 기독교의 구원을 실증의 차원에서 받아들임으로써 결과적으로 사죄 기도 무용론이라는 자가당착에 빠진 것뿐이다.

기독교가 가르치는 구원은 한 번의 사죄를 통해서 의롭다고 인정받는 사건에만 한정되는 게 아니라 하나님께 가까이 가는 과정까지 포함하는 개념이다. 구원은 콘서트 입장권을 손에 넣는 것과 같은 소유가 아니라 바람 앞에 서는 것과 같은 존재의 차원이다. 하나님께 가까이 가는 과정에서 무엇이 필요할까? 또는 하나님께 가까이 갔다는 사실에 대한 증거는 무엇인가? 자신의 실존이 죄라는 사실을 깊이 인식하고 인정하는 것이다. 하나님은 빛이다. 그 빛에 가까이 간 사람은 자신의 삶이 죄와 죽음을 가리키는 어둠이라는 사실을 뼈저리게 느끼고, 그 사실 앞에 놀란다. 그러니 우리가 예배 때마다 사죄 기도를 반복해서 드리지 않을 수 없다.

사죄 기도는 다음과 같이 세 단계로 진행된다. 교독으로 드리는 사죄 기도, 개인적으로 드리는 침묵 기도, 목사의 사죄 선포와 회중의 아멘 화답과 영광 찬송 및 평화 인사가 그것이다. 교독으로 드리는 사죄 기도의 내용은 내가 매 주일 쓴다. 공동 기도처럼 일 년 치 사죄 기도문을 써두긴 했지만 매 주일 조금씩 가다듬는다. 사회적 이슈가 이런 사죄 기도에 들어올 수도 있다. 침묵 기도는 예배에 참여한 회중 각자가 자신의 개인적인 잘못을 침묵으로 고백하는 시간이다. 대략 30초가량의 침묵 시간이 이어진다. 그 뒤로 목사는 사죄를 선포한다. 목사가 사죄의 권한이나 능력이 있는 건 결코 아니다. 말하자면 이것은 일종의 종교적 세리모니다. 용서받은 것에 대한 감사의 마음으로 영광 찬송을 부르고, 마지막으로 예전 문구에 따라 목사와 회중이 평화의 인사를 나누고, 이어서 회중끼리 평화의 인사를 나눈다. 용서받은 기쁨을 아는 사람들이 평화의 인사를 나눈다는 것은 당연한 일이다. 죽음 이후 하늘나라에 가서 우리는 다시 이런 인사를 나누게 될 것이다. 그곳은 늘 평화가 가득할 테니 굳이 평화의 인사를 나눌 필요가 없을지도 모른다.

## 국악 찬송

예배의 부름 뒤에 회중은 일어나서 찬송을 부르고, 일어선 상태에서 공동 기도와 사죄 기도, 평화의 인사까지 진행된다. 그리고 자리에 앉아 찬송을 부른다. 우리는 이때 국악 찬송을 부른다. 국악 찬송은 주로 향린교회에서 발행한 『국악 찬송가』에서 선곡한다. 때에 따라서 대한기독교서회에서 출간한 『새로운 예배 찬송』에서 선곡하기도 한다. 여기에는 세계 여러 나라의 민속 찬송가가 수록되어 있다.

주일 공동 예배 시간에 국악 찬송가를 부르는 것에 대한 생각은 서로 다를 것이다. 국악 찬송가를 부르지 않는다고 해서 진정한 예배가 아니라고 할 수 없으며, 국악 찬송가를 부른다고 해서 정통 예배가 아니라고 말할 수도 없다. 우리가 국악 찬송가를 부르는 이유는 단순하다. 예배의 한 대목만이라도 한민족의 정서를 담아내는 게 필요하다고 생각하기 때문이다.

이 문제는 기독교의 토착화와 연관된다. 신앙과 예배의 본질은 그대로 고수하되 그것을 표현하는 방식은 해당 민족의 문화에 맞도록 바꾸자는 주장이 토착화 논의다. 이런 논의는 주로 제3세계 신학계에서 표출되었다. 어떤 화가는 흑인 예수나 한복을 입은 예수를 그림으로 그리기도 했고, 어떤 분은 예수 일대기를 창으로 불렀다. 목사 가운을 한복으로 바꾸려는 시도도 있었다. 제1세계 신학계에서는 폴 틸리히의 『문화의 신학』이 이를 대변한다고 보면 된다. 그는 기독교 복음을 본질과 문화로 구분했다. 본질은 몸이고, 문화는 옷과 같다. 몸은 변할 수 없지만 옷은 변할 수 있으며, 변해야 한다.

그런데 국악 찬송이 모두 허용될 수는 없다. 가사와 가락이 신앙적인 품격을 갖춘 찬송가로 엄격히 제한되어야 한다. 우리의 민요가락에 가사만 기독교적인 것으로 채워도 곤란하다. 이에 대한 정확한 분석과 판단은 신학자나 목사가 할 수 없다. 이는 기독교 신앙의 본질을 꿰뚫고 있으면서 음악의 조예가 깊은 음악 전문가들의 몫이다. 한국교회가 범교파적으로 가칭 "국악 찬송가 연구 및 보급 위원회"와 같은 기구를 구성하는 게 좋을 듯하다. 우리나라 교회처럼 미국과 영국 찬송 일색으로 찬송가를 만드는 교회는 세계 어디에도 없다.

## 성서일과

전체 예배의 두 번째 단락은 "말씀 예전"이다. 여기서 핵심은 말씀 읽기와 설교다. 그 사이사이에 기도와 찬송도 있다. 말씀은 세계 성서일과에 따라서 세 군데를 읽는다. 제1독서는 주로 구약을, 제2독서는 신약의 서신을, 제3독서는 복음서를 읽는다. 제1독서의 경우 부활절 절기에는 사도행전이 주로 나온다. 성서일과에 나오는 시편은 성시 교독 순서에 맞춰 읽는다.

한국의 대다수 교회는 성서일과(lectionary)를 대수롭지 않게 여긴다. 예배 때의 성서 봉독을 단지 설교를 위한 장식품 정도로 여긴다. 더 근본적으로는 교회력 자체를 외면한다. 예배의 모든 형식과 질서를 파괴하고 거기 모인 회중의 회심과 영적 감동에만 초점을 맞춘다. 예전도 없고, 교회력도 없고, 성서일과도 없다. 상징도 없고 신비도 없다. 오직 교회 성장과 뜨거운 열정에 매몰되어 있다. 지성인들이 모이는 교회는 교양과 도덕성에 치우친다. 성서 내용과는 아무 상관 없는 설교가 비일비재한 한국교회 형편에서 성서일과 운운은 쇠귀에 경 읽는 격이다.

성서일과를 절대화하면 성령의 자유로운 활동을 억제할 수 있다는 염려를 하는 목사도 있다. 일리가 있는 염려다. 이에 대한 시시비비를 여기서 다루지는 않겠다. 예전이 왜 필요한지에 대한 진지한 고민이 없으면 이런 논의는 제자리에 머물 뿐이다.

독서는 일반 신자가 읽는다. 그는 강단에 나와서 "오늘의 제1독서는 (어느 곳)입니다"라고 말한 뒤에 거기 해당되는 구절을 읽는다. 다 읽은 뒤에는 "이는 거룩하신 하나님의 말씀입니다"로 끝낸다. 그러면 회중은 말씀에 대한 화답으로 "아멘" 찬송을 부른다. 이 화답 찬송은 서너 마디로 된 아주 짧은 곡이다. 똑같은 방식으로 세 번의 독서를 읽는다. 복음서에 해당되는 제3독서를 읽을 때는 "오늘의 제3독서는 (어느 곳)입니다. 모두 일어나서 우리 주님의 말씀을 들으십시오"라고 한다. 그러면 회중은 일어선다. 여기서 "독서"라는 말이 적절한지는 아직 확신이 서지 않는다. 차라리 구약 봉독, 서신 봉독, 복음서 봉독으로 표기하는 게 나을지 모르겠다. 예배학 전문가의 조언이 필요하다.

순서를 맡은 이는 미리 해당 본문을 집에서 충분히 읽어야 한다. 그 내용도 파악하고 있어야 한다. 내용을 알고 읽는 것과 모르고 읽는 것에는 큰 차이가 있다. 가능하면 다른 번역, 예를 들어 『공동번역』을 참조하는 것도 큰 도움이 된다. 독서 읽기에서 또 하나 중요한 것은 호흡이다. 글에는 높낮이도 있고 흐름이라는 게 있어서 그런 느낌을 알고 있는 게 좋다. 성우나 아나운서처럼 프로페셔널하게 읽어야만 한다는 뜻은 아니다. 그렇게 할 수 있으면 좋겠지만 모든 이들이 그렇게 할 수는 없으니, 가급적 읽는 연습을 충분히 하고 마음을 집중해서 읽으면 된다. 약간 서툴러도 진정성은 전달될 것이다.

독서가 진행될 때 회중은 다음 두 가지 중 하나의 태도를 취하면 된다. 하나는 귀로 들으면서 눈으로 성서 본문을 따라가는 것이다. 이것이 한국교회에서는 가장 일반적인 태도다. 다른 하나는 그냥 소리로만 듣는 것이다. 유대 회당이나 성전 예배, 그리고 중세기까지 기독교의 예배에서 회중은 성서 내용을 귀로 듣기만 했다. 하나님의 말씀은 원초적으로 소리였다는 사실을 염두에 두어야 한다. 예언자들도 문자로 쓰기 전에 말로 선포했고, 예수님도 글을 쓰신 게 아니라 말씀하셨다. 바울의 편지는 처음부터 글이었지만 그것이 회중에게 전달될 때는 소리로 전환되었다. 한편으로 성서 없이 소리에만 집중하기는 쉽지 않을 것이다. 시선 처리도 애매하다. 강단을 볼 수도 있고, 눈을 감을 수도 있고, 허공을 응시할 수도 있다. 각자 편한 방식을 선택하면 된다. 독서가 끝난 뒤는 설교 순서다. 설교 항목에는 좀 더 많은 이야기가 필요하니까 예배 이야기를 끝내고 다시 하겠다.

## 사도신경과 니케아 신조

설교 후 찬송을 부른 다음에 사도신경으로 신앙고백을 한다. 성찬식이 곁들여지는 매월 첫 주일에는 니케아 신조로 신앙고백을 한다. 두 신조의 기본 구조는 비슷하다. 삼위일체 하나님을 향한 신앙고백이다. 차이는 보기에 따라 클 수도 있고, 작을 수도 있다. 몇 가지 차이점은 다음과 같다.

사도신경은 로마 교회의 세례문답에서 기원한다. 그래서 문장의 주어도 일인칭 단수인 "나는…"으로 되어 있다. 개인이 세례를 받기 위해서 세 번에 걸쳐 "나는 믿습니다"라고 고백하는 것이다. 니케아 신조는 기원후 325년 니케아에서 열린 공의회에서 나온 신조로서 몇 단계의 과정을 거쳐 381년 콘스탄티노플 공의회에서 확정되었다. 니케아 신조는 사도신경에 비해 신학적인 표현이 훨씬 더 풍부하다. 문장의 주어도 일인칭 단수인 사도신경과 달리 일인칭 복수다. "우리는 …을 믿습니다."

니케아-콘스탄티노플 신조는 기독교 3대 종파인 가톨릭과 정교회와 개신교가 다 인정하는 신조다. 사도신경은 그렇지 못하다. 정교회는 이를 받아들이지 않는다. 같은 니케아 신조라고 해도 "필리오케"를 포함하는지의 여부에 따라서 또 입장이 달라진다. 정교회는 그걸 거부한다. 왜냐하면 필리오케(그리고 아들로부터…)가 신학적으로 옳지 않다고 보기 때문이다. 여기서 이 문제를 자세하게 다룰 수는 없다. 우리 교회는 에큐메니컬 정신에 따라서 "필리오케"를 뺀 니케아 신조를 선택한다. 2013년 부산 세계교회협의회(WCC)의 예배 때 사용된 신조가 바로 그것이다. 참고로 대구샘터교회가 사용하는 니케아 신조를 아래에 인용한다. 이는 위의 예배 순서에는 빠졌지만 실제 주보에는 실려 있다. 거룩 찬송, 영광 찬송, 국악 찬송, (성찬 예전) 감사 찬송 악보도 찬송가에 나오지 않아서 주보에 게재된다.

우리는 한 분이신 성부 하나님을 믿습니다. 그분은 전능하셔서 하늘과 땅, 그리고 세상의 보이고 보이지 않는 모든 것을 지으셨습니다.

우리는 한 분이신 주 예수 그리스도를 믿습니다. 그분은 모든 시간 이전에 성부에게서 나신 하나님의 외아들이십니다. 그분은 빛에서 나신 빛이시요, 참하나님에게서 나신 참하나님으로서 지음 받지 않고 나셨으며, 성부와 본질이 같으십니다. 그분을 통해서 만물이 지음 받았습니다. 그분은 우리와 우리의 구원을 위하여 하늘로부터 오시어, 성령의 능력으로 동정녀 마리아에게서 태어나 인간이 되셨습니다. 그분은 우리를 위하여 본디오 빌라도 치하에서 십자가형을 받아 죽임을 당하고 묻히셨으나, 성서의 말씀대로 사흘 만에 부활하시고 하늘에 오르셨습니다. 그분은 성부 오른편에 앉아 계시며, 산 이와 죽은 이를 심판하러 영광 가운데 다시 오실 것입니다. 그리고 그분의 나라는 끝이 없을 것입니다.

우리는 주님이시며 생명을 주시는 성령을 믿습니다. 성령은 성부로부터 나오시어, 성부와 성자와 더불어 예배와 영광을 받으시고, 예언자들을 통하여 말씀하신 분이십니다. 우리는 하나이고 거룩하며, 보편적이고 사도적인 교회를 믿습니다. 우리는 죄를 용서하는 하나의 세례를 고백하며, 죽은 이들의 부활과 오고 있는 세상의 생명을 고대합니다. 아멘.

니케아 신조는커녕 사도신경마저 예배 순서로 받아들이지 않는 교파가 있다. 대표적으로 침례교회가 그렇다. 모든 침례교회가 사도신경을 받아들이지 않는 건 아니다. 개중에 받아들이는 교회가 있긴 하지만, 기본적으로는 받아들이지 않는다고 보는 게 옳다. 그들의 입장에도 일리는 있다. 여러 가지 이유가 있겠으나 두 가지만 말하겠다. 첫째, 사도신경은 신약성서에 그 역사적 기원을 두고 있는 게 아니다. 둘째, 사도신경은 로마 교회의 전통이다. 로마 교회로부터 갈라져 나온 개신교회는 사도신경을 받아들일 필요가 없다.

이런 입장은 그들의 독특한 신앙에 근거한다. 이들은 종교개혁의 흐름 중에서 좌파 쪽에 가깝다. 성공회와 루터교회는 우파에 속하며, 칼뱅은 중간쯤에 해당된다. 이런 분류는 로마 가톨릭과의 관계 설정에 근거한다. 더 근본적으로는 제도로서의 교회에 대한 입장에 근거한 것이다. 침례교회 유의 교회는 가시적 교회 제도에 별로 비중을 두지 않고 개별 신자들의 신앙을 최우선으로 한다. 그들이 그럴 수밖에 없는 이유는 로마 가톨릭교회가 보이는 교황 중심의 성직자 제도에 환멸을 느꼈다는 데 있다.

로마 가톨릭교회가 성직자 중심의 교회라고 한다면 침례교회는 회중 중심의 교회다. 가톨릭교회에서 사제의 권위는 절대적이지만, 침례교회에서 목사는 여러 신자 중 하나에 불과하다. 이들은 로마 가톨릭의 교회론과 정반대되는 교회론을 따른다고 보면 된다. 이런 침례교회가 미국의 주류로서, 장로교회가 주류인 우리나라 기독교 판도와는 전혀 다르다.

침례교회가 제도로서의 교회를 배척한다는 것은 곧 교회의 역사를 배척한다는 뜻이다. 교회의 역사를 완전히 부정할 수는 없겠지만 그들이 그것의 의미를 낮춰 보는 것은 분명하다. 교회의 역사가 약화되면 교회 역사를 통해서 생산된 신학 문서도 그 비중이 떨어질 수밖에 없다. 그 신학 문서의 가장 윗자리에 사도신경이 자리한다. 따지고 보면 침례교회만이 아니라 대부분의 한국교회는 신학과 신조를 대수롭지 않게 여긴다.

이런 신앙적 특징을 보이는 이들은 교회 제도와 신학보다는 개별 신자들의 신앙적인 각성을 중요하게 여긴다. 미국교회에서 무디나 빌리 그레이엄 같은 전도 집회 강사들이 많이 배출된 이유가 여기에 있다. 이들은 세상 사람들을 회심시켜서 예수를 만나는 경험을 하게 만들고, 부도덕한 습관을 고쳐서 변화된 삶을 살게 하는 것을 기독교 선교라고 생각했다. 두 손 들고 눈물 흘리면서 감격해하는 사람들에게 사도신경이 무슨 의미가 있겠는가. 여기서 침례교회의 한 특징을 말하는 것뿐이지 침례교회 자체를 비판하는 건 아니다.

예배의 한 순서로 사도신경(또는 니케아 신조)을 통한 신앙고백이 필요한 이유는 그것이 기독교 이천 년 역사에서 가장 권위 있는 신조라는 사실에 있다. 지난 이천 년 기독교 역사에서 수많은 신조가 나왔지만 사도신경(또는 니케아 신조) 정도의 권위를 확보하고 있는 신조는 없다.

앞에서 한 번 짚었듯이 어떤 이들은 신경 또는 신조가 성서에서 나온 게 아니라는 이유로 낮춰 보려고 한다. 그것은 오해다. 신조와 성서는 긴밀하게 연결되어 있다. 복음서와 서신에는 원시적 신조가 많이 나온다. "주는 그리스도시오 살아계신 하나님의 아들입니다"라는 베드로의 신앙고백도 초기 기독교 공동체에서 나온 신조다. 빌립보서 2:5-11도 초기 기독교의 신조다. "너희 안에 이 마음을 품으라 곧 그리스도 예수의 마음이니 그는 근본 하나님의 본체시나 하나님과 동등됨을 취할 것으로 여기지 아니하시고 오히려 자기를 비워 종의 형체를 가지사…모든 입으로 예수 그리스도를 주라 시인하여 하나님 아버지께 영광을 돌리게 하셨느니라." 이런 신조는 성서에 수도 없이 많다.

신조를 낮춰 보는 이들은 신조가 자칫 성서의 권위를 상대화시킬 수 있다는 염려를 한다. 물론 성서보다 더 권위 있는 문서는 없다. 그러나 성서도 초기 기독교의 산물이라는 점을 간과하면 안 된다. 신조도 똑같이 초기 기독교의 산물이다. 이렇게 정리할 수 있다. 신약성서가 사도신경 형성에 영향을 끼쳤을 뿐만 아니라, 사도신경 역시 신약성서 형성에 나름의 영향을 끼쳤다. 성서와 신조 모두 초기 기독교 안에서 일어난 것이다. 그러니 신약성서의 권위를 빌미로 사도신경의 권위를 부정하는 것은 옳지 않다.

사도신경은 교회의 에큐메니컬 운동이라는 차원에서도 매우 중요하다. 여러 교파들이 각각의 특색을 유지하면서도 사도신경을 예배의 한 순서로 받아들이면 이를 통해 교회 일치가 유지될 수 있다. 물론 사도신경만이 아니라 다른 요소들도 교회 일치에서 중요하긴 하다. 동일한 찬송가를 사용한다거나 성서를 동일한 번역으로 사용하는 것도 필요하다. 그 외에도 강단을 교류하거나 대사회에 관계된 일을 함께 하는 것도 중요하다. 그러나 사도신경만큼 중요한 것은 아니다.

사도신경은 초기 기독교의 신앙을 가장 압축적으로 정리한 것이다. 여기에는 삼위일체 하나님에 대한 고백이 분명하게 자리하고 있으며, 교회의 본질에 대한 정확한 입장도 표현되어 있다. 한마디로 사도와 교부들의 신앙이 사도신경에 그대로 담겨 있는 것이다. 그리고 오랫동안 가장 권위 있는 신앙고백으로 인정받아왔기 때문에 기독교 신앙에 대한 가장 보편적인 진술이라 할 수 있다.

## 헌금

사도신경을 통한 신앙고백 다음에 우리는 헌금을 드린다. 더 정확하게 말하면 예배당에 들어올 때 헌금함에 넣은 헌금을 바구니에 담아 예배 순서에 따라 대표자가 앞으로 들고 나와 아래 강단에 올려놓는다. 이때 모두 일어나서 헌금 찬송을 부른다.

헌금에 대해서는 할 말이 많다. 한 목사의 정체성은 헌금을 어떻게 대하는가에 따라서 결정된다고 해도 지나치지 않을 것이다. 오늘날 천민자본주의 성격을 보이는 대한민국의 경제 윤리가 한국교회의 헌금 제도에도 그대로 나타난다. 교회의 구조와 운용이 헌금을 중심으로 움직인다. 헌금을 많이 걷기 위한 온갖 종류의 프로그램이 연구되고 실행된다. "일천번제"라는 이름의 헌금까지 나왔다. 이는 솔로몬이 하나님께 일천번제를 드렸다는 열왕기상 3:4 말씀을 근거로 삼는다. 이런 식의 말씀 적용은 전형적인 이현령비현령이다. 본문이 말하는 일천번제는 천 번의 제사를 드렸다는 게 아니라 천 마리의 소나 양을 바쳤다는 이야기다. 더구나 이런 진술은 결국 솔로몬에 대한 비판일 가능성이 높다. 본문에 대한 주석은 나중에 언급할 기회가 있으니 여기서는 그만두자.

일천번제를 드리는 신자들의 마음은 솔로몬이 가진 지혜와 부귀영화를 욕망하는 데 놓여 있을 것이다. 솔로몬은 모두가 부러워할 정도로 멋지게 천수를 누렸다. 성전까지 건축했으니 부족할 게 하나도 없다. 그러나 신앙적 차원에서 그는 실패한 인물이다. 말년에 그는 하나님을 떠났다. "솔로몬이 마음을 돌려 이스라엘의 하나님 여호와를 떠나므로 여호와께서 그에게 진노하시니라"(왕상 11:9). 그로 인해서 나라가 망했다. 그것을 열왕기 저자는 이렇게 전한다. "또 네가 내 언약과 내가 네게 명령한 법도를 지키지 아니하였으니 내가 반드시 이 나라를 네게서 빼앗아 네 신하에게 주리라"(왕상 11:11). 성서의 앞뒤 문맥을 놓치고 일천번제라는 단어만 베껴서 헌금 종류로 제시한다는 것은 한국교회가 얼마나 비신학적으로, 그리고 비성서적으로 운용되는지를 알 수 있는 시금석이다.

헌금 문제에 가장 예민한 사람은 교회에서 사례비를 받는 목사다. 헌금이 충분해야 사례비도 넉넉하게 받을 수 있기 때문이다. 목사는 가족을 부양해야 할 책임이 있으니 사례비 문제를 초월하기는 쉽지 않다. 그럼에도 불구하고 신학적인 원칙은 분명히 알고 있어야 하고, 가능한 한 그 원칙을 지키려고 노력해야 한다. 이것만 분명하게 인식하고 있어도 목사 공부는 다 끝난 것이라 말해도 좋다.

일반적으로 우리는 헌금을 "하나님께 드린다"고 말하고, 또 그렇게 생각하고 믿는다. 나도 헌금 기도를 드릴 때 그렇게 표현할 때가 많다. 그러나 엄밀한 의미에서 우리는 하나님께 헌금을 드릴 수 없으며, 하나님은 그런 헌금을 필요로 하지도 않으신다. 우리와 하나님의 관계는 헌금(돈)을 주고받는 식으로 성립되는 게 아니기 때문이다. 두 가지 의미에서 그렇다.

첫째, 하나님은 사물로 존재하는 이가 아니라 그것을 넘어서 존재하신다. 그는 초월적인 존재다. 그런 하나님께 가장 세속적이며 물질적인 헌금(돈)을 바친다는 것은 기본적으로 말이 되지 않는다. 구약의 예언자들은 하나님께서 소나 양을 기뻐 받으시는 게 아니라고, 오히려 정의와 평화를 원하신다고 외쳤다.

둘째, 우리 자신을 포함해서 이 세상의 모든 것은 하나님의 것이다. 그는 창조자다. 그리고 지금도 그 창조를 완성해나가신다. 알파와 오메가로서 우주 전체 역사가 바로 그의 존재 방식이다. 우리는 그분으로부터 받을 뿐이지 드릴 게 없다. 이는 일곱 살짜리 아이가 용돈으로 받은 것 중의 일부를 아버지께 드리면서 아버지와 주고받는 관계가 성립된 것으로 여길 수 없는 것과 비슷하다.

하나님께 헌금을 바친다는 표현이 아예 말이 되지 않는다는 것은 아니다. 성서는 여러 곳에서 헌금을 구체적으로 언급하고 있으며, 헌금은 지난 이천 년 기독교 예배의 전통이기도 하다. 내가 헌금을 하나님께 드릴 수 없다고 강하게 끊어서 말한 이유는 헌금의 본질을 왜곡하지 말아야 한다는 데 있다. 일부러 왜곡하지는 않겠지만 그냥 습관적으로 따라가다 보면 시나브로 잘못된 방향으로 흘러가게 된다. 그런 것 중 하나만 보자.

한국교회 헌금에 얽힌 재미있는 현상은 한국교회가 교회력은 무시하면서도 네 번의 절기는 반드시 지킨다는 것이다. 성탄절, 부활절, 맥추감사절, 추수감사절이 그것이다. 이 절기의 공통점은 헌금이 개입된다는 데 있다. 헌금과 연관되지 않는 절기는, 예를 들어 대림절처럼 중요한 절기도 그냥 지나가거나 형식적으로 대하기 일쑤다. 과문한 탓인지 모르겠으나 내가 알기로 네 가지 절기 헌금을 꼬박꼬박 바치는 교회는 전 세계에서 우리나라뿐이다.

우리의 절기 헌금은 역사가 오래되었다. 그리고 나름 성서적 근거를 댈 수도 있다. 다른 문제에도 똑같이 적용되지만, 어떤 주장에 성서적 근거를 댈 때는 조심해야 한다. 성서의 근거들은 당시의 구체적인 상황에서 나온 것이기 때문이다. 상황이 다르면 근거로서의 설득력은 떨어진다. 구약에서 추수 절기에 맞춰 제물을 드렸다는 사실에 근거해서 오늘 우리도 똑같이 드려야 한다고 주장하면 안 된다는 말이다. 농경문화 시대에 해당되는 제도를 전혀 다른 시대에 사는 우리에게 그대로 적용하는 것은 잘못이다.

한국교회가 절기 헌금을 당장 폐지하지는 못할 것이다. 폐지해야 한다고 주장하기도 어렵다. 그런 방식의 헌금에 익숙해진 신자들에게 혼동을 줄 수 있으며, 이런 혼동이 신앙 전반에 대한 혼동을 야기할 수 있다는 점도 염두에 두어야 한다. 좀 더 현실적으로 본다면 절기 헌금에 교회 재정을 크게 의존하고 있는 작은 교회가 한국교회에 많다는 것도 또 하나의 이유다.

절기 헌금보다 더 문제가 많은 헌금 행태도 여럿이다. 앞에서 언급한 일천번제만이 아니다. 여러 종류의 집회 때 신자들은 거의 의무적으로 헌금을 봉투에 넣어서 바친다. 강사는 봉투에 적힌 이름을 일일이 호명하면서 축복 기도를 한다. 믿기 힘든 경우지만, 어떤 강사는 일정액의 강사료를 받는 게 아니라 헌금 총액을 일정한 비율로 나눠서 받는다고 한다. 강사들이 헌금을 강요하는 이유가 거기에 있다. 소위 유명한 부흥 강사에게서 자주 벌어지는 일인데, 신자들이 강사 목사에게 안수받으려면 일종의 촌지 형태인 헌금 봉투를 준비해야 한다. 유명 강사에게는 그 액수가 늘어난다. 그런데 헌금 액수가 아무리 높아도 기도받으려는 이들이 집회 때마다 줄을 잇는다. 이처럼 말이 되지 않는 일이 일종의 관행처럼 한국교회에서는 일어난다.

목사는 그렇다 치고, 신자까지 덩달아서 비상식적인 헌금 관행에 매달리는 게 이해하기 어렵다. 이것은 헌금 문제만이 아니라 신앙생활 전반에 연관된 것인데, 신자의 태도를 몇 가지로 분류하면 다음과 같다. 첫째, 무조건 순종하는 신자들이 있다. 교회에서 행해지는 모든 것을 무조건 하나님의 뜻이라고 믿는다. 사이비 이단에 속한 신자에게 이런 경향이 강하다. 둘째, 잘못이라는 걸 알지만 그게 교회 현실이니 교회 덕을 위해서 그냥 따라가는 신자들이 있다. 생각이 있는 신자 대다수가 여기에 포함될 것이다. 셋째, 자신의 헌금 행위가 교회 안에서 인정받는다는 사실에 나름으로 만족감을 느끼는 자들이 있다.

## 십일조

절기 헌금이나 특별 집회 헌금보다 더 풀기 어려운 제도는 십일조 헌금이다. 교회 재정의 상당 부분이 십일조로 채워진다. 교회에 따라서 차이가 있겠지만 그 비율이 최소한 60-70퍼센트를 차지할 것이다. 십일조 제도는 오랜 세월 한국교회에 뿌리를 내리고 있다. 여기에는 보수와 진보의 차이가 없다. 교회 개혁을 표방하는 교회나 단체도 십일조에 대해서는 별로 언급하지 않는다. 이것이 신앙의 본질에 크게 위배되지 않는다고 생각하거나 문제가 있더라도 그렇게 심각하지 않다고 생각하기 때문일 것이다. 그러나 이건 좀 말이 되지 않는다. 가장 확실한 개혁은 헌금 제도의 개혁이다. 나는 여기서 십일조에 대한 신학적인 논란을 다시 꺼내들지 않겠다. 이 문제는 알 만한 사람은 다 알 것이고, 모르는 사람은 들어도 받아들이지 않을 것이다. 다만 교회를 끌어가는 목사의 입장에서 진솔하게 문제를 제기하고 대안을 찾아보려고 한다.

우선 십일조가 신자의 영혼에 어떻게 작동되는지를 물어보자. 목사의 가장 큰 관심은 바로 이것, 신자의 영혼이 아니겠는가. 여기에도 서로 입장이 다를 것이다. 십일조 헌금을 통해서 신자의 영혼이 더 건강해진다고, 더 풍성해진다고 말할 수 있다. 돈(보물)이 있는 곳에 마음이 있다는 성구(마 6:21)를 끌어들일지도 모르겠다. 의무적인 십일조 제도를 통해서라도 신앙을 성장시켜야 한다고 주장할 수도 있다.

나는 그런 주장에 반대한다. 수입의 십분의 일을 헌금으로 낸다는 건 보통 결기가 아니면 안 된다. 결기만으로 되는 것도 아니다. 돈으로부터 완전히 자유로운 영혼이 아니면 불가능하다. 실제로 십일조를 바치는 이들은 자발적이라기보다는 강압적 동기에 끌린다. 그것은 두 가지다. 하나는 당근이고, 다른 하나는 채찍이다. 당근은 축복이고, 채찍은 저주다. 십일조를 드리면 축복을 받고, 드리지 않으면 저주를 받는다는 강압이 신자들의 영혼에 각인된다. 이는 철저한 율법 신앙이다. 이게 왜 신자들의 영혼을 병들게 하는지에 대해 여기서 굳이 설명하지 않겠다. 그걸 모른다면 그는 성서를 다시 공부하고, 신학의 기초를 다시 배워야 한다.

기쁨으로 기꺼이 십일조 헌금을 내는 사람들이 있을 수 있다. 영적 진정성을 보이는 이들은 사이비 이단을 포함해서 어디에나 있는 법이다. 종교개혁 당시 교회로부터 면죄부를 샀던 로마 가톨릭교회 신자 중에서도 영적 진정성이 특별했던 이들이 있었다. 나는 그들을 매도하고 싶은 생각이 전혀 없다. 다만 영적 진정성이 있는 신자 개인의 십일조 헌금 행위를 근거로 십일조 제도의 정당성을 주장하지는 말자는 것이다.

내가 보기에 정상적으로 신학을 공부한 목사라고 한다면 십일조가 성서적인 가르침이라고 주장하지는 못할 것이다. 십일조를 정당화하기 위해서 구약 말라기를 비롯해서 몇몇 구절을 근거로 말하면 곤란하다. 구약의 언급들은 고대 이스라엘이라는 역사적 배경에서 타당한 것이다. 유대교가 국가종교였던 나라에서 실행되던 제도를 오늘 우리에게 그대로 적용할 수는 없다. 그런 구절들을 문자적으로 무조건 수호해야 한다면 우리는 구약성서가 금하고 있는 돼지고기도 먹지 말아야 한다. "하나님의 것을 도둑질하지 말라"는 말라기 예언자의 경고(말 3:8)를 오늘의 관점으로 바꾸면 "탈세하지 말라"는 뜻이다.

앞에서 절기 헌금을 당장 폐지하기 어렵다고 말했다. 십일조 헌금은 그것보다 더 어렵다. 한국교회를 지탱하고 있는 토대 중에서 가장 중요한 것이기 때문이다. 이 제도에 위기가 오면 한국교회 자체에 위기가 올지도 모른다. 한국교회가 십일조에 거의 목을 매는 방식으로 돌아가기 때문에 시시비비 논란은 많아도 결국, 마치 고양이 목에 방울을 달지 못하는 것처럼, 십일조 문제는 반복해서 수면 아래로 가라앉고 만다.

나는 일반 신자로 살아보지 못했기 때문에 십일조에 대한 평신도의 본심이 어떤지 잘 모르겠다. 어쩌면 일반 신자가 앞장서서 십일조 폐지를 반대할지 모른다. 한국교회의 일반 신자가 교회 운영에 보이는 열정은 목사보다 더하면 더했지 결코 덜하지 않다. 당장 교회 재정이 파격적으로 줄어드는 걸 그들이 받아들이기가 쉽지 않을 것이다. 특히 당회 조직에 가담되어 있는 이들은 이런 점에서 훨씬 강한 입장을 보일 것이다. 다른 한편으로 십일조 제도가 폐기될 경우 실제적으로 재정적인 부담으로부터 해방되는 것을 기뻐할 수도 있겠지만, 헌금 행위에 대한 동기 자체가 실종될 수도 있다. 이건 문제다. 신앙적 부담으로부터 자유로워지는 게 마냥 능사는 아니다.

지금 한국교회 현실에서 십일조 문제에 대한 완전한 해결책은 눈에 보이지 않는다. 최선은 기독교 신앙의 근본을 다시 세우는 것이다. 헌금 문제는 그것만 따로 독립되어 있는 게 아니라 기독교 신앙 전반과 연관되어 있기 때문이다. 한국교회 신앙이 전체적으로 율법적이어서 헌금도 그런 수준에 머물러 있다. 복음의 세계에 눈을 뜬다면 이제 헌금도 율법이 아니라 복음 또는 은총의 차원에서 자발적으로 참여할 수 있게 될 것이다. 이것이 갑자기 되지는 않는다. 십일조가 오랜 세월에 걸쳐 한국교회 안에 종교적 이데올로기로 자리를 잡았듯이 거기서 벗어나려면 비슷한 정도의 세월이 필요하지 않겠는가. 아니면 혁명적인 변화가 오든지.

헌금 제도의 문제점을 비판적으로 언급했는데, 그것보다는 헌금 행위에 대한 냉소적인 태도가 더 심각한 문제가 아닐까 생각한다. 돈이 삶을 절대적으로 지배하는 세상에서 헌금 행위에 기꺼이 참여하기는 쉽지 않다. 우리가 다 인정하다시피 현대인들은 늘 돈이 부족하다는 생각으로 산다. 노후를 위해 충분히 저축해두지 않으면 안 된다는 강박에 시달리기도 한다. 재테크가 대화의 중심 주제이기도 한다. 이런 현실에서 일정한 금액을 헌금으로 낸다는 것은 제정신으로는 좀 힘든 일이다. 많은 교회가 헌금을 율법의 차원으로 접근하는 이유가 다 여기에 있다. 그런 방식이 아니면 헌금의 동기를 끌어내기가 힘들기 때문이다.

헌금을 내지 않거나 혹은 못 내는 사람들도 서로 입장이 다르다. 먼저 절대 빈곤층에 속한 이들이 있다. 그들은 단돈 몇 만원, 몇 천원이 아쉬운 형편이라 헌금을 내고 싶어도 낼 수 없다. 이런 사람은 헌금을 내지 않는 게 좋다. 가난도 상대적이기 때문에 헌금을 내지 않아도 되는 기준을 정하기는 어렵지만 세금이 면제되는 액수를 그 기준으로 잡아도 괜찮을 듯하다. 혹은 빈곤층이라고 하더라도 소액일망정 자발적으로 헌금에 참여하는 게 더 나을지 모르겠다. 어쨌거나 경제적 형편이 어려운 이들로 하여금 헌금 문제로 인해서 신앙생활에 부담을 느끼지 않게 하는 제도와 교회 정서가 필요하다.

간혹 헌금 문제를 다루면서 가난한 과부의 예를 드는 사람이 있다. 예수님은 가난한 과부가 입에 풀칠하기도 어려운 형편에서 자신의 모든 소유에 해당되는 "두 렙돈"을 헌금함에 넣은 걸 보시고 칭찬하셨다(막 12:41-44; 눅 21:1-4). 그러니 아무리 가난해도, 아니 가난하기 때문에 오히려 더욱 정성스럽게 헌금에 참여해야 한다는 것이다. 실로 민망한 주장이다. 이 본문은 가난한 과부의 헌금 행위를 강조하려는 게 아니라 하나님 앞에서의 신앙적 진정성에 대한 물음이다. 본문은 아무리 많은 헌금을 바쳐도 남에게 자기를 나타내기 위한 수단이라면 그건 별 의미가 없다는 말씀으로 읽어야 한다.

어떤 이들은 나름 합리적인 이유로 헌금을 거부하거나 헌금 행위에 소극적이다. 그들은 예배를 드리면서 내는 헌금만이 아니라 가난한 사람들을 위해서 교회 밖의 구호단체에 내는 기부금도 헌금이라고 생각한다. 틀린 주장은 아니다. 고대 이스라엘에도 과부나 고아, 또는 긴급 재난을 당한 이들에게 구호금을 지원하는 장치가 있었으며, 바울도 흉년 등의 문제로 극심한 어려움에 처했던 예루살렘 교우들을 돕기 위해서 광범위하게 기금을 모금했다. 유럽이나 북미에는 일상적인 기부 문화가 발달해 있다. 기독교인들도 이런 일에 적극 동참할 필요가 있다.

헌금 행위에 소극적인 또 다른 이유는, 이것이 더 큰 이유일지 모르겠으나, 교회가 헌금을 제대로 관리하지 않는다는 데 있다. 말하자면 교회가 헌금을 교회 자체만을 위해서 사용한다는 것이다. 그 말에도 일리가 있다. 목사 사례비는 접어둔다고 해도 교회의 헌금 사용

내역은 별로 건강해 보이지 않는다. 교회당 건축이나 부동산 구입에 천문학적인 헌금이 지출된다. 교회당이 아직 사용할 만한데도 여러 이유로 신축을 시도한다. 그런 프로젝트를 잘 감당하는 목사는 능력 있는 목사로 인정받는다. 그게 지나쳐 요즘은 부도를 맞는 교회가 심심치 않게 나올 정도다. 교회당 건축 자체를 매도하는 건 아니다. 필요하면 모든 교우의 동의 아래 힘껏 건축을 추진해야 할 것이다. 문제는 남에게 보여주기 위해서 그런 일을 하는 것이다. 이렇게 재정 운영이 눈에 보일 정도로 왜곡되어 있으니까 헌금하고 싶은 마음이 들지 않는다는 주장을 탓하기는 힘들다. 아마도 이런 신자가 앞으로 점점 늘어날 것이다.

헌금에 참여하지 않는 신자들의 경우를 위에서 두 가지로 설명했다. 이런 경우는 이해가 간다. 그리고 각자 형편과 생각에 따라서 스스로 결정할 일이니 내가 더 이상 왈가왈부할 게 없다. 그런데 제3의 경우가 있다. 여기에 대해서는 뭔가 말을 해야겠다. 헌금 행위 자체를 냉소적으로 생각하는 경우가 그것이다. 헌금을 해봤자 아무 소용이 없다거나, 헌금은 기복주의에 떨어진 사람들의 유아적 행태라거나, 목회를 전업으로 하는 사람들의 선동에 이용당하는 것에 불과하다고 생각하는 이들이 있다. 율법적인 차원에서 과도할 정도로 헌금에 열정을 보이는 이도 문제이긴 하지만, 냉소적인 태도로 헌금을 거부하는 이들도 잘못이다. 이들이 신앙 자체가 없거나 신앙의 깊이를 모르기 때문에 그런 생각에 빠져드는 게 아닐는지.

교회에 발을 걸친다 해서 모두가 신앙이 있는 것은 아니다. 신앙을 단순히 종교적 교양쯤으로 여기거나, 교회를 종교 친목 단체쯤으로 여기는 사람도 적지 않다. 이런 상태에서는 교회 공동체에 마음이 가지 않고, 마음이 가지 않으니 헌금에 참여할 필요도 느끼지 못한다. 그래도 아무런 불편이 없다. 하지만 이는 불행한 일이다. 헌금에 해당되는 정도의 돈을 절약할 수 있을지는 모르나 돈으로 환산할 수 없을 정도로 소중한 신앙의 진정성을 잃는 것이니 말이다.

물론 신앙의 진정성을 단지 헌금으로만 재단할 수는 없다. 그 사람만의 고유한 신앙적 진정성은 헌금과 상관없이 확보될 수 있다. 그리고 급격히 집안 사정이 어려워졌거나 급히 돈이 들어갈 일이 생겨서 헌금에 참여할 수 없는 경우에, 또는 가족이 반대하는 경우에는 신앙의 진정성 여부와 상관없이 헌금을 할 수 없다. 이런 특별한 경우는 제외하고, 일반적으로 신앙의 진정성이 확보된 사람은 당연히 헌금에도 참여하게 되며, 또 참여해야만 한다. 그 이유는 뭔가?

신앙의 진정성은 기독교 신앙에 실존적으로 참여할 때 확보된다. 이는 기독교 신앙에 구경꾼이 아니라 참여자가 된다는 뜻이다. 바르트는 『개신교 신학 입문』에서 "원하든 원치 않든, 의식적이든 무의식적이든 하나님에게 매혹당할 뿐만 아니라 휩쓸린 사람이 되지 않는다면" 신학의 세계에 들어갔다고 볼 수 없다고 말했다. 여기서 휩쓸린다는 것은 하나님의 놀라운 행위가 불러일으키는 영적인 세계에 실존적으로 참여하게 된다는 뜻이다. 이것을 단순히 신앙적인 열정이라고만 생각하면 곤란하다. 구경꾼이면서도 겉으로는 열정적일 수 있다. 기독교 신앙을 호기심으로만 접근할 수도 있다. 한국교회 신자들에게는 이런 특성이 강하게 나타난다. 이는 오히려 신앙의 퇴행이요, 독단이다. 그래서 뜨겁게 기도하고 찬송하지만 교회 공동체와 세계를 향해서 개방되는 게 아니라 자기 안에 갇힌다. 이런 상태에서는 예수 믿어 구원받고 복 받는다는 생각에만 머물 뿐이지 교회 개혁과 세상 변혁에 마음을 둘 수 없다.

하나님의 구원 사건에 실존적으로 참여하는 사람은 하나님 나라를 향해서 영혼이 움직인다. 그 사람은 하나님 나라, 즉 하나님의 통치에 관심을 기울인다. 하나님의 정의와 평화 실현에 마음이 열린다. 그리고 하나님의 백성이고 성령의 피조물이며 그리스도의 몸인 교회 공동체의 일에 실존적으로 참여한다. 그중 하나가 바로 헌금이다. 교회가 건강하게 움직이는 데 필요한 재정 확보에 당연히 참여하게 된다. 가정 살림에 책임감을 느끼는 부모라고 한다면 자식이 함께 먹고 살 수 있는 재정을 확보하려고 최선을 다하는 것과 같다.

헌금 행위에는 교회의 살림살이에 실존적으로 참여하는 것만이 아니라 더 근원적인 차원이 포함되어 있다. 신구약성서가 줄기차게 외치고 있는 물신주의에 대한 항거가 그것이다. 모세오경을 비롯해서 구약 예언자들의 예언은 가나안 원주민의 신앙인 바알 숭배와의 투쟁에 초점이 맞춰져 있다. 바알은 풍요의 신이었다. 바알을 섬긴다는 것은 풍요를 통해서 생명을 경험하자는 것이다. 그것은 곧 물신주의다. 실제로 가나안 사람들은 광야 40년 생활을 통해서 생존에 급급해하던 이스라엘 사람들이 볼 때 화려한 문명을 구가했다. 자연히 이스라엘 사람들이 바알에 호기심을 보일 만했다. 이에 맞서 이스라엘의 예언자들은 바알 숭배의 유혹을 단호히 거부하라고 외쳤다.

예수님은 산상수훈에서 이렇게 말씀하신 적이 있다. "한 사람이 두 주인을 섬기지 못할 것이니 혹 이를 미워하고 저를 사랑하거나 혹

이를 중히 여기고 저를 경히 여김이라. 너희가 하나님과 재물을 겸하여 섬기지 못하느니라"(마 6:24). 정확한 지적이다. 바울은 디모데에게 이렇게 충고했다. "돈을 사랑함이 일만 악의 뿌리가 되나니 이것을 탐내는 자들은 미혹을 받아 믿음에서 떠나 많은 근심으로써 자기를 찔렀도다"(딤전 6:10).

이런 성서 말씀에 근거해서 가난을 미화할 수는 없다. 또는 기독교인의 경제 윤리를 무조건 청빈이라고만 말할 수도 없다. 문제는 돈을 사랑하는 것, 즉 배금사상이다. 돈을 사랑한다는 것은 거기에 영혼을 바친다는 뜻이다. 오늘의 시대정신은 우리를 그쪽으로 몰아가고 있다. 기독교 신앙은 이런 시대정신에 저항한다. 이런 저항의 한 표현이 헌금 행위다.

## 헌금 영성

앞에서 헌금의 당위를 두 가지로 짚었다. 하나는 교회 공동체의 재정 활동에 실존적으로 참여한다는 것이며, 다른 하나는 배금주의에 대한 저항의 한 표현이라는 것이다. 이제 한 가지만 더 짚자. 이것은 좀더 원초적인 영성에 속한 것이다.

헌금은 자신을 하나님께 바치는 행위다. 헌신의 수단은 돈이지만 본질은 자기 자신이다. 구약의 제사 행위가 그 뿌리다. 고대 이스라엘 사람들은 예루살렘 성전에서 여러 가지 제사를 드렸다. 그럴 때마다 제물이 바쳐졌다. 경우에 따라서 소나 양이나 비둘기, 또는 곡식을 바쳤다. 동물을 잡아서 피를 제단에 뿌리기도 하고, 동물의 내장을 태우면서 연기를 피우기도 했다. 피를 가진 동물을 잡는 이유는 죄의 용서에 있다. 하나님께 죄의 용서를 받기 위해서 자기의 생명을 바치는 심정으로 동물을 잡아서 바쳤다. 매우 복잡한 제사 규정이 레위기 등에 자세하게 나온다.

신약의 교회는 이런 구약의 제사 전통으로부터 해방되었다. 예수님을 통해서 제사 행위가 완결되었다고 생각했기 때문이다. 제사를 드리는 예루살렘 성전은 물론이고, 동물을 잡아 피를 뿌리거나 태우는 의식도 필요 없게 되었다. 대신 기독교 고유의 예배가 종교의식으로 자리를 잡았으며, 구약의 제물과는 다른 차원으로 헌금 행위가 도입되었다. 구약의 제물은 속죄의 의미지만, 신약의 헌금은 감사 및 헌신의 의미다. 요즘 우리가 알고 있는 방식의 헌금이 언제 정확하게 자리를 잡았는지는 더 연구가 필요하겠지만, 구약의 제물 전통이 신약의 예배에 간접적으로 영향을 끼쳤다는 것만은 분명하다. 양쪽 모두 하나님께 자신을 바친다는 의미는 동일하다.

현대인들은 자기 계발과 자기 성취에 강고하게 묶여 있어서 하나님께 자신을 바친다는 말을 이해하지도 못하고 받아들이지도 않을 것이다. 헌금을 바치면 복 받아서 취직, 결혼, 건강이 보장된다는 말에 오히려 설득당한다. 목사는 현대인의 이런 의식구조를 완전히 무시해서도 안 되지만 거기에 타협해서도 안 된다. 이것은 단지 헌금 여부에만 관계되는 것이 아니라 영성의 중심과 관계된 것이기 때문이다. 생명이 근본적으로 하나님께 속했다는 사실을 분명하게 인식하고 사는 것이 기독교인에게 가장 중요한 삶이 아니겠는가.

위에서 제시한 헌금의 당위성에 대한 세 가지 순서를 거꾸로 정리하면 다음과 같다. (1) 헌금은 하나님께 자신의 생명을 바치는 거룩한 행위다. (2) 헌금은 배금주의라는 시대정신을 향한 과감한 저항이다. (3) 헌금은 기독교 신앙 경험의 실존적 참여다.

한국교회 현실을 감안하면 헌금의 신학적 근거만으로 신자들이 헌금 행위에 자발적으로 참여할 것이라는 보장은 없다. 이게 어려운 일이다. 한국교회 신자들의 헌금 행위는 주로 율법적이며 주술적이고 기복적인 동기에 의해서 작동된다. 겉으로는 거룩한 포즈를 취하지만 속으로는 노예 심리다. 헌금이 강제되고 있다는 사실은 이미 앞에서 간단히 언급되었지만, 여기서 다시 두 가지로 정리하겠다.

하나는 영성의 차원이다. (십일조) 헌금을 드리면 수십 배의 보상을 받으며, 거꾸로 헌금을 하지 않으면 물질이나 건강의 손해를 본다는 생각이 신자의 영혼을 채우고 있다. 어느 정도 합리적인 생각을 갖고 세상을 살아가면서 신앙생활을 하는 이들도 막연하게나마 그럴지 모른다는 불안감에서 헌금을 한다. 다른 하나는 구조적인 차원이다. 한국교회에서 십일조 헌금에 적극적으로 참여하지 않으면 교회에서 중요한 자리에 앉지 못한다. 장로만이 아니라 권사나 집사도 될 수 없을 것이다. 한국교회는 오른손이 하는 일을 왼손이 모르게 하라는 주님의 말씀을 금과옥조로 받들면서도 헌금 문제에서만은 확인과 검증을 게을리하지 않는다.

사실 이 두 가지 강제력은 헌금 제도만이 아니라 한국교회의 신앙 행태를 총체적으로 지배한다. 기복주의는 돈에 대한 욕망이고 장로 제도는 명예(권력)에 대한 욕망이다. 교회가 이를 부추긴다. 교회 지도자들은 이걸 당근과 채찍으로 삼아 신자를 닦달하며, 신자는 이것을 신앙의 중심으로 삼고 있다. 우리가 살고 있는 세상도 돈과 권력이라는 귀신이 지배한다. 세상은 어쩔 수 없다. 아니 당연하다. 그것이 삶의 모든 것이라고 여기기 때문이다. 하지만 창조와 종말의 하나님을 믿는 사람의 세계관이 세상 사람과 다를 게 없다면 결국 신앙이 없다는 말이 아니겠는가.

도스토예프스키의 『카라마조프가의 형제들』에 나오는 "대심문관" 이야기를 잠깐 하자. 러시아 정교회에 관한 이야기다. 예수가 재림하여 초림 때와 마찬가지로 사람들에게 하나님 나라를 전하다가 교회 질서를 어지럽힌다는 죄목으로 갇힌다. 어느 날 밤 러시아 정교회 최고위 주교가 감옥에 갇힌 예수를 찾아와서 충고한다. "이 세상은 우리가 당신의 이름으로 잘 이끌어가고 있으니 당신은 여기서 더 이상 시끄럽게 하지 말고 당신 나라인 하늘로 올라가시오." 대심문관이 이렇게 말한 것은 예수가 없어야 오히려 자신이 종교적 기득권을 누릴 수 있다고 생각했기 때문이 아니겠는가. 러시아 정교회를 고발하는 이 이야기는 오늘 헌금 행위에 건강하지 못한 각종 욕망이 뒤엉켜 있는 한국교회에 그대로 적용된다. 한국교회 역시 예수가 없어야 교회가 잘 돌아간다.

예수님의 성전 청결 사건은 복음서 네 곳에(마 21:12-17; 막 11:15-18; 눅 19:45-48; 요 2:13-22) 다 나온다. 복음서 저자들이 그 사건을 중요하게 여겼다는 뜻이다. 당시 제사장들은 성전을 드나드는 사람을 위한 편의시설을 성전 마당에서 운용하고 있었다. 이는 합법적인 일이었다. 대다수 사람은 그걸 문제로 여기지 않았을 것이며, 비판적인 사람이라 하더라도 어쩔 수 없는 관행쯤으로 여겼을 것이다. 하지만 예수님은 거기에 극렬히 저항하셨다. 장사하는 사람을 쫓아내고, 환전상과 비둘기 장사꾼의 시설물을 뒤엎었다. 노점상의 가판대를 가차 없이 철거하는 구청 용역 직원의 행태와 비슷해 보인다. 예수님이 그렇게 분노한 이유는 "너희는 강도의 소굴을 만들었도다"는 말씀에서 확인할 수 있듯이 당시 유대교 지도자들이 신앙을 상품 거래로 전락시켰다는 데 있다.

오늘 한국교회는 복음을 상품화하는 데 성공했다. 그래서 온갖 방식으로 고객의 구미에 닿도록 상품을 선전하는 일에 교회가 매진한다. 신자들은 대형 매장을 찾아 원하는 물건을 카트(cart)에 담는 즐거움을 만끽하는 기분으로 종교 상품이 골고루 구비된 교회를 찾는다. 상품 원리는 상품의 내용이 아니라 판매자와 구매자의 이해타산에 따른 거래가 모든 것을 주도하는 시장 메커니즘을 가리킨다. 물론 상품의 내용이 좋아야 거래가 잘 이루어지지만 궁극적으로는 양쪽의 이해타산만 맞으면 거래는 성립된다. 상품의 질이 떨어져도 고객의 구입 심리만 자극할 수 있으면 거래는 얼마든지 가능하다. 이런 일들이 교회에서 실제로 어떻게 일어나는지에 대해 여기서 일일이 설명하지 않겠다. 겉으로 드러난 것만으로 판단하기 어렵기 때문이기도 하고, 군이 설명하지 않아도 볼 눈이 있는 사람은 다 알고 있기 때문이다. 목사의 정체성과 관련된 문제에 대해서만 한마디 더 하자.

복음을 상품으로 여기는 교회에서 목사의 역할은 판매고를 올리는 것이다. 목사의 자격으로는 영적인 마인드가 아니라 CEO 마인드만 갖추면 된다. 교회가 그것을 원하고 목사 스스로 그런 길을 가고 있다. 큰 교회나 작은 교회나 큰 차이가 없다. 다행히 이런 역할이 큰 효과를 내면 목회에 성공했다는 말을 듣고, 별 효과를 내지 못하면 실패했다는 말을 듣는다. 이것은 목사에게 불행이다. 이런 상태에서는 목사가 영적으로 만족할 수 없다. 영적으로 만족하지 못하는 목사가 목회하는 교회의 신자 역시 영적으로 만족하지 못할 것이다. 영적인 만족을 모르니까 강도가 더 높은 상품의 판매 전략을 세울 수밖에 없다. 악순환이다. 그 악순환에서 삶이 소모된다.

헌금의 심리기제에 대해서는 앞에서 이미 말했다. 두 가지였다. (1) 교회는 복을 수단 삼아 헌금을 유도한다. 신자들은 평소 복에 관심이 많았기에 기꺼이 헌금하거나, 밑져야 본전이니 헌금한다. (2) 교회는 장로로 대표되는 교회의 직분을 받기 위해서 필요한 최소한의 스펙이 (십일조) 헌금이라는 제도를 수단 삼아 헌금을 유도한다. 신자들은 평소 교회 직분을 동경하고 있기에 기꺼이 헌금하거나, 보험을 든다는 생각으로 헌금한다. 한국교회의 헌금 제도가 겉으로는 거룩한 형태를 갖추고 있지만 실제로는 상품 원리라는 세속적 동기로 작동된다는 의미다.

물론 모든 신자가 그런 것은 아니다. 헌금의 진정성이 돋보이는 신자도 있다. 그들은 칭찬받아 마땅하지만 한국교회에 그런 이들은 많지 않다. 그런데 이 문제는 단순히 헌금에만 해당되는 게 아니다. 한 사람의 헌금에 대한 생각은 그 사람의 경제 윤리 전반과 연관된다.

다음과 같은 설문을 돌렸다고 할 때 어떤 대답이 나올지를 예상해보라. "기독교인의 경제 윤리관과 세상 사람의 경제 윤리관을 비교할 때 다음의 세 경우 중 어느 경우가 옳다고 보십니까? (1) 기독교인이 더 낫다. (2) 세상 사람이 더 낫다. (3) 양쪽 모두 똑같다." 대답은 십중팔구 3번이다. 기독교인의 경제 윤리관이 세상 사람보다 나을 것도 없고, 그렇다고 못할 것도 없고, 서로 엇비슷하다. 이런 문제에 관한 한 신자에게 너무 기대할 것도 없고, 그렇다고 크게 실망할 것도 없다. 현실에서 살아가는 사람은 대개 거기서 거기다. 물론 목사도 예외가 아니다.

이게 목회의 어려움이다. 신자들은 철저히 세상의 원리에 따라서 살아간다. 세상 사람과 마찬가지로 자기 집을 소유하고 싶어하고, 자식이 잘되기를 바라고, 때로는 부동산 투기도 하고, 법망을 피하면서 자기 이익을 추구한다. 심지어 교회가 사두었던 땅값이 갑자기 폭등한 걸 놓고 하나님의 축복이라고 말하는 사람도 있을 정도다. 이미 세속적인 경제 논리에 익숙해진 그들과 함께 하나님 나라에 근거한 경제 윤리를 신앙적 담론으로 삼기는 불가능한 일이다. 고작해야 그들의 논리를 신앙적으로 합리화하든지, 아니면 공자 왈 수준의 잔소리에 머물지 않겠는가.

헌금 제도 및 경제 윤리 문제를 일시에, 그리고 완벽하게 해결할 수 있는 왕도는 없다. 기독교 교리의 신학적 원리와 규범을 잘 알아도 현실에서는 그게 잘 통하지 않는다. 그렇다고 해서 모든 걸 현실과 타협하는 방식으로 대처하라는 것도 바람직하지 않다. 모든 것을 복합적으로 판단하면서 교회 형편에 가장 적합한 길을 찾아가는 게 최선이다.

여기서 길은 하나가 아니라 여러 갈래다. 이는 완성된 것이 아니라 완성되어가는 중에 있다. 그래서 길이라고 부른다. 그러나 그것이 막연한 건 아니다. 분명한 방향이 있다. 그 방향을 붙드는 게 신학 공부다. 신학 공부를 충실하게 한 사람은 그 방향이 눈에 보일 것이다. 그것을 목회 현장에서 실제로 추진할 수 있는 의지와 능력이 있느냐 하는 것은 다른 문제다. 일단 방향을 볼 줄 아는 눈이 필요하다.

여기서 핵심은 예수님이 선포한 임박한 하나님 나라와의 관계다. 그 관계가 깊어지는 정도에 따라서 헌금과 경제 윤리 문제도 방향이 잡힐 것이다. 하나님 나라와의 관계가 자신의 운명에서 현실(reality)로 경험되면 현재 우리의 삶을 지배하는 돈은 그 궁극적인 지위를 잃게 된다. 예를 들어 호흡을 현실로 경험하면 무얼 먹느냐, 어떤 집에서 사느냐 하는 문제는 부수적인 차원으로 떨어지는 것과 같다. 십계명에서 "너는 나 외에는 다른 신들을 네게 두지 말라"는 명제가 첫 계명으로 제시된 이유도 여기에 있다. 이것이 신앙의 출발이며 모든 것이기 때문이다.

한국교회에서 헌금이 일종의 상품처럼 취급되고 기독교인의 경제 윤리가 세상 사람보다 낫지 않다는 사실은, 기독교인이 "나 외에는 다른 신들을 두지 말라"는 말씀을 허투루 듣는다는 의미가 아니겠는가. 단적으로, 믿음이 없다는 뜻이다. 예수님께서 마지막 때 믿는 자를 보겠느냐, 하고 말씀하신 것처럼 믿음으로 사는 것은 천지개벽이 일어나지 않는 한 어렵다. 그러니 믿음을 자랑하지 말고 겸손하게 성령의 임재를 기다리면서 살아야 한다. 목사도 큰소리치지 말고 겸손한 목회를 해야 하지 않겠는가. 선무당이 사람 잡는다는 말은 우리 목사에게 그대로 적용된다.

총체적으로 문제가 되고 있는 헌금 제도의 바람직한 대안은 무엇일까? 유일하고 절대적인 대안은 없다. 대안은 말 그대로 대체되는

안이니 궁극적인 것이라고 할 수 없다. 헌금만이 아니라 교회의 모든 제도도 종말이 오기 전까지 절대적인 것은 없다. 하나님의 직접적인 통치가 이루어지기 전까지는 부단히 개혁의 길을 갈 수 있을 뿐이다. 하나의 대안을 나는 월정 헌금이라고 생각한다. 월정 헌금은 전혀 새로운 게 아니라 이미 기존 교회에서도 실행되고 있는 헌금 방식이다. 다만 십일조가 주축이고 월정 헌금은 보조다. 하지만 지금 내가 말하는 월정 헌금은 십일조를 대체하는 주축으로서의 헌금 제도다. 십일조를 대체해야 하는 이유는 이미 앞에서 다 설명했다. 십일조 개념 자체가 악이라기보다는 그것이 한국교회에서는 크게 왜곡되었기에 이제는 대체되어야 한다는 말이다. 율법과 기복에 근거한 십일조 제도를 존속시키면 신앙의 본질까지 훼손될 것이다.

대구샘터교회의 월정 헌금 운용을 예로 들겠다. 우리의 경우 연말에 월정 헌금 약정서를 신자들이 제출한다. 이때 무기명이 원칙이다. 주민등록 뒤 번호나 다른 기호를 적을 수도 있다. 이렇게 하는 이유는 두 가지다. 하나는 연말정산을 위한 기부금 확인서 작성에 필요한 정보를 확인하려는 것이고, 다른 하나는 착각하여 월정 헌금을 내지 못한 경우에 본인 스스로 그것을 확인하는 데 필요한 것이다. 신자들은 자신의 경제 형편과 신앙 수준에 따라서 자유롭게 금액을 적으면 된다. 십일조 헌금처럼 분명한 기준이 없는 상태에서 자유롭게 금액을 본인 자신이 결정한다는 게 좀 애매하긴 하다. 그래서 취지를 교우들에게 설득시켜야 한다. 아래는 약정서 서식이다.

◇ 월정 헌금 약정서 ◇

대구샘터교회는 기독교 이천 년 전통을 소중히 여기면서 동시에 오늘 이 시대의 개혁을 열망하는 교회입니다. 전통과 개혁이 교회 형태에도 나타나야 합니다. 그중 하나가 헌금 제도입니다. 지금 한국 교회가 실행하고 있는 헌금 제도는 율법주의와 기복주의에 물들었기에 우리는 더 이상 따르지 않습니다. 대신 월정 헌금 제도를 선택했습니다. 월정 헌금은 경제적으로 일정한 수입이 있는 신자가 매월 일정 금액을 헌금으로 드리는 제도입니다. 그 특징을 몇 가지로 정리하면 다음과 같습니다.

(1) 헌금 종류의 일원화―이를 통해서 신자들은 여러 종류의 헌금에 대한 부담감으로부터 해방된다.

(2) 무기명―헌금 봉투에 이름을 쓰지 않음으로써 헌금의 익명성이 보장된다. 대신 네 자리 숫자를 기입함으로서 재정 관리의 효율성을 높인다.

(3) 자발성―헌금에 대한 유형무형의 압박감으로부터 자유로워진다.

(4) 약정서―전년도에 월정 헌금을 약정함으로써 예산 편성에 정확성을 기할 수 있다.

저는 2017년 일 년 동안 매월 (        )원을 헌금으로 드리겠습니다.


우리의 경우 월정 헌금 외에 다른 헌금은 일절 없다. 그 흔한 감사 헌금과 절기 헌금도 없다. 오직 월정 헌금 하나뿐이다. 나는 이 제도가 절대적으로 옳다고 생각하지는 않는다. 다만 대구샘터교회를 목회하는 사람으로서 최선이라고 생각한다. 그렇다면 월정 헌금 제도로 교회의 재정이 과연 원활하게 운용될 것인가? 교인 수 대비 전체 헌금 액수가 조금 떨어지기는 하지만 그렇게 염려할 수준은 아니다. 한국교회 신자들은 원래 헌금에 인색하지 않다. 더 근본적으로는, 가정의 살림살이와 마찬가지로 교회도 재정이 넉넉하면 넉넉한 대로, 부족하면 부족한 대로 사용하면 된다. 바울이 말하는 자족의 영성이 (빌 4:11, 12) 빈말이 아니라는 걸 우리가 잘 알지 않는가.

## 목사 사례비

헌금 행위 못지않게 중요한 것이 헌금의 바른 사용이다. 이 두 가지는 서로 맞물려 있다. 헌금이 바르게 사용되면 헌금의 동기도 높아질 것이고, 잘못 사용되면 낮아질 것이다. 헌금의 사용 문제도 각 교회가 처한 형편이 다르기 때문에 똑같이 일반화해서 말하기는 힘들다. 교회당을 건축하는 교회는 모든 재정을 그 일에 투입할 수밖에 없다. 이런 특별한 경우는 접어놓고 일반적인 경상비 지출에 대해서만 말하겠다.

큰 틀에서 볼 때 교회 경비는 세 항목이다. 교역자 사례비, 교회 내 살림살이 경비, 교회 밖으로 나가는 경비가 그것이다. 교역자 사례비는 가장 예민하면서도 풀기 어려운 항목이다. 교회마다 액수가 들쑥날쑥 한다. 구체적으로 액수가 얼마나 되는지 나는 잘 모른다. 기독교 뉴스 보도에서 전해 들은 이야기로 어림짐작만 할 뿐이다. 큰 교회를 맡은 목사는 많이 받고 작은 교회를 맡은 목사는 적게 받는다고 보면 된다. 최저생활비조차 받지 못하는 목사도 적지 않다. 30퍼센트 이상에 달하는 미자립 교회의 재정은 대부분 목회자 사례비로 들어간다. 이런 상태에서는 교회로부터 사례비를 받는 목사나 그걸 감당해야 할 신자 모두 불편하다. 목사가 가능한 한 도시 교회로, 그것도 큰 교회로 자리를 옮기려는 가장 큰 이유는 사례비 때문이다.

한국교회가 개혁되어야 할 가장 중요한 부분이 바로 사례비다. 이것만 해결되면 다른 문제도 저절로 해결되거나 심각성이 훨씬 줄어들 것이다. 참고적으로 로마 가톨릭교회는 교구별로 사제의 사례비가 일원화되어 있다. 주교좌성당의 주임 신부나 보좌 신부, 작은 성당의 신부가 똑같은 액수를 받는다. 물론 그들과 우리를 똑같이 비교할 수는 없다. 그쪽에는 일단 교구 제도가 정착되어 있어서 그게 가능하다. 개신교회에도 노회가 있기는 하나 별로 큰 의미가 없다. 그렇지만 사도신경이 말하는 공교회 개념에 따르면 노회가 교회다. 노회에 속해 있는 모든 교회는 동일한 지체다. 따라서 노회에 속해 있는 모든 목사는 동일한 대우를 받아야 한다. 노회 또는 총회가 로마 가톨릭 교구처럼 운용될 수 있는 날이 속히 오기를 바란다. 다른 건 몰라도 사례비 부분만이라도 공교회의 정신을 살리는 쪽으로 나갔으면 한다.

목사의 적정 사례비에 대한 연구 논문이 나왔는지 모르겠지만 이런 문제는 자칫 음성화될 수 있으니 가급적 공론화하는 게 좋다. 한국교회는 약간 예민한 문제만 나오면 "은혜로 합시다"라는 말로 넘어가려고 한다. 사례비가 지나치게 많아도 그럴 만하니 하나님께서 허락하신 거라거나, 최저생활비에 못 미쳐도 족한 줄로 알라고 말한다.

어떤 경우도 다 은혜라는 것이다. 원칙적으로는 맞는 말이지만, 실제로는 정의로운 것도 아니고 현실적인 것도 아니다. 내 생각에 사례비 문제는 은혜가 아니라 합리적인 상식으로 접근해야 한다.

전해 들은 바로는, 로마 가톨릭교회 인천교구는 모든 사제에게 일괄적으로 150만 원의 월급을 지급한다고 한다. 그게 수당인지, 사목비인지, 월급인지는 잘 모르겠다. 보기에 따라서 많으면 많고, 적으면 적다. 그들의 경우를 우리 개신교 목사의 경우와 동일하게 비교할 수는 없다. 그들은 일단 가정이 없기도 하고, 모든 생활이 사제관에서 해결되니 따로 생활비가 들어가지 않는다. 은퇴 후에도 머물 수 있는 곳이 있으니 노후 준비를 하지 않아도 된다. 그러나 개신교 목사의 생활은 일반 사람과 똑같다. 돈이 없으면 생존 자체가 불가능한 자본주의 세상 안에서 살고 있다. 더구나 목사 자신은 사명감으로 가난을 받아들일 수 있을지 몰라도 가족에게 그걸 강요할 수는 없다.

구체적으로 목사의 사례비는 어느 정도여야 할까? 이것처럼 대답을 찾기 어려운 질문도 없다. 각자 다 다른 대답을 할 것이다. 목사라 하더라도 기본적인 생활은 해야 하니, 또한 최소한의 선에서 목사의 품위를 지켜야 하니 중산층 수준은 되어야 한다고 생각하는 사람도 있을 것이다. 중산층이라면 초중고 교사 정도가 아닐는지. 실제로 교사 수준의 사례비를 받는 목사는 별로 많지 않을 것이다. 목사는 자식의 대학교육을 시킬 정도의 수준이면 충분하다고 생각하는 사람도 있을 것이다. 여기서 나는 분명한 대답을 내릴 수가 없다. 가장 바람직한 것은 노회나 총회 차원에서 목사의 사례비를 일원화하는 것이겠지만, 이것처럼 요원한 일도 없다. 한국에서는 사례비 문제를 포함하여 교회가 각자도생이라는 세속적 원리에 묶여 있기 때문이다.

앞에서 교회의 지출 항목이 크게 세 가지라고 말했다. 사례비, 교회 내 경비, 교회 밖 경비가 그것이다. 일반적으로는 각각의 항목 비율이 30, 30, 40퍼센트가 되면 적정하다. 이것도 교회의 재정 상태에 따라서 다르게 적용될 수밖에 없다. 재정 규모가 큰 교회는 사례비 비율을 지키기가 어렵지 않지만 작은 교회는 힘들다. 연간 예산이 6000만 원 재정 규모라면 2000만 원을 사례비로 지출한다는 말인데, 4인 가족이 이 돈으로 살기는 어렵다. 특히 목사 가정은 헌금도 다른 신자에 비해 본보기로 많이 하기 때문에 경제적인 어려움은 가중될 수밖에 없다.

이런 문제를 해결할 수 있는 방법이 맞벌이에 있다고 생각하는 사람도 있는 듯하다. 목사 부인이 생계를 책임지고 목사는 사례비에 구애받지 않고 목회를 한다는 것이다. 이런 방법이 간접적으로 바울의 자비량 선교와 맞닿는다고 말할 수 있긴 하다. 그러나 여기에도 장단점이 맞물려 있어서 일반화하기는 어렵다. 장점보다 단점이 더 많을지도 모른다. 설령 장점이 더 많다고 하더라도 이걸 대안으로 삼는 건 바람직하지 않다.

교회 밖 경비 문제로 들어가면 더 곤란한 일이 벌어진다. 40퍼센트를 교회 밖 경비로 사용하는 교회를 한국에서는 찾아보기 힘들 것이다. 간혹 50퍼센트를 지출하는 교회가 있긴 하나 그건 특별한 경우이다. 이것도 절대적인 기준으로 삼기는 힘들다. 가능한 한, 교회 헌금이 자체 유지보다는 교회가 섬겨야 할 세상을 위해서 사용될 수 있도록 최선을 다한다는 자세를 보이면 되지 않을는지.

이렇게 말하다 보니 헌금 수입과 지출 문제도 결국 제도보다는 그것을 처리하는 사람이 중요한 것 같다. 아무리 제도가 좋아도 악용될 수 있고, 제도가 미비해도 그것을 대하는 사람의 기본 태도가 좋으면 얼마든지 운용을 잘 할 수 있다. 그런 사람을 찾기가 어디 쉬운 일인가. 사례비를 비롯해서 교회 개혁을 자꾸 언급하는 이유는 제도라는 최소한의 안전장치가 없으면 사람은 누구나 쉽게 현실에 안주하거나 이기적으로 행동하는 데 있다.

## 재정 운용에 대해

교회 밖 경비의 대부분은 선교비와 구제비다. 이 두 가지는 서로 구분되기도 하고 서로 맞물려 있기도 하다. 이것은 일단 선교 개념을 어떻게 규정하느냐에 따라서 달라진다. 예컨대 직접 전도만을 선교라고 본다면 선교비는 독립적으로 운용된다. 한국교회는 이런 경향이 강하다. 전도 집회를 개최한다거나 해외 선교사를 파송하는 일이 여기에 해당된다. 그러나 간접 전도까지 선교로 본다면 선교비의 범위가 확대된다. 장애인 개인이나 단체를 재정적으로 후원하는 일, 기독교 언론을 지원하는 일, 사회복지시설을 후원하는 일도 선교에 포함된다.

이왕 말이 나온 김에 전도 혹은 선교 문제를 한번 짚어보자. 이런 문제가 정리되어야 교회의 재정 집행도 정상화될 수 있기 때문이다. 전통적으로 선교나 전도는 믿지 않는 사람을 교회로 불러와서 믿는 사람이 되게 하는 일체의 행위로 받아들여졌다. 그런 열정을 가진 선교사들이 한반도에 입국해서 오늘 한국교회의 밑거름이 되었다. 그리고 지금도 그런 열정으로 무신론자나 타종교인에게 개종을 요구하는 선교사가 많다. 심지어 이슬람권으로 들어가서 불법을 감수하고 전도하는 사람도 있다. 20세기 후반부터 세계교회는 타종교인을 향해서 개종 전도를 하지 않는다. 이런 전도는 실제로 효과가 별로 크지 않을 뿐만 아니라 종교분쟁의 빌미가 되기 때문이다. 이 말이 타종교인들이 자발적으로 기독교로 개종하는 것을 막는다는 뜻은 아니다.

이런 변화에는 선교 개념에 대한 새로운 이해가 깔려 있다. 세계교회협의회(WCC)는 20세기 중반부터 "하나님의 선교"(Missio Dei) 개념을 주장하기 시작했다. 선교는 교회의 일이기 전에 하나님의 일이라는 뜻이다. 선교의 주도권이 교회가 아니라 하나님께 있다는 뜻이다. 그게 하나님의 선교 개념이다. 이런 개념에 따르면 교회의 이름을 걸지 않는다고 하더라도 세계 곳곳에서 하나님의 정의와 평화를 위해서 일하는 것이 선교다. 예컨대 "국경없는 의사회" 같은 단체의 활동도 하나님의 선교에 포함된다. 세계교회협의회는 이런 신학적 착상에 근거해서 인권 단체는 물론이고, 우파 군사독재 정권과 투쟁하는 좌파 반정부 군사 단체를 재정적으로 지원하기도 했다. 동시에 이런 일이 빌미가 되어 한국교회의 보수 단체들은 세계교회협의회를 용공단체라고 매도한다. 하나님의 선교 개념에 따르면 결국 예수 그리스도라는 복음의 정체성이 훼손된다는 반론이 가능하다. 여기서 이 문제를 다시 거론하지 않겠다. 선교의 본질이 무엇인지에 대한 문제의식을 짚은 것만으로 만족하자.

교회 재정의 40퍼센트 정도는 교회 밖으로 돌리는 게 좋다는 주장이 자칫 오해를 불러올 수 있다. 교회가 구제 문제에 총력을 기울여야 한다는 식으로 말이다. 그건 아니다. 교회가 구제기관이 아니기 때문이다. 요즘 식으로 말해서 복지 문제는 근본적으로 국가의 책임이지 교회의 책임이 아니다. 교회는 국가가 책임을 방기하는 경우에 상징적으로 복지 문제에 관심을 기울일 뿐이다.

교회는 복지 문제에 직접 나서기보다는 국가로 하여금 그 책임을 떠맡을 수 있도록 감시하고 충고하고 경고해야 한다. 예컨대 교회는 남북 화해와 평화를 줄기차게 외치고 이를 위한 행동을 펼쳐야 한다. 천문학적인 재정을 무의미하게 사용하는 정부에 대한 예언자적 비판은 제기하지 못하면서 교회가 직접 구제와 복지에 나서겠다고 하는 것은 교회 본연의 책임을 방기하는 것이다. 국방비의 10퍼센트를 줄여 그 재정을 복지에 사용하도록 투쟁하는 일은 하나님 나라를 희망하는 기독교인의 정당한 현실 참여다.

## 중보 기도

앞에서 헌금 문제를 길게 설명했다. 헌금 문제가 단순히 헌금에 한정되는 것이 아니라 교회와 목회의 본질에 해당된다고 보기 때문이다. 예배에서 헌금 다음 순서는 중보 기도. 담임목사가 회중을 대표해서 기도한다. 중보 기도의 전반부는 헌금 기도이고, 후반부는 말 그대로 중보 기도. 헌금 기도는 우리의 중심을 담아서 헌금을 드렸으니 하나님께서 받으시고 하나님의 뜻대로 사용되기를 바란다는 내용을 담는다. 경우에 따라서 믿는 사람들이 물질로 인해 시험받지 않도록 필요한 것은 채우고 필요 없는 것은 제해달라는 간구를 포함한다.

중보 기도(仲保 祈禱)라는 용어에는 약간의 논란이 있다. 엄격하게 말하면 중보는 예수 그리스도께만 해당되는 개념이다. 하나님과 인간 사이를 중재할 수 있는 이는 예수 그리스도가 유일하다는 것이 우리 기독교의 믿음이기 때문이다. 그렇지만 넓은 의미에서 중보 기도는 다른 사람을 위해 대신 드리는 기도라고 생각해도 틀린 건 아니다. 어떤 예배학자들은 중보 기도 대신에 목회 기도라는 용어를 사용하는 게 옳다고 주장하기도 한다. 어떤 용어를 사용하든지 자신이 아니라 다른 이를 위해서 기도한다는 사실만 분명하다면 큰 문제는 없다고 생각한다.

중보 기도는 크게 두 가지 내용이 있다. 하나는 교회 밖에 있는 사람을 위한 기도이고, 다른 하나는 교회 안에 있는 사람을 위한 기도다. 교회 밖을 위한 기도 제목은 사회적 소수자, 실직자, 노환이나 질병으로 죽음의 문턱에 다다른 이, 가출한 청소년 등이 포함된다. 사회의 경제정의와 생태보존을 위한 기도도 필요하다. 예배는 거기 모인 사람들만이 아니라 세상 사람을 대신해서 드리는 것이니, 이 세상이 하나님의 뜻에 따라 새로워지기를 위해서, 그것의 파괴로 인해 고통받는 이들을 위해서 기도하는 건 당연하다. 목사의 영성만큼 중보 기도의 깊이가 달라질 것이다.

교회 안에 있는 사람을 위한 기도 제목은 각 교회의 신자가 직면한 삶의 문제와 연결된다. 취업이나 시험을 앞두고 있는 청소년, 결혼이나 출산을 앞두고 있는 가정, 이혼의 위기에 처한 가정, 신앙적인 시험에 빠진 가정, 새롭게 신앙생활을 시작하는 가정 등을 위해서 중보 기도를 아뢸 수 있다. 이런 내용은 그야말로 목회 현장에서 나올 수 있는 것이다. 신자들을 향한 목회자의 연민이 이런 기도에 녹아나야 할 것이다.

목사의 중보 기도가 끝나면 회중 전체가 "주기도"를 드린다. 우리가 앞에서 드린 모든 기도가 주기도로 수렴되기를 바라는 심정으로 주기도를 드리는 것이다. 주기도가 모든 기도의 원형이니 이런 태도는 마땅하지 않겠는가.

한국교회에는 사도신경도 그렇지만 주기도도 두 개의 번역이 있다. 옛날 번역이 익숙하지만 교회 일치 정신에 따라서 우리도 현재는 새로 번역된 주기도를 사용한다. 학자들이 어련히 알아서 좋게 번역했을 것이라고 생각은 하지만 한두 가지가 신경 쓰인다. 새번역 주기도에는 "아버지"라는 표현이 어색할 정도로 중복되었다. 옛날 번역보다 세 번이나 더 들어갔다. 각주 설명에 따르면 그리스어 원문은 "당신"이라는 뜻의 "수"라고 한다. 원문대로 번역하면 당신의 이름, 당신의 나라, 당신의 뜻으로 해야 한다. 우리나라 말로 "당신"이 존엄한 분에 대한 칭호로 적합하지 않다고 생각해서 아버지로 번역한 것 같은데, 이것도 별로 바람직하지는 않다.

다른 하나는 문체다. 문체가 전체적으로 통일되어 있지 않다. 어떤 데서는 "하소서"라는 극존칭으로, 어떤 데서는 "하시며"라는 평체로 되어 있다. 마지막 문장은 이렇다. "나라와 권능과 영광이 영원히 아버지의 것입니다." 문체가 전체적으로 어중간하다. 우리나라 말은 뉘앙스가 예민해서 이런 부분의 통일을 이루어내기는 쉽지 않았겠지만, 문체의 통일이라는 점에서는 오히려 옛날 번역이 낫다. 예배에 사용하는 신조나 기도문을 번역할 때는 신학자만이 아니라 평신도 문학인들도 적극적으로 참여하는 게 좋겠다. 이번 경우 그들이 참여했는데도 이런 번역이 되었다면 어딘가 문제가 있다. 어쨌든지 앞으로도 수십 년 아니 그 이상 한국교회가 사용할 주기도문인데, 번역이 못내 아쉽다.

## 성찬 예식

주기도 다음은 성찬식이다. 우리의 경우 매주 성찬식이 있는 것은 아니다. 매월 첫 주일의 예배에만 성찬식이 있다. 월 한 차례는 다른 교회에 비해 많은 편이다. 일반적으로는 송구 영신 예배, 신년 예배, 종려 주일, 부활절, 성탄절 등을 기해서 일 년에 네 번 정도 성찬식을 집례한다. 로마 가톨릭교회는 당연히 매주일 정도가 아니라 미사가 열릴 때마다 성찬식을 한다. 성찬식이 없으면 미사가 성립되지 않기 때문이다. 원칙적으로는 로마 가톨릭의 입장이 옳다. 성찬이야말로 기독교 신앙의 본질을 적나라하게 나타내는 종교적 상징이기 때문이다.

성찬의 기원은 유대인의 유월절 만찬이다. 복음서의 보도에 따르면 예수님이 당시 유대인들과 마찬가지로 유월절 만찬 의식을 행했다. 유월절은 유대인의 출애굽 사건을 기념하는 절기다. 이때 유대인은 누룩을 넣지 않는 빵과 쓴 나물을 먹는다. 그들 조상이 애굽을 탈출하던 날 밤에 먹은 음식이 그것이다. 유대인은 유월절 의식을 매년 가족과 함께 행하면서 두 가지 사실을 기억했다.

하나는 하나님께서 유대인 조상을 애굽의 노예 상태로부터 해방시키셨다는 사실이다. 애굽의 파라오는 무소불위의 권력을 가진 자로서 신의 대행자로 행세했다. 하나님께서 파라오로 대표되는 세상의 왕들을 굴복시키신다는 사실을 유대인은 유월절 의식을 통해 반복해서 기억하고 확인했다.

다른 하나는 하나님께서 유대인의 40년 광야 생활을 지켜주셨다는 것이다. 광야는 생존 외의 것이 불가능한 곳을 가리킨다. 고대 유대인은 당시 사람들이 거들떠보지 않던 만나와 메추라기를 하나님께서 내려주신 은총으로 받아들였다. 그들에게 광야 시대는 하나님과의 관계가 가장 깊었던 시절이다. 이게 역설이다. 생존의 측면에서 가장 척박한 시절이 하나님과의 관계가 가장 깊었으며, 상대적으로 풍요로웠던 가나안 시절은 오히려 하나님과의 관계가 흔들렸다. 유대인들은 유월절 의식을 통해 생존의 근거인 하나님과의 관계를 회상할 수 있었다. 이런 종교적 전통이 기독교에 의해 새로운 차원으로 지양(止揚, Aufhebung, 변증법적으로 고양)되었는데, 그것이 바로 성찬식이다.

유대인의 유월절 만찬에는 양을 잡는 전통이 있다. 양은 사람의 죄를 용서받기 위해 하나님께 바치는 희생제물이다. 초기 기독교는 유월절 만찬에서 희생제물로 바쳐진 양이 바로 예수님이라고 생각했다. 그들은 빵과 포도주에 얽힌 다음과 같은 예수님의 말씀을 기억했다. "이것은 너희를 위한 내 몸이다. 이것은 너희를 위한 내 피다." 이들은 이 말씀에 근거해서 모일 때마다 성찬 예식을 거행했다.

성찬의 의미는 유대인의 유월절 만찬에서와 같이 두 가지로 정리할 수 있다. 하나는 죄로부터의 해방이다. 유대인의 유월절 만찬이 출애굽에서 기원하는 것처럼, 기독교인의 성찬은 예수 그리스도를 통한 죄의 용서에 기원한다. 우리는 예수 그리스도의 몸과 피를 취함으로써 그의 죽음과 하나가 되며, 또한 그의 부활과 하나가 된다. 이런 점에서 성찬은 세례의 반복이다. 세례도 예수와 더불어 죽고, 예수와 더불어 산다는 의식이지 않은가.

다른 하나는 예수 그리스도가 진정한 의미에서 우리의 양식이라는 사실이다. 유대인의 유월절 만찬이 만나와 메추라기를 공급받았던 40년의 광야 생활에서 기원하는 것처럼, 기독교인에게 예수님의 몸과 피를 대신하는 빵과 포도주는 참된 양식이다. 유대인의 유월절 만찬이 몸을 살리는 먹을거리에 한정된다면, 기독교인의 성찬은 영까지 살리는 양식으로 확장된 것이다.

성찬식에 필요한 물품은 빵과 포도주다. 이는 우리가 생명을 유지하는 데 필요한 최소한의 먹을거리다. 이 두 가지만으로 우리가 만족할 수 있다면, 즉 생존 자체만으로 만족할 수 있다면 삶이 새로운 빛을 낼 것이다. 나는 성찬식을 거행하면서 성찬식에 따른 공식적인 예전문을 읽은 뒤에 빵과 포도주를 각각 들고 다음과 같은 자유로운 멘트를 전한다. 경우에 따라서 조금씩 변형되는데, 기본적인 틀은 같다.

성도 여러분, 여기 소박한 성찬탁 위에 빵이 놓여 있습니다. 얼마나 놀라운 사실입니까? 없는 게 아니라 "있다"는 것은 창조 사건과 버금갈 정도로 대단한 일입니다. 이 빵이 어떤 과정을 통해 여기까지 왔는지를 생각해보십시오. 밀이 자라는 장면을 상상할 수 있을 겁니다. 물과 탄

소와 태양빛이 작용하여 싹이 나고 잎이 나고 꽃이 피고 밀알이 맺혔습니다. 우리가 자고 있을 때도 밀은 성장을 멈추지 않았습니다. 우주의 힘이 여기에 신비한 방식으로 작용했습니다. 언덕에서 자란 밀이 여러 사람의 손을 통해 이렇게 빵이 되어 우리 앞에 놓여 있습니다. 이런 빵을 먹지 못할 순간이 곧 닥칠 겁니다. 지구가 생태적 균형을 잃거나 우리가 죽게 되는 순간이 옵니다. 우리는 여기 있는 빵을 예수님의 몸으로 믿고 받습니다.

성도 여러분, 여기 포도주가 있습니다. 빵과는 전혀 다른 성질의 물질입니다. 액체이고 붉은 색입니다. 이 포도주 역시 온 우주의 힘으로 만들어진 겁니다. 지구에 액체가 존재한다는 것도 참으로 놀라운 일입니다. 색깔이 존재한다는 것도 놀라운 사실입니다. 이 모든 것은 지구라는 행성에서만 일어나는 현상입니다. 포도나무가 어떻게 포도를 맺고, 그것이 어떻게 자라고, 어떤 과정을 통해서 포도주가 되었는지를 생각하면, 참으로 아득합니다. 수많은 박테리아도 이 사건에 참여했을 겁니다. 우리가 알지 못하는 생명의 천사들도 참여했을 겁니다. 우리는 여기 있는 이 포도주를 예수님의 피로, 즉 생명의 유일한 주인이신 하나님의 피로 믿고 받습니다. 모두 기쁨으로 성찬에 참여합시다.


성찬 문제는 종교개혁자들에게도 신학적으로 예민한 주제였다. 그들은 다른 부분에서는 서로 생각이 통하면서도 성찬에서는 차이를 좁히기 어려웠다. 로마 가톨릭교회를 포함하여 그런 차이를 특징적으로 크게 나누면 화체설, 임재설, 상징설(또는 기념설)이 있다.

로마 가톨릭은 화체설을 주장한다. 사제가 "이것은 그리스도의 몸!"이라고 축성하는 순간에 빵이 실제로 그리스도의 몸으로 변한다는 것이다. 물론 이것은 말이 안 된다. 사제가 축성해도 빵은 빵이고 포도주는 그대로 포도주이지 그것이 실제로 그리스도의 몸과 피로 변하는 것은 아니다. 우리 개신교의 입장에서 자칫 주술적인 것으로 보이는 화체설을 받아들일 수는 없지만, 그렇다고 해서 무조건 매도할 필요까지는 없다. 예수 그리스도에게 신성과 인성이 서로 섞이지 않으면서도 하나라는 사실 자체가 신비인 것처럼 빵과 몸의 관계도 신비이기 때문이다.

루터는 화체설을 거부하고 임재설을 주장했다. 빵과 포도주가 질적으로 변하는 게 아니라 그 안에 예수 그리스도가 임재 또는 공재한다는 뜻이다. 종교개혁자 중에서 루터가 성찬 문제에서만큼은 가장 보수적인 태도를 보였다. 스위스의 종교개혁자 츠빙글리는 루터의 주장에 반대했다. 이 두 사람의 성찬 논쟁이 1529년 10월 1일부터 4일까지 독일 중부 도시 마르부르크에서 열린 종교 회담에서 전개되었는데, 이 회담을 소집한 군주의 기대와는 달리 이 두 사람 사이에 일치를 이루지는 못했다. 츠빙글리는 "이것은 나의 몸이다"라는 문장에서 "…이다"를 "…상징한다"로 해석했다.

성찬 문제는 결국 용어 이해에 달려 있다. 로마 가톨릭의 스콜라 신학이 아리스토텔레스 철학에 많은 영향을 받았다는 사실을 전제한다면 빵과 포도주라는 질료가 이미 예수 그리스도라는 형상을 담고 있다는 뜻으로 이해할 수 있다. 우리는 예배를 드리면서 이곳에 하나님이 함께하신다고, 즉 임재하신다고 말한다. 그 말을 실증적인 것으로 받아들이는 사람은 없다. 이는 하나님의 사랑이, 하나님의 영광이, 하나님의 통치가 거기서 일어난다는 뜻이다. 그렇다면 빵과 포도주에 그리스도가 임재한다는 말도 틀린 것은 아니다. 또한 빵과 포도주가 예수의 몸과 피를 상징한다거나, 예수의 구원 사건을 기념한다고 말해도 틀린 것은 아니다.

## 성찬 공동체

성찬의 신학적 개념이 신학자나 교파에 따라 차이가 있어도 그것이 예배에서 필수 불가결이라는 사실만은 모두가 동의한다. 그런데 개신교회는 타종파에 비해 유달리 성찬식을 소홀히 대한다. 그 이유는 몇 가지가 있다. (1) 개신교회의 예배는 설교에 무게를 둔다. (2) 로마가톨릭교회나 정교회의 예전은 형식주의로 본다. (3) 교회의 대형화로 인해 성찬 집행이 현실적으로 불가능하다. (4) 개신교회에는 성찬에 대한 신학적 몰이해에 묶여 있는 목사와 평신도 지도자가 많다.

　내가 보기에 이런저런 이유로 성찬을 등한히 대하는 것은 옳지 않다. 성찬은 들리는 말씀인 설교 못지않게 보이는 말씀으로서 소중히 간직해야 할 기독교 예배의 중심에 속한다. 원래 예배는 크게 두 가지 전통으로 구성된다. 하나는 회당의 말씀 읽기와 다른 하나는 예수님이 실제 행하시고 명령하신 성찬이다. 교회는 말씀 공동체일 뿐만 아니라 성찬 공동체이기도 하다는 말이다. 개신교회 예배에서 성찬 의식을 살리는 길이 무엇인지에 관한 예배학자와 목회자들의 연구 및 관심이 절실하게 요구된다.

성찬에 대한 마지막 이야기는 성찬이 사물에 대한 새로운 지평을 열어준다는 철학적 해석이다. 이런 해석에 대한 공부를 통해서 성찬을 집행하는 목사는 자신의 행위가 어디를 향하고 있는지를 좀 더 명확하게 인식할 수 있다.

성찬식의 질료인 빵을 보자. 우리의 경우로 바꾸면 밥이 될 것이다. 빵은 단순한 사물에 불과하지만 그 속사정은 엄청나다. 우주의 무게와 같다. 만약 어떤 사람이 우주선을 타고 태양계 너머의 공간으로 여행하다가 지구와 비슷한 행성에 도착해서 빵을 보았다고 가정해보자. 이는 곧 거기에 지구와 비슷한 생명 현상이 있다는 증거다. 빵은 지구라는 생태적 조건 아래서만 가능한 사건이라는 뜻이다. 포도주도 마찬가지다. 우주에서 포도주 한 잔을 발견한다는 것은 지구와 비슷한 생태 조건을 갖춘 한 행성을 발견한다는 의미다. 이보다 더 놀라운 일은 없을 것이다. 우리 앞에 놓인 빵과 포도주에는 우주론적 깊이와 무게가 있다.

또한 성찬에는 많은 사람이 참여한다. 그들 중에서 아주 특별한 경험을 하는 사람이 나올 수 있다. 다른 때는 경험하지 못하다가 성찬에서 빵을 받아드는 순간에 빵이 인간을 살리는 근본이라는 사실을 크게 깨달을 수 있다. 이런 경험이 더 성숙하면서 그는 나중에 그 경험에 근거해 삶의 방향을 잡을지도 모른다. 화가, 작곡가, 시인, 예술가가 될 수도 있다. 포도주를 마시는 경험도 마찬가지다. 이를 통해서 우주의 신비를 경험할 수 있으며, 그런 경험에 근거해 신학자의 길을 갈 수도 있다. 그리고 성찬은 기독교인들의 이천 년 역사를 함축하고 있다. 우리는 그런 역사에 연루되어 있다.

성찬식 현장에서 어떤 일이 일어나는지를 잘 보라. 거기에 빵과 포도주가 있다. 빵이 나뉘고, 포도주가 나뉜다. 사람들은 그것을 예수님의 몸과 피로 인식하고 먹는다. 함께 나눠 먹고 마시는 행위가 우리를 하나님과 하나 되게 한다. 빵과 포도주는 사물에 불과하지만 성찬 의식을 통해서 거룩한 것으로 승화된다. 사물의 영성화(spiritualization)다. 하이데거는 물(物)을 독특하게 설명한다. 다음과 같은 그의 말을 들어보라.

물은 잔과 걸상, 오솔길과 쟁기 등이다. 그러나 물은 또한 그것의 방식에 따라 나무와 연못이고 냇물과 산이다. 물은 그때마다 체재하면서 그들의 방식에 따라 물화하면서 왜가리와 노루, 말과 황소이다. 물은 그때마다 체재하면서 그들의 방식에 따라 무화(無化)하면서 거울과 혁대쇠, 책과 그림, 왕관과 십자가이다(*Das Ding*, 181쪽).

또한 하이데거는 물이란 사중자(Geviert) 즉 땅, 하늘, 신성한 것들, 사멸할 자들의 회집이라고 규정했다. 그에게 세계는 이 사중자가 겹침으로 발생하는 거울 놀이다. 거울에 이런 모습으로 비칠 때도 있고, 저런 모습으로 비칠 때도 있다. 성찬의 빵과 포도주는 땅, 하늘, 신성한 것들, 사멸할 자가 어우러져 이뤄내는 거룩한 창조 사건이다.

## 파송 예전

예배의 마지막 단락은 "파송 예전"으로서 마침 찬송, 위탁의 말씀, 축복 기도, 후주로 구성된다. 파송은 예배에 참석했던 회중을 세상으로 보낸다는 뜻이다. 이것은 기독교 영성에서 중요하다. 기독교인들은 세상에 모든 마음을 두고 살다가 중간에 잠시 예배드리기 위해서 교회당에 오는 게 아니다. 오히려 거꾸로다. 그들은 예배 중심의 삶으로부터 세상으로 파송받는 것이다. 다시 말하면, 세상에서 잠시 교회라는 종교적 영역으로 도피하는 게 아니라 교회로부터 세상으로 담대하게 나가는 것이다.

"파송 예전"의 네 항목 중에서 축복 기도 한 항목만 보충 설명하자. 축복 기도와 관련된 문제는 크게 두 가지다. 하나는 목사가 과연 복을 줄 수 있는 영적 권위가 있느냐 하는 문제다. 이건 예배의 축복 기도만이 아니라 더 근본적으로 목사의 영적 권위 전반에 걸친 질문이기도 하다. 목사는 일반 신자와 비교해서 질적으로 더 거룩한 존재인가? 그래서 일반 신자에게 없는 특권을 갖고 있을까? 개신교 전통에 따르면 그런 생각은 가능하지 않다. 소위 평신도나 목사나 똑같이 세례를 받은 사람일 뿐이지 질적으로 다른 건 하나도 없다. 어떤 목사들은 축복권만이 아니라 저주권까지 목사에게 주어졌다고 주장하기도 한다. 이런 극단적인 주장을 펴는 사람의 말에는 귀를 기울일 필요가 없다. 다만 예배에서 목사가 중보 기도를 하듯이 하나의 의식으로서 하나님의 복을 대신 말할 수 있다는 주장은 가능하다. 일종의 강복(降福) 개념이다. 그러나 개신교 정신을 더욱 살린다면 하나님의 복을 바라는 기도라는 뜻의 축복(祝福) 개념이 더 어울리지 않을까 생각한다. 그럼에도 불구하고 성직주의와 기복주의에 빠질 염려가 있다 하여 이런 순서를 아예 빼야 한다고 주장하는 이도 없지 않다.

다른 하나는 축복 기도의 문구다. 교단에 따라서 문구가 다르다. 삼위일체 하나님의 이름은 똑같이 들어가지만 마지막 술어 부분은 뉘앙스에서 차이가 난다. 통상 "…할지어다"와 "…하기를 축원하나이다"로 크게 나뉜다. 앞의 것은 강복 개념이, 뒤의 것은 축복 개념이 강하다. 나는 "…하기를 축원합니다"로 한다. 예배학자들이 이런 문제를 좀 더 정교하게 정리해서 신학적으로도 정당하고 한국교회 정서에도 맞는 대안을 찾아주었으면 한다.

## 예배와 목사

예배 문제를 끝내며 마지막으로 예배 행위에서 목사의 위치가 무엇인지에 대해 간단히 짚겠다. 앞에서 언급된 것으로도 대략적인 그림은 전달되었을 것으로 본다. 예배를 인도하는 목사는 하나님과 사람의 중간에서 양쪽을 중재하는 사람이 아니다. 목사는 흔히 말하듯이 목자가 아니고 일반 신자들과 동일한 양이다. 우리의 참목자는 오직 예수님뿐이다. 목사가 예배를 인도하지만 엄밀한 의미에서는 인도하는 게 아니라 함께 참여하는 것이다. 다만 서로의 역할을 달리하는 것뿐이다.

목사는 일반 신자와 다른 역할이 있다. 구체적으로는 세례와 성찬과 설교다. 이것은 목사에게 주어진 고유한 카리스마다. 이는 목사가 질적으로 다르다는 게 아니라 교회의 거룩한 질서를 위해서 그것을 수행하는 사람이라는 의미이다. 일반 신자도 나름으로 각각 카리스마가 있다. 그것이 성서 봉독일 수도 있고, 헌금위원일 수도 있고,

성가대원일 수도 있다. 각각의 카리스마가 한 예배 안에서 질서 있게 진행되어야 한다.

목사는 자기의 고유한 카리스마에만 한정되는 게 아니라 예배가 전체적으로 바르게 진행되도록 하는 역할도 맡아야 한다. 이는 예배 현장에서보다는 예배를 준비하는 과정에서 감당해야 할 문제다. 예배가 일단 시작되면 예전 순서에 따라서 진행되니까 목사가 따로 관여할 부분은 없다. 그런 예배가 진행될 수 있도록 목사는 예배 순서를 맡은 사람들을 준비시키고, 다른 일반 회중에게도 예배에 대한 바른 교육을 시켜야 한다. 이를 위해서 목사는 먼저 예배에 대한 공부를 해야 하고, 예배 영성에도 보다 조예가 깊어야 한다.

예배를 오케스트라 연주라고 비유해보자. 오케스트라에는 현악기와 관악기와 타악기 주자들이 필요하다. 협주곡을 연주하는 경우에는 협연자도 필요하다. 모든 연주자의 고유한 역할이 있다. 그중 하나가 지휘자다. 지휘자는 각각의 연주자들이 조화를 이루어 아름다운 곡을 연주할 수 있도록 특별한 역할을 감당한다. 지휘자의 곡 해석에 따라 연주도 달라진다. 예배와 교회 공동체에서 목사의 역할은 이런 지휘자와 비슷하다. 여기서 중요한 것은 지휘자나 목사나 공히 자기를 나타내는 게 아니라 다른 어떤 대상을 드러낸다는 것이다. 지휘자는 음악을, 목사는 하나님을 드러내는 일에 집중해야 한다.

# 설교와 목사

성찬 문제를 다룰 때 언급한 것처럼 개신교 예배에서 설교의 비중이 유달리 크기 때문에 목사도 설교자로서의 역할을 중요하게 받아들인다. 여기서 나의 설교관을 자세하게 설명할 생각은 없다. 이에 관해서는 졸저 『설교란 무엇인가』(홍성사)를 참조하면 된다. 여기서는 설교 행위 앞에 선 목사의 영적 실존에 대해서 내가 평소 생각하고 있는 것을 첨언하겠다.

다음과 같은 질문을 먼저 생각해보자. 목사에게 설교가 가능할까? 목사는 자기가 실제로 아는 것을 설교하고 있을까? 모르는 것은 설교하면 안 되나? 여기서 안다는 것은 무엇을 가리키나? 인간이 하나님을 알 수 있을까? 하나님은 누구신가? 하나님은 사람에게 말을 하시나? 설교 행위에서 성령의 인도를 받는다는 것은 무슨 의미인가? 청중이 귀를 기울이지 않아도 설교는 해야 하나? 대중적인 설교자들은 실제로 자신이 하나님의 말씀을 전한다고 확신하고 있을까? 아니면 자신의 미천한 종교 경험을 진리라고 착각하는 것은 아닌가?

평소에 당연하다고 생각하던 것이라 하더라도 설교자로서의 실존을 엄중하게 여기는 사람은 이 질문을 포기하면 안 된다. 질문을 통해서만 진리로 들어갈 수 있다는 것은 설교 행위에서도 똑같이 적용된다.

일반적으로 설교를 말씀 선포라고 말한다. 여기서 말씀은 하나님의 말씀이다. 설교는 하나님, 말씀, 선포의 관계에서 이루어지는 행위다. 설교자가 하나님의 말씀을 선포하려면 우선 하나님의 말씀이 무엇인지를 알아야 한다. 설교자에게 닥치는 문제는 이 지점에서부터 시작된다. 설교자는 인식 능력이 턱없이 떨어지는 피조물로서의 사람에 불과하다. 사람이 아무리 지적 능력이 뛰어나다 해도 피조물의 한계를 벗어날 수 없기 때문에 창조자 하나님의 말씀을 정확하게 이해한다는 것은 근본적으로 불가능하다. 그럼에도 불구하고 목사는 하나님의 말씀을 선포해야만 한다. 이것이 설교자의 딜레마다. 설교자는 설교단을 떠나는 순간까지 이런 딜레마를 벗어날 수는 없을 것이다.

설교자가 하나님을 인식할 수 없다는 사태가 무엇을 가리키는지 아는 사람은 이미 알 것이다. 설교의 연륜이 깊어질수록 이런 사태는 점점 더 심각하게 다가온다. 그런 사태 속으로 깊이 빠져드는 것이 오히려 하나님 경험에 가깝다. 성서의 진술도 모두 그런 사태를 전제하고 있다. 기독교의 기초 교리는 대충 알고 있을 것이다. 예수의 성육신, 십자가, 부활, 승천, 재림, 그리고 세례와 성찬과 예배, 또한 교육과 봉사와 선교 등이 무엇을 의미하는지를 말이다. 하지만 그런 것을 아는 것이 하나님 자체를 아는 건 아니다. 왜냐하면 하나님의 속성이 기본적으로 은폐이기 때문이다.

한 예로 십자가 사건을 보라. 우리는 예수님의 십자가 죽음을 통해서 죄가 용서받고 구원을 얻는다고 믿는다. 그것이 기독교 교리다. 이런 믿음은 옳다. 문제는 그것이 왜 옳은지에 대한 대답이 아직 다 밝혀지지 않았다는 데 있다. 하나님이 전능하신 분이라면 로마 형법인 십자가 처형을 통해서 인간을 구원할 필요는 없다. 말씀으로 세상을 창조하신 하나님이라면 말씀으로 구원할 수 있었을 것이다. 아주 간단하게 구원이 완성되는 길이 있었는데도 하나님은 오늘 우리의 눈으로 볼 때 복잡한 길을 선택하셨다. 하나님의 아들이신 예수님을 당시 유대인과 이방인에게 조롱의 대상이었던 십자가에 처형당하게 하신 것이다. 그래야만 할 필연성에 대해서 우리 중 누가 다 아는가? 이는 예수님의 십자가 처형을 통한 하나님의 구원이 여전히 은폐되어 있다는 뜻이다.

　따지고 보면 세상 모든 것이 은폐되어 있다. 즉 아직 답이 완료되지 않았다. 인간이 무엇인지, 생명이 무엇인지, 시간과 공간이 무엇인지 부분적으로만, 간접적으로만 알지 총체적으로는 알지 못한다. 더 정확하게 말하면 알면 알수록 모르는 것이 더 많아지는 게 세상의 이치다. 우리는 그것을 신비라고 말한다. 세상이 이렇다면 세상을 창조한 하나님이야 오죽하겠는가. 그래서 바울도 현재 아는 건 부분적인 것으로서 거울로 보는 것과 같고, 종말이 와야 전체적으로, 얼굴을 맞대 보듯이 알게 될 것이라고 고백했다. 설교자는 자신이 다 파악할 수 없는 하나님의 은폐성 앞에서 절망해야 한다. 그때부터 그는 하나님의 말씀에 실제로 마음을 둘 것이다.

## 궁극적인 질문의 세계

모든 강의에 목표가 있는 것처럼 설교에도 목표가 있다. 목표에 대한 생각도 서로 다를 것이다. 회중을 회심시켜 하나님께로 돌아오게 하는 것이 설교의 목표라고 생각하는 사람도 있고, 회중을 더 성숙한 기독교인이 되도록 훈련시키는 것이 설교의 목표라고 생각하는 사람도 있을 것이다. 성령을 체험하게 하는 것이라든지, 하나님 말씀에 순종하게끔 해서 복 받게 하는 것이라고도 답할 수 있다. 개중에는 교회 일에 충성하는 신자가 되게 하는 것이라거나, 목사의 말을 잘 듣게 하는 것이라고 생각하는 사람도 있을 것이다.

나는 회중으로 하여금 궁극적인 질문의 세계 안으로 들어가게 하는 것이 설교의 목표라고 생각한다. 성서와 신학을 통해 내가 배운 것은 질문하는 것이었다. 성서를 기록한 사람과 신학자들도 모두 질문을 할 줄 알았다. 사실 성서 자체가 답이라기보다는 질문이다. 겉으로는 답을 말하고 있긴 하지만 그 답은 질문을 전제할 뿐만 아니라 답의 형식을 띤 질문이다. 두 군데만 예를 들겠다.

창세기 1:1은 다음과 같다. "태초에 하나님이 천지를 창조하시니라." 사람들은 이 문장 또는 이 명제를 답이라고 생각할 것이다. 물론 답은 답이다. 그러나 여기에는 수많은 질문이 내포되어 있다. 그런 수많은 질문을 거쳐서 나온 대답이자 또 하나의 질문이기 때문에 이 명제를 이해하려면 일단 그 질문의 세계로 들어가야 한다. 먼저 "태초"라고 했다. 이 태초가 무엇일까? 이 태초 문제를 놓고 수많은 물리학자와 철학자들이 질문하고 또 대답했다. 현대 물리학은 태초를 138

억 년 전의 빅뱅(대폭발)의 때로 본다. 하지만 성서 저자가 빅뱅의 순간을 생각하고 태초라는 말을 사용한 것은 아닐 것이다. 자신들이 사는 이 세상에 시원적 출발점이 있다고 생각한 것이다. 이런 히브리 사람들의 생각이 세계를 영원회귀로 본 헬라 사람들의 생각과 다른 점이다. 이처럼 시간과 공간에 대한 근원적인 질문을 하지 않고서는 태초라는 말에 가까이 갈 수 없으며, 그런 상태에서는 설교가 불가능하다. 설령 설교를 하더라도 공허하다.

"천지"는 고대 사람들이 생각하던 세상이다. 그들에게 하늘은 전혀 미지의 세계였다. 창세기에 따르면 하늘 위도 물의 세계다. 하나님께서 첫째 날 빛을 만드시고, 다음날은 궁창을 만드셨다. 궁창을 만드셨다는 말은 위의 물과 아래의 물을 나누었다는 뜻이다. 성서 시대 사람들은 세상이 온통 물로 뒤덮여 있다고 여긴 것이다. 그럴 만하다. 깊이와 넓이를 알 수 없는 바다에는 물이 가득하며, 하늘에서는 시시때때로 비가 쏟아진다. 천지가 온통 물이다. 비록 그들의 우주 물리학적 정보는 우리에 비해서 현저하게 부족하지만 하늘과 땅과 바다가 무엇인지를 알고 싶어하는 열망만은 전혀 부족하지 않다. 그 열망은 질문이다. 나는 창세기만이 아니라 성서의 어떤 본문을 대하든지 궁극적인 것에 대한 그들의 질문이 눈에 보인다. 그래서 내 설교를 듣는 분들도 그런 질문의 세계로 들어가기를 바라면서 설교한다.

앞에서 구약의 첫 구절을 인용했으니 이제 신약의 첫 구절인 마태복음 1:1을 인용하겠다. "아브라함과 다윗의 자손 예수 그리스도의 계보라." 이 문장의 뜻은 단순하다. 예수 그리스도의 족보를 진술하겠다는 뜻이다. 여기서 가장 핵심적인 질문은 예수 그리스도의 복음을 전하는 데 굳이 족보를 거론할 필요가 있었겠느냐 하는 점이다. 족보 이야기가 없어도 복음을 전하는 데 아무 지장이 없다. 족보 이야기는 오히려 방해가 될 수도 있다. 하나님의 아들이라는 예수의 신성이 인간의 족보 이야기로 인해서 약화될 수 있기 때문이다. 마가복음과 요한복음이 족보 이야기를 하지 않은 이유도 여기에 있을 것이다.

또 다른 질문은 마태가 왜 아브라함과 다윗을 족보 이야기의 대표자로 선택했느냐 하는 것이다. 족보 이야기가 실제로 아브라함으로부터 시작되니까 아브라함만 선택해도 좋았다. 굳이 다윗까지 거론한 이유는 무엇일까? 다윗은 왕이었다. 예수님의 삶과 가르침과 운명에서 볼 때 왕의 혈통은 어울리지 않는다. 마태가 다윗을 거론한 이유는 메시아가 다윗의 후손으로 온다는 구약의 메시아 전승에 있다. 나는 지금 신구약에 걸친 메시아 전통과 그런 사상에 대해서 말하려는 게 아니다. 성서 본문은 수많은 질문을 내포한다는 점을 말하려는 것뿐이다.

현대의 대표적 해석학 철학자인 한스 게오르크 가다머(Hans Georg Gadamer, 1900~2002)는 100세 되던 해에 독일 「슈피겔」 주간지 편집장과의 인터뷰에서 철학의 본질을 가리켜 삶에서 가장 중요한 것에 대해 질문할 줄 알게 하는 것이라고 말했다. 이미 오래전에 빙엔의 힐데가르트(Hildegard of Bingen, 12세기)는 이렇게 말했다. "질문하지 않으면 성령도 대답하지 않는다." 소크라테스의 산파법이라는 것도 질문을 통해 진리를 깨닫게 하는 교육 방법이다. 내 생각에 설교자는 회중에게 무언가를 말하기 전에 성서의 영적인 깊이에 대해서 질문할 줄 알아야 한다. 질문하는 행위 자체가 영성이기 때문이다.

그것 없이도 얼마든지 설교할 수 있다? 그러면 약장사 된다. 그런 이의 영혼은 메마르다.

반론도 가능하다. 기독교 신앙에서는 머리 복잡한 철학적 질문보다는 예수님에 대한 단순한 믿음이 더 중요하다고 말이다. 흔한 말로 철학은 질문이고 종교는 대답이라고도 한다. 좀 더 현실적인 차원에서 이런 반론도 있다. 기독교 신앙에서 신학을 너무 크게 여기면 지적인 능력이 떨어지는 사람들이 따라올 수 없고, 그렇게 되면 설교가 엘리트주의에 빠지는 것이라고 말이다. 이런저런 여러 반론에 대해서 일일이 대답하지 않겠다. 그런 질문이 나름대로 의미가 있기는 하지만 정곡을 찌르지 않기 때문이다. 대신 지적인 능력 여부와 상관없이, 더 나아가 종교 여부와 상관없이 궁극적인 질문이 인간에게 왜 가능한지만 간단히 짚겠다. 이건 설교자인 동시에 목회자인 목사가 분명하게 인식하고 있어야 할 기독교 인간론의 기초다.

성서 전통에 따르면 사람은 흙으로만이 아니라 하나님의 형상으로 지음을 받았다. 몸과 영이 인간의 구성 요소라는 뜻이다. 몸으로 산다는 것은 아주 명백하다. 인간은 귀신이 아닌 한 누구도 예외 없이 지구 안에 있는 질료를 공급받아야만 생명을 영위할 수 있다. 반면에 영으로 산다는 것이 무슨 의미인지는 손에 잘 잡히지 않는다. 우리는 이를 간접적으로만 알 수 있다. 인간은 몸의 삶만으로 만족하지 못한다는 게 그것이다. 인간에게는 영적인 만족이 반드시 필요한데, 이는 하나님을 통해서만 주어진다. 몸으로서의 인간은 배가 고프면 본능적으로 먹으려고 하는 것처럼, 영으로서의 인간은 본능적으로 영적인 만족을 추구한다는 말이다. 그 영적인 만족을 위해 인간은 학력의 높고 낮음에 상관없이 영적인 질문을 하게 된다.

현대 기독교인들이 성서와 기독교 신앙의 본질에 대해 질문하지 않는다는 것은, 실제로는 질문할 줄 모르는 건데, 영적으로 건강하지 못하다는 의미다. 마치 몸이 병들면 허기를 느끼지 못하는 것과 같다. 허기를 느끼지 못하면 결국 죽을 수밖에 없듯이 영적인 갈망을 느끼지 못하면 결국 영이 죽는다. 그런 죽음의 징조가 한국교회에 어떻게 나타나고 있는지 알 만한 사람은 다 알 것이다. 오늘 한국교회는 별로 중요하지 않은 것에는 결사적으로 매달리는 반면에, 정작 중요한 것에는 무덤덤하다.

내 생각에 목사의 설교는 하나님에 대해 질문하는 것으로부터 시작된다. 여기서 질문은 단순히 회의하거나 의심하는 게 아니라 그분을 직면한다는 뜻이다. 하나님을 직면할 때는 당연히 질문이 나온다. 자신이 알고 있는 그 하나님보다 더 큰 하나님이 보이기 때문이다. 이전의 하나님은 누구이고, 이후의 하나님은 누구인지 궁금할 수밖에 없다. 이는 서로 다른 하나님이 있다는 게 아니라 하나님에 대한 인간 경험의 층이 다르다는 뜻이다.

## 하나님을 직면한다는 것

우선 목사는 하나님을 직면한다는 것이 무슨 뜻인지를 알아야 한다. 일반 신자도 마찬가지지만 설교하는 목사는 자신이 하나님을 안다고 또는 만났다고 생각하는 경우가 많다. 그런 경험이나 고백의 진정성을 부정하고 싶지는 않지만 잘못된 경험이 많다는 것도 분명한 사실이다. 사이비 이단 교주들이 대표적이다. 그들은 자신의 하나님 경험을 절대화한다. 기독교 이천 년 역사에서 벌어진 신학 논쟁과 이단 논쟁도 근본적으로는 하나님 경험에 대한 것이다. 서로가 자신의 경험이 옳다고 주장한다. 구약의 예언자들도 그렇게 싸웠고, 신약의 사도나 그들의 전통을 이어받은 교부들도 그렇게 싸웠다. 지금 나는 여기서 신학 논쟁 자체를 설명하려는 게 아니라 하나님을 직면한다는 것이 무엇인지, 즉 하나님을 경험한다는 것이 무엇인지에 대해 그분을 설교해야 할 목사가 좀 더 진지하게 생각해야 한다는 사실을 강조한 것뿐이다.

나는 역설적이지만 목사가 하나님을 경험하기가 일반 신자보다 더 어렵다고 생각한다. 이게 불행한 일이다. 목사 자신에게는 물론이고 그런 목사의 설교를 듣고 그런 가르침을 받아야 할 일반 신자에게도 그렇다. 일단 목사는 하나님에 대해서 관심이 없다. 목사들끼리 모여도 하나님에 대해서 이야기하지 않는다. 노회나 총회 모임이 있다고 하자. 수백 명, 수천 명 목사와 장로들이 모여서 주로 먹고 마시고 선거하고 회의를 한다. 이런 모임에서 삼위일체와 하나님 나라 또는 루터의 두 왕국설 등과 같은 주제의 특강을 듣고 질문하며, 소그룹으로 나눠서 대화하는 일은 일어나지 않는다. 기껏해야 상투적인 예배와 설교만 수행될 뿐이다. 하나님에 관해 실제적으로 관심이 없는 사람들이니 불행하지만 어쩔 수 없다. 다음과 같은 바르트의 호소는 오늘 우리에게도 그대로 유효하다. "교회 선포와 신학은 잡담도 아니고 자장가도 아니며, '그 선포가 사실인가, 정말로 그런가?' 하는 검증 요청에 굳이 붙잡히지 않아도 되는 선전 문구도 아니다"(『교의학 개요』).

목사가 하나님에 대해 관심이 없는 이유는 여러 가지다. 가장 결정적인 이유는 목사가 하나님을 정말 모르거나 오해하고 있다는 것이다. 모르거나 오해하고 있는 하나님을 매 주일 예배 때마다 전해야 하는 사람의 영적인 처지가 얼마나 궁색할지는 긴 설명이 필요 없다. 그런 방식으로 설교 행위를 유지할 수 없으니 결국 회중을 닦달하거나 비위 맞추는 방식으로 설교할 수밖에 없다. 이런 설교에 반복적으로 노출된 회중은 한편으로 자학 영성에, 다른 한편으로 값싼 은혜주의에 빠진다. 더 나아가 이게 어떤 사태인지도 모르는 경우가 허다하다.

목사가 하나님을 모른다는 말이 이상하게 들릴지 모르겠으나, 이건 아주 흔한 일이다. 우선 마태복음 15:14이 전하고 있는 예수님의 다음과 같은 말씀을 보라. "그냥 두라. 그들은 맹인이 되어 맹인을 인도하는 자로다. 만일 맹인이 맹인을 인도하면 둘이 다 구덩이에 빠지리라." 이는 당시 종교 전문가인 바리새인과 서기관들의 위선에 대한 예수님의 경고다. 그들은 율법의 전통에 대해서는 나름 박식했지만 율법의 본질에는 미숙했다. 자신이 알고 있는 종교의 정보에 매달린 채 그 정보가 가리키는 본질을 못 본 것이다. 이게 전문가가 빠지기 쉬운 함정이다. 목사도 여기서 예외가 아니다.

나는 십여 년 전인 이천 년대 중반 4, 5년 동안 대중적인 목사들의 설교를 분석하고 비평할 기회가 있었다. 그때 적지 않는 수의 목사가 하나님을 모른 채 설교한다는 인상을 강하게 받았다. 여기서 특정한 목사를 거론하지 않고, 대부분의 목사에게 해당되는 한 가지 주제만 언급하겠다. 부활이 그것이다. 그들은 예수님이 죽음의 권세를 극복하고 죽은 지 삼 일 만에 살아나셨으니, 우리도 그를 믿으면 부활의 생명을 얻는다고 설교했다. 틀린 말은 아니지만 성서가 전하는 부활이라는 사태 안으로 들어간 사람의 영적인 태도로는 턱없이 부족하다. 부활의 주님이 왜 믿지 않는 사람들에게는 현현하지 않았는지에 대해서 아무런 문제의식도 없고, 부활이 왜 종말의 생명의 선취인지에 대해서 아무런 느낌이나 해명이 없는 목사라고 한다면 부활의 경험이 없는 목사라고 봐야 한다. 부활의 경험이 없다는 것은 하나님 경험이 없다는 뜻이다. 신학적인 깊이가 없는 것은 어쩔 수 없다 치더라도, 최소한 지성인이라고 한다면 부활의 문제와 연관해서 생명의 신비에 대해서 뭔가를 말할 수 있어야 한다.

데이비드 고든 교수는 『우리 목사님은 왜 설교를 못할까』에서 미국 교회에서 평범한 설교나마 할 수 있는 목사가 30퍼센트 미만이라고 말했다. 훌륭한 설교자가 없다는 게 아니라 평범한 설교자가 태부족이라는 게 문제라는 것이다. 그가 말하는 평범한 설교는 최소한의 논리성이 확보된 설교다. 그의 주장은 한국교회에도 그대로 적용된다. 앞뒤가 맞지도 않고, 내용의 흐름도 없는 상태에서 "믿습니까?"라든지 "…하기를 축복합니다"와 같은 상투적인 멘트로 덧칠하는 설교가 대세를 이룬다. 그래도 신자들은 아멘을 외치며 은혜를 받는 시늉을 한다. 이는 파블로프의 개처럼 기독교 영성이 조건반사의 법칙에 떨어졌다는 증거가 아니겠는가. 설교자와 회중 모두 하나님 경험이 없어서 또는 왜곡되어 일어나는 현상이다.

목사가 하나님에 관해 관심이 없는 또 다른 이유는 교회의 구조적 문제다. 오늘날 한국교회는 일종의 기업체처럼 운용되고 있다. 기업의 목표는 이윤의 극대화다. 마찬가지로 교회도 성장 제일주의에 매몰되어 있다. 교회 성장 자체를 잘못이라고 말할 수는 없다. 성장에 관심을 두지 않는 것을 무조건 옳다고 말할 수도 없다. 문제는 그것이 절대 이념으로 작동해서 교회의 다른 주제를 블랙홀처럼 빨아들인다는 데 있다. 목사는 교회 당회원들을 비롯하여 회중으로부터 보이게, 보이지 않게 제기되는 교회 성장이라는 강박을 견뎌내기 힘들다. 교인 출석률이 떨어지거나 헌금 액수가 줄어드는 경우에 목사는 그 책임을 피할 수 없다. 거꾸로 교회가 양적으로 성장하기만 하면 목사의 다른 잘못은 다 묻힌다. 모든 교회가 다 그런 것은 아니지만 일반적으로는 그렇다. 교회의 이런 작동기제로 인해 목사는 오직 교회 성장에만 관심을 기울일 수밖에 없으며, 결과적으로 하나님에 대한 관심은 시나브로 줄어든다. 하나님이 밥 먹여주지 않으니, 어쩔 수 없다.

# 하나님 경험과 산행

우리는 지금 목회자이면서 설교자인 목사로서 하나님을 직면한다는 것이 무슨 뜻인지에 대해 이야기하고 있는 중이다. 목사가 하나님을 전하려면 자신이 먼저 하나님을 경험해야 하지 않겠는가. 하나님을 직면한다거나 경험한다는 것이 손에 잡히는 게 아니기 때문에 목사 자신도 그렇고 회중도 지금 설교하는 목사가 하나님을 경험한 사람 인지 분간하거나 판단하기 어렵다. 자기 자신도 착각할 수 있다. 그러나 웬만큼 영적인 시각이 열린 사람은 어느 정도 판단할 수 있다. 이 것은 영 분별의 은사에 속한다. 비유를 한 가지 들겠다.

여기 에베레스트 산을 오르는 사람이 있다고 하자. 정상까지 8848미터를 오르는 동안에 그는 여러 모습의 에베레스트를 경험할 것이다. 모든 모습이 다르다. 대충 눈요기만 하는 사람의 눈에는 큰 차이가 보이지 않겠지만 눈썰미가 날카로운 사람에게는 한 발자국 뗄 때마다 모든 장면이 새롭게 보일 것이다. 그가 경험하는 각각의 장면은 다르지만 모든 장면이 에베레스트 산이다. 계절에 따라서 달라 보인다. 시간에 따라서도 달라 보인다. 그뿐만 아니라 한 번 정상에 섰다고 하더라도 에베레스트를 다 아는 것이 아니다. 다시 오르면 그 산이 또 새롭게 다가온다. 그래서 참산악인이라고 한다면 산에 오르는 과정 자체를 늘 새롭게 경험하면서 동시에 산에 압도당한다.

사이비 산악인도 없지 않다. 그는 책과 동영상과 남에게 전해 들은 이야기를 섞어서 산에 대해 대중 강연을 할 수 있다. 입담이 좋으면 실제로 에베레스트를 올라간 사람보다 더 실감나게 전할 수 있다. 이런 활동을 통해서 돈도 제법 벌 수 있을 것이다. 그러나 그가 에베레스트를 경험해본 사람이 아니라는 사실은 변하지 않는다. 평소에는 적당하게 눈속임을 할 수 있겠지만 결정적인 순간에는, 그리고 언젠가는 정체가 드러나기 마련이다.

하나님 경험은 일종의 에베레스트 산 등반 경험과 같다. 우리 설교자들은 영적인 전문 산악인이다. 아마추어 등반가, 또는 산에 대해서 전혀 아는 게 없거나 관심이 없는 사람도 관심을 가질 수 있도록 자신의 경험을 생생하게 전해야 한다. 그렇지만 위에서 언급한 것처럼 실제로는 에베레스트에 올라가 본 적도 없으면서 남의 이야기만 듣고 전문 산악인 행세를 하는 사람처럼 하나님을 설교하는 목사도 많다. 당분간 남의 눈을 속일 수는 있겠지만 결정적인 순간에, 그리고 언젠가는 그 정체가 드러나기 마련이다. 재주가 있어 살아 생전에 발각되지 않으면 마지막 심판 때는 여지없이 정체가 탄로 날 것이다. 우리는 몽땅 마지막 심판대 앞에 벌거벗고 서야 한다.

## 압도당함

앞에서 나는 산악인과 목사의 공통점이 그 대상으로부터 압도당하는 것이라고 말했다. 압도당한다는 것은 논리와 이성과 감정을 포함하여 자신의 정체성에 관한 모든 것이 포기될 수밖에 없는 어떤 절대적인 사태를 가리킨다. 이런 경험이 없으면 단순히 직업으로서의 목사 역할은 감당할 수 있겠지만 하나님에 의해 압도당하는 경험을 통해서만 그 역할이 가능한 목사로서 살기는 힘들다.

현대인은 하나님에 의해 압도당한다는 말에 동의하지 않으려고 할 뿐만 아니라 그와 비슷한 것들을 불편하게 여긴다. 자신을 주체로 여기며 생각하고 살아가는 방식에 길들여졌기 때문이다. 자기를 확대하는 방식으로만 삶을 이해하고 경험한다는 말이다. 요즘 흔히 회자되는 단어가 다 그런 것이다. 긍정, 확신, 적극적 사유, 출세, 스펙, 경쟁, 연봉, 대기업, 일류대학 등등, 모든 사람이 자아를 강화하고 확대하는 데 모든 관심을 집중시키고 있다. 그것이 글로벌하게 인간 중심의 세계관으로 자리 잡았다. 지구를 인간 중심으로 개발하는 것을 문명 또는 발전이라고 한다. 이런 방식으로 세상을 이해하는 사람은 신앙마저도 자기를 나타내는 수단으로 여기기 때문에 다른 절대적인 힘에 압도당한다는 것을 기분 나쁘게 여긴다.

하나님께 압도당한다는 말을 현실 도피적이고 수동적인 삶으로 매도하면 곤란하다. 하나님께 압도당한 사람은, 세속의 삶을 포기하고 수도원에 은둔하는 수도승에게서 볼 수 있듯이, 겉으로는 소극적으로 사는 것 같지만 실제로는 오히려 더 적극적으로 사는 사람이다.

그들은 하나님께 압도당함으로써 하나님 이외의 것으로부터 자유롭기 때문이다. 에베레스트 산에 압도당한 사람이 세상의 모든 것으로부터 자유로운 사람인 것처럼, 하나님께 압도당한 목사도 세상의 모든 것으로부터 자유로운 사람이다. 그런 경험이 없다면 그는 아무리 신앙적 열정이 뜨겁고 인격적으로 고상해도 하나님을 설교할 준비가 덜 된 사람이다.

## 자기 축소

전문 산악인이 어떻게 에베레스트 산에 압도당하는지에 대해 내가 전문 산악인은 아니지만 상식적인 차원에서 몇 가지만 말하겠다. 이는 목사의 영성을, 즉 하나님을 직면함으로써 확보될 수 있는 목사의 영적 실존을, 더 정확히는 기독교인의 실존을 간접적으로나마 알아볼 수 있게 해줄 것이다.

높은 산에 오른 사람들이 똑같이 느끼는 감정은 자신이 너무 작다는 사실이다. 크고 높은 산 앞에 서면 자기는 없는 것과 마찬가지의 느낌을 받는다. 수백 미터 높이의 건물 앞에서 압도당하기도 하지만 그것은 8000미터 이상의 산 밑이나 정상에 섰을 때 느끼는 것과는 비교가 되지 않는다.

자기 축소가 영성의 단초다. 하나님을 경험했다는 사실을 확인할 수 있는 하나의 단서가 바로 자기 축소라는 말이다. 자기 축소는 사람의 본성에 위배된다. 사람은 인격의 높낮이에 상관없이 자기를 확대하려는 본성을 갖고 있다. 목사도 예외가 아니다. 겉으로는 자신을 낮추는 것처럼 보여도 그 내면에는 자기를 확대하려는 욕망이 강하다. 목사는 회중 앞에 자주 서야 하기 때문에 이런 위험성에 훨씬 자주 노출된다. 특히 중대형 교회에서 목회하는 목사는 더 그렇다. 그 사람이 유난히 이기적이거나 자기중심적인 사람이어서가 아니라 그냥 본성에 충실한 사람이어서 그렇다. 이런 점에서 목사로 산다는 것은 영적으로 위험을 자초하는 것이라고 할 수 있다.

자기 축소가 계속되어 완전히 무(無)로 떨어지는 게 바로 구원이다. 자기가 없는 상태가 곧 하나님과의 완전한 일치가 아니겠는가. 그럴 때 온전한 자유가 주어지기 때문이다. 이게 무슨 뜻인지 길게 설명하지 않아도 다 알 것이다. 자기가 무의 상태로 들어가면 자신에게 무슨 일이 일어나든지 걱정하지 않는다. 그럴 때만 하나님을 향한 온전한 신뢰가 가능하다. 이런 무화(無化)가 살아 있는 동안에 성취되기는 힘들다. 힘든 정도가 아니라 불가능하다. 그래서 우리 스스로 구원에 이를 수는 없다. 그런 무화에 이른 분은 하나님의 아들이신 예수 그리스도뿐이다. 그는 십자가 위에서 하나님으로부터 버림받은 상태를 경험한 분이기 때문이다.

## 생존의 바닥 경험

라인홀트 메스너(1944년 생)는 이탈리아 출신 산악인이다. 그는 1986년에 세계 최초로 높이 8000미터 이상 되는 히말라야 14좌를 정복했다. 사실 정복이라는 표현은 적절하지 않다. 품에 안겼다고 하는 게 맞다. 어쨌든 그는 무산소와 단독 등반으로도 유명하다. 일반적으로는 산악 전문가라고 하더라도 8000미터 이상 되는 산에 오르려면 주변의 도움을 많이 받아야 한다. 특히 네팔 현주민인 셰르파의 도움이 절대적이다. 셰르파들은 몇 군데 베이스캠프에 물품을 조달하는 작업만이 아니라 마지막 정상 정복 순간에도 함께한다. 산소가 희박한 정상에 서려면 산소통은 필수다. 보통 사람은 숨을 쉬기조차 힘들다고 한다. 메스너는 이런 도움이 없이 14좌를 올랐다고 해서 영웅으로 칭송받는다.

에베레스트 등반에서 필요한 것은 숨을 쉬고 체온이 유지되고 움직일 수 있는 최소한의 체력이다. 그중 한 가지만이라도 기능이 안 되면 곧 죽음이다. 거꾸로 이들에게는 이것 외에 더 필요한 것이 없다. 바로 이것이 생존의 바닥 경험이다. 에베레스트 산을 오르는 그들은 다른 생각을 하지 않는다. 할 수도 없다. 숨 쉬고, 혈액이 돌고, 손발이 움직이는 데만 신경을 쓴다. 이것이 생존할 수 있는 최소한의 조건이기 때문이다. 이런 일에만 몰두하기에 등반 과정은 그야말로 자유의 절정이다.

이런 경험은 어머니 자궁 속의 태아에게서 찾아볼 수 있다. 태아는 자궁에서 직접 숨을 쉬지는 못하지만 탯줄을 통해 어머니의 피를 공급받는다. 그리고 그 안에서 계속해서 손발을 움직인다. 그것이 태아에게 생존의 조건이다. 태아는 더 이상 필요한 것이 없기에 다른 것은 생각하지 않는다. 갓 태어난 신생아도 비슷한 경험을 할 것이다. 이런 경험 때문에 산악인들이 목숨을 담보한 채 산을 오르려는 게 아닐는지.

생존의 바닥에 대한 경험은 하나님 경험과 비슷하다. 높은 산에서 숨 쉬고 혈액이 돌고 몸을 움직일 수 있으면 더 이상 필요한 것이 없듯이, 하나님을 경험한 사람은 하나님 외에 더 이상 다른 것을 구하지 않는다. 다른 것에 눈을 돌릴 여유도 없고, 그럴 필요도 없다. 교회를 성장시켜야 한다는 부담감이나 노후 설계에 대한 염려도 하지 않는다. 지금 당장 숨 쉬는 것이 급한 사람에게 다른 것은 눈에 들어오지 않기 때문이다. 수도사들이 왜 세속을 버리고 유랑이나 고립된 수도원 생활을 선택했는지도 이런 데서 알 수 있다. 목사가 할 일이 많고 나름대로 할 일은 해야 하나, 기본적으로는 아무런 행위도 소유도 필요하지 않은 영적 바닥의 경험으로 부단히 돌아가야 한다. 사실 엄격하게 말해서 원하든 원하지 않든, 또는 노력하든 그렇지 않든 죽음을 통해 모든 사람은 바로 그 경험을 하게 되어 있다. 그걸 미리 현실로 살아내는 게 기독교 영성이 아니겠는가.

## 산의 허락을 받아야

산악인들이 에베레스트 산의 정상에 서기 위해 기울이는 노력은 극기(克己)로 표현될 수 있다. 당연히 초인간적인 체력과 정신력이 필요하다. 영하 수십 도 밑으로 떨어지는 높은 산에서 24시간 동안 잠도 안 자고 자일에 매달린 채 발을 내딛는다는 건 보통 사람의 힘으로는 불가능한 일이다. 이런 노력만으로 문제가 다 해결되는 게 아니다. 최악의 생존 조건에서 버텨낼 수 있는 첨단 장비와 인력의 도움을 받아야 한다. 준비가 완벽하게 갖춰졌다고 해서 정상 정복이 늘 성공하는 것도 아니다. 실패하는 경우가 더 많다. 그 이유는 예상하지 못한, 예상했다고 해도 불가항력적인 상황이 벌어진다는 데 있다. 눈사태를 만나면 운이 좋아야 목숨을 건져 돌아갈 수 있다. 가장 큰 문제는 날씨다. 정상에 올라가려고 잡았던 날 눈이 너무 많이 내리거나 바람이 너무 많이 불면 무조건 철수해야 한다.

에베레스트의 베이스캠프에는 돌과 나무 기둥과 알록달록 천 깃발로 된 제단이 있다. 주로 티벳 불교를 믿는 셰르파들은 본격적으로 산에 오르기 전 이곳에서 반드시 라마제(祭)를 올린다. 그들은 에베레스트를 신의 산으로 여기기 때문에 자신이 산에 오른다는 신고를 하는 것이며, 동시에 성공을 허락해달라고 간구하는 것이다. 셰르파의 도움을 받는 등반대원들도 이런 라마제에 참가한다. 그들은 산이 혹은 산의 신이 받아주지 않으면 정상에 설 수 없다는 사실을 온몸으로 알고 있는 것이다.

하나님 경험도 비슷하다. 우리는 최선을 다해야 한다. 교회생활과 개인의 경건생활, 그리고 신학 공부 등이 이런 일이다. 설렁설렁 놀이하듯이 에베레스트에 오를 수 없듯이 아무런 노력도 없이 하나님 경험은 가능하지 않다. 지난 이천 년 동안 위대한 신학자와 영성가와 신비주의자들이 어떤 노력을 기울였는지를 보면 이게 분명하다는 사실을 확인할 수 있을 것이다. 그러나 그런 노력만으로는 한계가 있다. 하나님의 은총이 없으면 하나님 경험은 불가능하다.

이런 설명이 모호하게 들릴지 모르겠다. 왜 어떤 사람에게는 하나님을 경험할 수 있는 은총이 내리고, 또 다른 사람에게는 은총이 내리지 않는지를 논리적으로 설명할 수는 없다. 에베레스트 산이 어떤 산악인에게는 허락하고, 또 다른 이에게는 허락하지 않는지를 논리적으로 설명하기 어려운 것과 같다. 이는 하나님의 영역이어서 사람이 간섭할 수 없다. 우리는 그저 기도하며 그 결과에 순종할 뿐이다.

## 가깝게, 멀게

에베레스트 산을 올라갔던 분의 다음과 같은 말이 기억에 생생하다. 등반을 하다보면 정상이 가까이 온 것처럼 보이다가 또 다시 멀어진다고 한다. 이해가 간다. 모든 정신적·육체적 에너지를 쏟아내면서 발을 내딛고 있는 사람에게 정상에 빨리 오르고 싶다는 갈망은 절대적이다. 그런 심리 작용으로 인해 정상이 어느 순간에 가깝게 보일 수도 있고, 또 어떤 때는 멀게 보일 수도 있을 것이다. 또 다른 요소도 있다. 거리 감각이라는 게 주변 환경과 밀접하게 연관되어 있다. 평평한 곳에서 바라볼 때와 계곡에서 바라볼 때 다르게 느껴진다. 가깝게 보일 때는 신이 나고 힘도 나겠지만 다시 멀어질 때는 힘도 떨어지고 신도 나지 않을 것이다.

하나님 경험도 이와 같다. 하나님이 늘 가깝게 느껴지지는 않는다. 가깝게 느껴질 때도 있지만 어느 순간에는 까마득하게 느껴진다. 이게 정상적인 신앙이다. 아무리 영성이 깊은 사람이라고 해도 예외가 없다. 하나님 경험이 늘 생생한 것처럼 말하는 사람은 뭘 모르거나 스스로 착각에 빠진 사람이다. 그런 사람을 따라가다가는 둘 다 망한다. 이에 대한 뾰족한 해결 방법은 없다. 정상이 더 멀어진 것처럼 보여도 좌고우면 없이 발을 내딛는 산악인처럼 분명한 방향을 정해서 구도정진의 태도로 밀고 나가는 것이 최선이다. 그러면 어느 순간 에베레스트 정상 바로 턱밑까지 도달한 자신을 발견할 것이다.

## 에베레스트 정상

에베레스트 등반의 최종 목표는 8848미터 정상에 서는 것이다. 정상에 서면 무엇을 만날 수 있을까? Nothing! 아무것도 없다. 에베레스트 산의 신령한 주인이 맞아주는 것도 아니다. 정상은 그냥 정상일 뿐이다. 거기서 다른 봉우리를 내려다볼 수는 있겠지만 그 외의 신비로운 어떤 것을 발견할 수도 없다. 정상은 무(無)다.

하나님 경험도 산악인의 에베레스트 정상 등반 경험과 같다. 거기에는 아무것도 없다. 더 정확하게 말하면, 우리가 상상하거나 기대하는 것은 없다. 우리가 세상에서 욕망하던 것들을 만날 수 없다. 혹은 욕망이 투사된 어떤 것도 만날 수 없다. 돈을 얻는 것도 아니고, 건강을 얻는 것도 아니고, 출세를 보장받는 것도 아니고, 특별한 능력을 얻는 것도 아니다. 단지 하나님만이 신비롭게 존재할 뿐이다. 따라서 하나님 경험은 무(無)경험이나 마찬가지다.

그렇다면 에베레스트 정상에 아무것도 없기만 한 것일까? 아니다. 거기에는 정상에 서보지 않은 사람은 경험할 수 없는 어떤 것이 있다. 그것은 말로 설명이 불가능한 경험이다. 그것은 에베레스트만이 정상에 오른 사람에게 줄 수 있는 것과 같은 유의 고유한 선물이다.

하나님 경험에서도 우리는 그런 선물을 받는다. 그 선물은 받아보지 않은 사람은 상상할 수 없는 것이다. 그리고 그것은 말로는 설명이 안 되는 절대적 사건이다. 하나님을 직면한 사람에게만 하나님의 능력으로 주어지는 고유한 선물이다. 그게 뭘까? 모든 것을 포기하고 하나님만을 향했을 때, 그런 지향이 완성될 때 주어지는 생명의 실체가 아닐는지. 그런 약속이나 희망이 아닐는지.

## 하산

에베레스트 정상에 도달한 사람은 그곳에 오래 머물 수 없다. 경우에 따라 다르겠지만 한두 시간 이상 머물기는 어려울 것이다. 참으로 허무한 일이긴 하다. 정상에 오르려고 기울인 노력에 비하면 그 시간이 너무 짧다. 여러 날은 아니라 해도 만 하루 정도 머물면서 정상에서의 희열을 누릴 수 있으면 오죽 좋겠는가. 그런데 올라가자마자 곧 내려와야 한다니.

　하나님 경험도 비슷하다. 절대타자, 누미노제, 궁극적 관심, 만사를 규정하는 현실성, 종말의 힘, 창조의 능력, 부활의 영 등으로 표현되는 하나님 경험이 계속해서 그대로 유지되는 건 아니다. 그런 경험은 일시적일 뿐, 오히려 일상이 지속적이다. 우리가 일상에서 하나님을 늘 생생하게 경험하는 것이 아니다. 물론 우리가 의식하지 못하는 중에도 하나님은 일상을 통치하지만 우리가 그것을 민감하게 느끼지는 못한다. 오히려 하나님 없는 경험을 훨씬 많이 한다. 서로 또는 스스로 싸우고, 속 끓이고, 화내고, 섭섭해하고, 허무해하고, 지루해한다. 어쩔 수 없다. 인간은 실낙원의 현실에서 하나님 없이 살아갈 수밖에 없다. 그걸 억지로 해결하려 들면 상황을 더 악화시킬 것이다.

　산악인들에 관한 이야기 중 가장 안타까운 것은 정상에 올랐다가 내려오면서 조난을 당해 목숨을 잃는 이야기다. 내려오는 것도 올라가는 것 못지않게 힘들다는 의미다. 올라갈 때보다는 내려올 때의 집중력과 긴장감이 아무래도 떨어진다는 것이 하나의 이유가 아닐는지. 올라갈 때 자칫 모든 체력을 소진해버렸을 수도 있다. 체력이 떨어지면 집중력도 떨어질 뿐만 아니라 유사시의 대응 능력도 떨어진다. 눈사태나 눈보라를 만나는 건 불가항력이다. 이런저런 이유로 겨우 목숨을 부지했으나 장애로 돌아오는 경우도 적지 않다고 한다.

하나님 경험은 신비 경험이다. 변화 산 이야기에서 제자들은 모세와 엘리야가 예수와 함께하는 이상한 현상을 목도했다. 그들은 그 황홀 경험을 놓치고 싶지 않았다. 그 시간에 산 아래에서는 다른 제자들이 간질병 소년 앞에서 무기력한 모습을 보이고 있었다. 그게 인간의 현실이다. 황홀한 경험에서 고통의 현실로 내려올 때 영적인 위험이 도사리고 있다. 그 위험도 에베레스트 정상에서 내려올 때의 경우와 비교될 수 있다. 영적인 긴장감과 집중력과 현실감각 등이 유지되지 못하면 건강한 신앙생활은 불가능하다. 대표적으로는 사이비 이단 교주들이 이에 해당한다. 박태선, 문선명을 비롯해서 내로라하는 교주들은 나름 종교적 체험이 깊은 사람이었지만 자신의 종교 경험을 객관적으로 성찰하지 못하고 자기를 열광적으로 추종하는 사람들에게 휩싸임으로써 종교적 퇴행의 길을 가게 되었다. 비슷한 현상이 정통 교회에서도 얼마든지 일어날 수 있다. 아니 일어날 수 있는 정도가 아니라 다반사로 일어나고 있다.

## 산이 부른다

지금은 고인이 된 영국 출신의 어느 유명 산악인이 왜 에베레스트에 오르려고 하느냐는 기자들의 질문에 "산이 거기 있으니까"라는 우문 현답을, 또는 선문답을 했다고 한다. 언어가 말을 거는 경험을 하는 시인처럼 산악인은 산이 부르는 경험을 한다. 그런 경험이 없다면 생명을 담보해야만 하는 행위를 반복할 수 없다. 이는 마치 마약과 같아서 그걸 맛본 사람으로 하여금 다른 사람은 전혀 이해되지 않는 행동까지 하게 만든다.

마약처럼 인간의 영혼을 완전히 제압하는 산행의 맛은 표현하기에 따라서 다르겠지만 일단 절대 희열이라고 봐도 된다. 왜냐하면 그것은 산 외의 어떤 다른 대상을 통해서도 주어지지 않는 경험이기 때문이다. 이는 배타적이고 독보적인 경험이다. 만약 그것과 비슷한 것을 다른 데서도 맛볼 수 있다면 굳이 목숨을 걸고 산에 오르지 않을 것이다.

오늘날 목사들은 산의 부름을 피할 수 없는 운명을 지닌 산악인처럼 하나님을 절대적인 희열로 경험하고 있을까? 당연히 그래야 하지만 실제로는 그렇지 못한 경우가 훨씬 많을 것이다. 기독교 신앙을 자본주의 이데올로기와 동일시하거나 종교적 교양의 차원으로만 아는 목사가 수두룩하다. 그런 것으로는 절대 희열을 경험할 수 없다. 그래서 영혼의 중심이 계속 흔들린다. 달리 말하면 끊임없이 한눈을 판다. 목회 성공에 매달리고 교회 정치에 휩쓸린다. 그러면서도 내면의 영적인 만족을 누리지 못하니까 밖으로부터 무언가를 채우기 위해서 동분서주한다. 한국교회 목사들이 공연한 일로, 또는 별로 본질적이지 않은 일로 얼마나 바쁘게 사는지 아는 사람은 다 알 것이다.

하나님을 절대 희열로 경험한다는 것이 구체적으로 무엇인지 질문하고 싶은 분도 있을 것이다. 그게 겉으로 표시 나는 건 아니다. 얼굴이 유달리 붉게 빛난다거나 목소리가 매력적으로 변하는 것이 아니다. 인간적인 실수를 전혀 행하지도 않고 마음에 들지 않는 사람까지 포함해서 모든 사람을 그리스도의 사랑으로 대할 수 있는 능력이 갑자기 주어지는 것도 아니다. 모세도 하나님을 직접 경험했지만 여전히 자기 성질을 다스리지 못했고, 실수도 여러 번 했다. 하나님을 절대 희열로, 즉 생명의 충만감으로 경험한다는 것은 하나님 외의 모든 것으로부터 단절되는 상황마저 두려워하지 않는 영적 역동성을 가리킨다. 이를 검증할 수 있는 하나의 방법은 다음과 같다. 하루, 이틀, 더 나아가 일주일이나 한 달 또는 일 년이나 그 이상 아무도 없는 곳에서 홀로 존재의 기쁨을 누릴 수 있는지를 보면 된다. 이것은 곧 하나님만으로 삶을 견뎌낼 수 있는가에 대한 검증이다.

## 산에 대해 말하라

지금까지 에베레스트 등반을 비유 삼아 하나님 경험에 대해 설명했다. 산에 압도당하는 산악인들처럼 목사는 하나님께 압도당해야 한다는 사실을 전하려는 것이었다. 글자로 보면 산은 신보다 아주 짧은 획 하나가 더 붙었을 뿐이다. 산 경험과 신 경험이 비슷하다는 의미로 새길 수 있다. 어쨌든지 목사는 줄기차게 산을 오르듯이 신에게 가까이 가고, 다시 산을 내려오듯이 세상 안으로 들어가야 한다.

하나님 경험은 설교자에게는 당위다. 그것 없이는 설교자로 살아갈 수 없다. 왜냐하면 설교 행위는 하나님(만)을 전하는 것이기 때문이다. 이게 뻔한 말 같지만 실제로는 그렇지 않다. 어떤 목사들은 하나님을 설교하지 않는다. 하나님이라는 단어를 설교 시간 내내 쏟아낸다고 해서 하나님을 전하는 것이 아니다. 대개는 하나님 자체가 아니라 그분을 만나라고 강요하거나 그분을 만났을 때 얻게 되는 이득에 대해서만 전한다. 이는 마치 에베레스트를 올라가본 적이 없으면서도 산행에 대해 들은풍월만 전하는 사람과 비슷한 형국이다. 이런 사람은 청중에게 산행을 통해 얻게 되는 유익을 그럴듯하게 나열한다. 부부가 함께 산행하면 금슬이 좋아진다는 방식으로 우스개 소리를 섞어가면서 귀가 솔깃하게 말할 수 있다. 이런 강연에 청중이 아무리 뜨거운 반응을 보인다고 하더라도 그것이 산 자체에 대한 설명이 아니라는 사실, 그리고 그가 에베레스트를 전혀 모른다는 사실은 변하지 않는다. 설교자는 무엇보다도 하나님 자신을 설교해야 한다.

다음과 같은 반응을 보일 분도 있을 것이다. 그렇게 하나님만을 설교하면 청중이 설교를 어려워한다고 말이다. 옳은 말이다. 청중은 하나님에 대해 관심이 적거나 없다. 자신에게만 관심이 있다. 이게 기독교인의 자기모순이자, 자기분열적 모습이다. 자신에 대한 관심을 줄여야만 하나님 경험이 가능한데, 내면적으로는 끊임없이 자신에게 관심을 기울이면서 겉으로는 하나님을 믿는다고 주장한다. 그러나 이게 회중의 진면목이라 하더라도 설교자는 회중의 영적 눈높이에 그대로 머물러 있어서는 곤란하다. 회중을 핑계로 하나님을 설교하지 않는다는 것은 자신이 하나님에게 압도당한 경험이 없다는 증거다. 내 생각과 경험에 따르면 회중이 귀를 기울이지 않는다고 하더라도, 설교자가 올바른 방향을 바라보고 있으면 그리고 거기에 영적 진정성이 있으면 결국 회중도 그 방향을 바라보게 된다. 문제는 결국 설교자의 하나님 경험에 어느 정도의 깊이가 있느냐 하는 것이다. 이런 점에서 설교자는 자기가 마실 영적 샘물의 깊이를 더 깊게 파는 일에 우선 매진해야 할 것이다. 생수를 마셔보지도 못한 사람이 생수를 선전해대는 모습이라니!

# 하나님 경험과 시 경험

하나님 경험은 설교자인 목사만이 아니라 기독교인 모두에게 필수다. 기독교인의 삶은 바로 이것에 의해서만 평가될 수 있다. 이는 마치 소리를 배우는 소리꾼의 운명이 득음에 따라 좌우되는 것과 같다. 문제는 하나님 경험이 물건처럼 손에 잡히는 것이 아니라는 데 있다. 그래서 하나님 경험을 전혀 못하는 사람도 있고, 오해하는 사람도 있고, 실제로는 하나님 경험이 있었지만 그걸 의식하지 못하는 사람도 있다. 하나님 경험이 무엇인지, 그리고 그것을 어떻게 할 수 있는지에 대한 대답은 단답으로 주어지지 않는다. 『목사 공부』는 바로 그 답을 찾아가는 과정 중 하나인 셈이다.

## 시인이 되라

앞에서 하나님 경험을 산행과 비교해 설명했다. 이번에는 하나님 경험을 시 경험과 비교해 설명하겠다. 시 경험이 산행 경험보다는 하나님 경험을 설명하는 데 더 적합해 보인다. 왜냐하면 양자 모두 기본적으로 언어 행위에 속하기 때문이다. 나는 우선 설교자들에게 "시인이 되라"고 말하겠다. 이 말을 실제로 시인이 되라는 말로 오해할 이는 없을 것이다. 실제로 시를 쓰라는 게 아니라 시인의 영성을 확보하라는 것이다. 시인의 마음, 시인의 통찰력, 시인의 언어 능력, 시인의 공감 능력 등이 없으면 하나님을 경험할 수 없기 때문이다. 단도직입적으로 말해 시인의 영적 시각이 없으면 성서를 읽을 수도 없고, 이해할 수도 없고, 해석할 수도 없다. 이 사실을 나는 횔덜린, 릴케, 하이데거, 조병화, 고은, 안도현, 황지우 등에게서 배웠다. 더 근본적으로는 구약의 시편 저자들에게서 배웠다. 따지고 보면 성서 저자들은 모두 시인이다. 성서 저자가 하나님의 은폐성을 경험하고 그것을 텍스트로 풀어낸다면, 시인은 생명의 은폐성을 자신의 고유한 언어로 형상화한다. 양쪽 모두 다른 사람들이 눈여겨보지 못하는 세계를 보았다는 점에서 비슷한 영혼의 소유자다.

시편 중에서 가장 많이 읽히는 것이 23편이다. 내가 만약 목사 고시의 설교학이나 조직신학 논술시험 담당자라고 한다면 이렇게 문제를 낼 것이다. "시편 23편 저자의 하나님 경험을 A4 다섯 장으로 약술하라." 앉은 자리에서 쓰되, 시간은 5시간이다. A4 다섯 장이면 200자 원고지 50장 가까운 분량으로 주일 공동 예배의 설교 한 편에 해당한다. 목사 고시를 준비하거나 이미 통과한 젊은 목사들이 이런 작업을 수행할 수 있을까? 이게 가능하지 않으면 설교자로 나설 생각은 접는 게 좋다. 그런 사람은 신자들을 신앙적으로 돌보고 교회 행정을 처리하는 목회자로 살면 된다. 그런 역할도 설교자의 역할 못지않게 중요하다.

내가 목사 고시를 거쳐야 할 후보생의 입장에서 시편 23:1만 설명해보겠다. "여호와는 나의 목자시니 내게 부족함이 없으리로다." 일단이 시인이 야웨를 인식하고 있다는 사실에 주목하라. 이게 당연한 것같지만 그렇지 않다. 그가 입에 올리고 있는 야웨는 도대체 누군가? 이스라엘 종교 전통이 말하는 그 하나님인가? 시인은 이스라엘 영성의 역사에 서 있으니 당연히 그런 하나님을 인식하고 있을 것이다. 그러나 이스라엘 역사에서 이해되고 진술된 그리고 묘사된 하나님 표상이 한 가지만이 아니고, 서로 일치하는 것만도 아니라는 사실을 인정해야 한다. 여러 표상이 충돌하면서 하나님 신앙의 형성에 영향을 끼쳤다. 시인은 야웨를 목자라고 노래한다. 이것은 유목민인 고대이스라엘 사람들에게 생생한 비유다. 양은 목자와의 관계에서만 참된 안식을 경험한다. 양은 직접적으로 무엇을 먹을까 마실까 하는 염려를 하지 않아도 된다. 목자와의 관계가 끊어지지 않기만 한다면 그모든 염려가 해결되기 때문이다. 그래서 시인은 "내게 부족함이 없으리로다"고 노래한다. 이것은 역설이다. 고대 이스라엘 사람들은 실제로 부족하게 살았다. 그들만이 아니라 고대인은 누구나 그랬다. 지금도 가난한 사람은 인생의 많은 시간을 돈 버는 데 사용하다. 그래도 늘 뭔가가 부족하다. 야웨가 목자이기에 부족한 게 없다는 시인의 진술은 먹고사는 문제가 실제로 넉넉해진다는 말이 결코 아니다. 시편 23편 저자는 도사처럼 그런 부족한 상황을 간단하게 초월할 수 있다는 것도 아니다. 단지 인생살이의 모든 것을 압도하는 절대적인 힘을 경험했기 때문에 이런 말을 할 수 있다. 그 압도하는 힘이 무엇인지를 정확하게 포착해야만 우리는 시인의 영성에 참여할 수 있을 것이다. 21세기를 살아가는 현대인은 인류 역사에서 물질적으로 가장 풍요로운 시대를 살고 있으면서도 뭔가가 늘 부족하다고 느낀다. 소유가 늘어나면 결핍이 해결되는 게 아니라 오히려 상대적 박탈감이 더 강해진다. 인간은 영적인 존재이기 때문이다. 영적인 존재가 무슨 뜻인지를 설명하려면 기독교적인 인간 이해가 필요하다. 조직신학적 사유 훈련은 설교자에게 아무리 강조해도 지나치지 않다. 문학적인 관점에서 설명하려면 톨스토이의 『인간은 무엇으로 사는가』를 보충해도 좋을 것이다.

이런 방식으로 6절까지 풀어가기 시작하면 A4 다섯 장을 채우는 것이 그리 어렵지는 않다. 이런 작업에서 무엇보다 중요한 것은 시편 저자의 영혼을 이해하는 것이다. 그게 영적인 시인이 되는 길이기도 하다.

## 시인의 영혼

여기서 시인의 영혼이라는 것이 도대체 무엇일까? 나는 일단 이렇게 대답하겠다. 인간 생명의 가장 깊은 차원에서 현실을 초월할 뿐만 아니라 현실을 근원적으로 견인해낼 수 있는 인간의 구성 요소다. 물론 이것이 영혼에 대한 유일한 대답은 아니다. 아마 다른 사람은 달리 대답할 것이며, 나 자신도 또 다른 방식으로 대답할 수 있다. 예를 들어 영혼은 한 사람의 정체성을 다른 이들과 구별할 수 있게 하는 인간의 본질이라거나, 하나님과의 소통을 가능케 하는 생명 현상, 또는 이 세상의 어떤 세력에 의해서도 파괴되지 않는 생명의 궁극적인 토대라고 표현해도 된다. 이런 표현들이 어렴풋하게만 이해가 되지 실질적으로 이해되지 않는 사람도 있을 것이다. 이걸 넘어서는 게 신학 공부이며, 영성 훈련이다.

영혼이 무엇인가에 대한 대답을 여러 가지로 표현할 수 있다는 것이 무엇을 가리키는지 생각해보라. 한 사람이 인식하고 경험한 영혼의 깊이가 다르다는 게 그 대답이다. 앞에서 비유로 든 산행 이야기를 다시 해보자. 에베레스트 등반에서 베이스캠프에만 올라갔던 사람과 정상에 오른 사람의 에베레스트 경험은 다를 수밖에 없다. 똑같이 에베레스트 정상에 올라갔다고 하더라도 그 사람의 산 이해에 따라 에베레스트는 다르게 경험된다. 이는 인간의 모든 경험에 해당하는 이야기다. 테니스나 바둑도 마찬가지다. 아마추어 5급 실력인 바둑 동호인과 프로 9단의 전문 기사에게 바둑은 전혀 다른 차원으로 경험된다. 똑같이 프로 9단이라고 하더라도 그 사람의 바둑에 대한 이해와 경험에 따라 바둑은 다르게 경험된다. 인간이 영적인 존재이기 때문이다.

사람과 달리 컴퓨터나 동물의 세계 경험은 늘 기계적이다. 침팬지에게 자전거 타는 기술을 가르쳤다고 하자. 침팬지는 그 기술을 단순히 반복할 뿐이다. 아무리 많은 걸 가르쳐도 배운 것 이상의 차원에, 즉 자전거 타기의 미학 수준에는 이를 수 없다. 그들에게 영혼이 없다는 증거다. 물론 동물에게 영혼이 없다는 사실을 단정적으로 말하기는 어렵다. 우리가 알지 못하는 방식으로 그들도 세상의 깊이와 신비를 미미하게나마 경험할지도 모르기 때문이다. 그러나 그들이 그런 경험을 인간처럼 문화, 예술, 언어 등으로 표현하지 못한다는 점에서 볼 때 영혼이 없다는 것만은, 더 정확히 말해 인간에게 나타나는 그런 유의 영혼 현상이 없다는 것만은 분명하다.

시인은 영혼의 활동이 다른 사람들에 비해 훨씬 예민하고 강력하다. 그래서 다른 사람이 못 보는 것을 보고 못 듣는 것을 듣는다. 영혼의 주파수가 다르다고 보면 된다. 그래서 그들의 말과 행동이 보통 사람들에게는 이상하게 보일 수 있다. 이것은 다른 경우에도 비슷하다. 바둑을 예로 들어보자. 바둑판은 아주 단순하다. 가로 세로 열아홉 줄로 된 모눈종이 형식으로 되어 있다. 모눈이 324개이고, 교차점이 361개다. 흑과 백으로 된 바둑돌을 한 개씩 차례대로 교차점에 놓는 방식으로 게임이 진행된다. 이 바둑판 위에 바둑의 고유한 길이 있다. 그걸 정석이라고 한다. 실제 시합에서는 정석으로만 진행되지 않고 무궁무진하게 변형된 길이 새롭게 열린다. 아마추어가 보는 길과 프로가 보는 길은 비교가 안 된다. 프로의 주파수가 훨씬 예민하고 강력해서 이들의 수(手)를 아마추어는 이해하지 못할 때가 많다.

시편 23편을 다시 보자. 그는 "여호와는 나의 목자"라고 노래했다. 야웨를 자신의 존재의 근거로 인식한 것이다. 이런 인식이 누구에게나 가능한 건 아니다. 이것은 영혼의 깊이에서 어떤 사건이 일어났을 때만 가능한 고백이다. 목사가 자기도 하나님을 그렇게 인식하고 믿는다고 말할지 모르겠다. 그럴 수 있다. 목사는 그래야 한다. 그러나 그게 지금까지 학습된 것에 불과하지 자신의 영혼이 거기에 몰입되는 경험은 아닐 수 있다. 학습된 것, 더 정확하게 말해 길들여진 것과 영혼의 깊이에서 깨우친 것과는 구분되어야 한다. 교회가 제공해주는 각종 언어를 세련되게 구사하고 종교의식을 열정적으로 수행할 줄 안다고 해서 그의 영혼이 살아 있다는 사실이 무조건 보장되는 것이 아니기 때문이다.

성서 저자들의 영혼은 거역할 수 없는 압도적인 힘에 사로잡혔다. 그래서 자신을 둘러싸고 있는 현실에 지배받지 않을 수 있었다. 문제는 그 압도적인 힘이 손으로 확인할 수 있는 것이 아니라는 사실이다. 그것은 자칫하면 신경과민이라는 병적 현상으로 떨어질 수도 있다. 귀신에 사로잡힌 현상과도 비슷하다. 압도적인 힘에 사로잡힌다는 것은 그래서 양날의 칼처럼 위험하다. 겉으로 나타나는 현상은 비슷하지만 결과는 정반대다. 한쪽은 생명을 풍요롭게 하고, 다른 한쪽은 생명을 파괴한다. 성서 저자들의 영혼은 성령의 압도적인 능력으로 인해 생명의 풍요로움에 사로잡혔다.

우리 기독교인은 모두가 영혼의 풍요로움을 갈망한다. 특히 목사는 다른 이들에게 영혼의 기쁨, 자유, 평화 등으로 표현될 수 있는 기독교 영성의 세계를 안내하는 사람이기에 자신이 먼저 그것을 인식하고 경험해야만 한다. 그런 경험이 자신에게 있었는지, 그리고 지금도 그런 경험이 계속되고 있는지 반성해야 한다. 이를 위해서 우선 영혼의 풍요로움에 대한 작은 오해 두 가지를 짚겠다.

첫째, 영혼이 풍요로운 사람은 내면의 갈등을 전혀 겪지 않는다는 것은 오해다. 아무리 기독교 영성의 깊은 세계에 들어간 사람이라고 하더라도 그 내면에서 요동치는 갈등은 상대적으로 줄어들 뿐이지 사라지지 않는다. 그 이유는 우리가 피조물이라는 영적 실존을 벗어나지 못했다는 데 있다. 피조물은 존재 근거가 내부에 있는 게 아니기 때문에 밖으로부터 계속해서 무언가를 공급받아야 한다. 그런 공급이 원활하지 못할 때 갈등을 겪는다. 이것은 예수를 믿어도 어쩔 수 없다. 삶에서 불안과 허무를 느낀다. 바울은 로마서 7:23에서 이렇게 고백한 적이 있다. "내 지체 속에서 한 다른 법이 내 마음의 법과 싸워 내 지체 속에 있는 죄의 법으로 나를 사로잡는 것을 보는도다." 모르긴 해도 바울 역시 목숨이 끊어지는 순간까지 자기 내면의 충돌을 생생하게 경험했을 것이다.

둘째, 영혼이 풍요로운 사람은 다른 사람과 충돌하지 않는다는 것도 착각이다. 기독교 영성의 깊이로 들어간 사람은 자기 이익을 도모하려고 이전투구에 빠져들지는 않지만, 그렇다고 해서 좋은 게 좋다는 식으로 무조건 싸움을 피하지는 않는다. 이는 진정한 의미에서의 평화가 아니다. 기독교가 말하는 평화는 훨씬 적극적이다. 경우에 따라서 신자는 기꺼이 싸운다. 다시 바울을 예로 들겠다. 갈라디아서에 따르면 바울은 갈라디아 교회에 침투하여 토라와 할례까지 포함된 복음을 전하는 사람들을 강하게 비판했다. 심지어 그들을 저주했다. 그는 자기가 원래 전했던 순수 복음 외에 다른 복음을 전하면 저주를 받으리라고 일갈하면서 다음과 같이 자신의 입장을 피력했다. "이제 내가 사람들에게 좋게 하랴, 하나님께 좋게 하랴. 사람들에게 기쁨을 구하랴. 내가 지금까지 사람들의 기쁨을 구하였다면 그리스도의 종이 아니니라"(갈 1:10). 그리스도의 영으로 영혼이 풍요로운 사람은 진리에 대한 열정이 강하기 때문에 경우에 따라서는 투쟁적일 수밖에 없다.

위에서 언급한 두 가지 오해에 빠지지만 않는다면, 영혼의 풍요로

목사 공부

움이 우리의 삶을 실제로 풍요롭게 한다는 것은 아무리 강조해도 지나치지 않다. 여기에 근거가 있을까? 풍요롭다는 것은 실제로 많은 것을 소유하고 있다는 게 아니라 더 이상의 필요를 느끼지 않는다는 뜻이다. 소유가 차고 넘친다 하더라도 끊임없이 뭔가를 더 채우려고 한다면 그는 풍요로운 사람이 아니다.

이는 이미 예수님이 산상수훈에서 말씀하신 것이다. 그분은 무엇을 먹고 마시고 입을까 하는 염려를 하지 말고 하나님 나라와 그의 의를 구하라고 하셨다. 그렇게 살면 하나님께서 일상에 필요한 모든 것을 채워주신다는 것이다. 이 말씀을 하나님을 잘 믿으면 최소한 먹고살 정도의 물질을 실제로 주신다는 뜻으로 받아들여도 잘못은 아니지만, 이 말씀은 훨씬 근원적인 것이다. 이는 하나님 나라를 갈망하는 사람은 다른 것을 더 이상 필요로 하지 않게 된다는 뜻이다. 거꾸로 하나님 나라 밖에서는 참된 만족을 얻을 수 없다는 뜻이기도 하다. 하나님 안에서 안식을 얻기까지 어디서도 안식을 얻지 못했다는 아우구스티누스의 고백도 이런 차원이다.

천민자본주의 이데올로기가 공고화된 한국사회에서 살아가는 우리는 이런 영혼의 풍요와는 담을 쌓고 살아간다. 재물이 신이 되었다. 이런 데 대해 문제의식이 있는 사람도 여기서 벗어날 길이 없다. 그런 구조와 함께 그냥 굴러간다. 하나님과 재물을 겸해서 섬길 수 없다는 예수님의 말씀을 따르고 있는 교회도 세상과 다를 게 하나도 없다. 오히려 세상보다 더하면 더했지 덜하지 않다. 사업을 확장하고 이익을 극대화하는 데 골몰하는 기업처럼 교회도 외형적 성장에 매진한다. 영혼의 안식과 영혼의 풍요와 자유에는 아예 관심이 없다. 이런 데 대해 문제의식이 있는 목사도 이런 구조에서 벗어날 길이 없다.

다른 이들도 동의하겠지만 한국교회는 영혼의 풍요와는 거리가 멀다. 실제로 교회생활을 하는 많은 신자가 영혼의 만족을 모른다. 영혼이 빈곤하다고 말하는 게 옳을 것이다. 그리고 이것이 어떤 사태인지조차 느끼지도 못하고 있다는 것이 더 큰 문제다.

한국교회가 영적으로 풍요롭지 못하다는 말에 이의를 제기할 분도 있을 것이다. 표면적으로만 보면 한국교회는 영적으로 아주 역동적이다. 세계에서 가장 큰 교회가 한국에 있다. 요즘 통계는 어떤지 모르나 그 교회는 수년 전에 교인이 70만 명이었다. 교파별로 가장 큰 교회가 모두 한국에 모여 있다. 세계 10대 교회 중 다섯 개 이상이 한국에 있다고 한다. 한국교회 신자들은 유달리 헌금도 많이 하고, 기도도 많이 하고, 극성스러울 정도로 예배에 집착한다. 일주일에 두 세 번은 보통이고, 매일 새벽 기도회에 출석하는 이도 제법 된다. 교회 행사는 오죽 많은가. 한 교회에서 실시하는 특별 새벽 기도회에 매일 수만 명이 출석하는 일까지 벌어진다. 수백억 원 이상 들어가는 교회당을, 때로는 수천억 원 이상 들어가는 교회당을 건축한다. 미국교회 다음으로 해외 선교사를 많이 보내는 나라가 대한민국이다. 동시에 우리는 교파 분열에서도 세계 최고이며, 교회의 빈익빈부익부 현상도 세계 최고다.

나는 한국교회의 이런 현상을 무조건 부정적으로만 생각하지는 않는다. 교회가 일단 역동적이라는 점은 높이 사야 한다. 은퇴자들이 주로 교회에 나오거나, 특별 절기에 맞춰 뜨문뜨문 교회에 나오는 유럽 교회를 건강하다고 말할 수는 없다. 교회 공동체를 위해 헌신하는

　　　　　　　　　　　　　　　　　　　　　　　목사 공부

이가 많다는 것도 한국교회의 좋은 점이다. 그러나 신앙의 역동성도 지나치면 모자란 것만도 못한 것 아닌가. 과유불급!

내가 보기에 한국교회의 표면적인 풍요는 거품이 많이 끼어 있다. 많이 끼어 있는 정도가 아니라 어쩌면 몽땅 거품일지도 모른다. 어느 시대, 어느 나라 교회나 거품이 없을 수는 없다. 그리고 커피나 맥주처럼 어느 정도의 거품은 있어야 교회도 제맛을 낼 수 있다. 문제는 우리에게 거품이 지나치게 많다는 것이다. 바꿔 말해서 신앙의 내용이 부실하다는 뜻이다. 예를 들어 남북 분단의 문제 앞에서 한국교회가 무기력하다는 데서 이를 확인할 수 있다. 개신교 목사들의 신뢰도가 로마 가톨릭 사제와 불교의 승려에게 미치지 못한다는 점도 또 하나의 간접적인 증거다.

다른 문제는 접어두고 목사의 영혼이 얼마나 풍요로운지를 살펴보는 것이 이를 확인할 수 있는 가장 빠른 길이다. 지금 목회 행위를 통해서 영혼의 풍요를 경험하는 목사는 그렇게 많지 않다. 목회 현장은 시쳇말로 막장을 방불케 한다. 먹고살 수만 있다면 목회 현장을 당장이라도 떠나고 싶은 목사도 적지 않을 것이다. 아니면 자신의 영적 실존이 처한 상황을 파악조차 못할 정도로 어딘가에 길들여져 있거나.

## 시의 본질 추구

한국교회는 구조적으로 영혼의 풍요를 추구하지 못하게 되어 있다 해도 과언이 아니다. 직책상 교회 구조의 중심에 자리하고 있는 목사는 그 절박한 상황을 온몸으로 감내하고 있다. 이런 상황에서 목사의 영혼이 살아나려면 각자도생 식으로 구도의 길에 나설 수밖에 없다. 그런 목사가 많아지면 구조까지 시나브로 변하지 않겠는가. 한편으로 구조가 변하지 않는다고 하더라도 그런 길을 가는 것만으로도 목사의 영혼은 풍요로울 수 있으니 마땅히 그 길을 가야만 한다. 그런 길의 모색이 "목사 공부"이며, 이 대목에서 설명하고 있는 시인의 영혼을 배우는 것이다. 시인의 영혼은 어떤 특징이 있을까? 시인의 말을 빌리는 방식으로 몇 가지 대답을 찾아보겠다.

조병화(1921-2003) 시인은 1960년대 초 경희대학교 교수로 있을 때, 이미 그전부터 알고 지냈을 것으로 추정되는데, 대학원 학생이었던 김대규와 십여 년에 걸쳐 편지 교환을 했다. 그걸 묶어낸 책이 『시인의 편지』다. 내가 갖고 있는 책은 1977년 1월 출간된 것인데, 세로쓰기로 인쇄되었고, 값은 1200원이다. 간지에 1978년 3월이라는 내 필적이 남아 있는 걸 보니 서울신학대학교 학부를 졸업하고 대구봉산교회에서 일 년 동안 전도사 생활을 마친 다음 서울신학대학교 대학원에 다니며 서울역 뒤편 언덕에 있는 아무개 교회에서 전도사 생활을 막 시작한 시절에 구입한 책으로 보인다. 지금 돌아보면 꿈만 같았던 내 나이 25세 때였다. 36년간 내 손에 남아 있던 이 책을 지금 다시 펼쳐보니 흔한 말로 감개가 무량하다. 몇 대목을 인용하겠다.

시를 쓰는 건 각자 다 자유이겠지만 유행을 무엇보다도 거부해야 하겠습니다. 시나 예술은 유행이 아니니까요. 항상 본질이 문제되는 겁니다. 진실한 시인에게 문제되는 건 실로 그 시의 본질입니다(48쪽).

시의 본질이 무엇인지 나는 잘 모른다. 기껏해야 시인은 독자의 마음에 드는 시를 쓰려고 애를 쓰는 게 아니라, 시작(詩作) 행위 자체에 영혼을 걸어야 한다는 뜻이 아닐까 하고 추정할 뿐이다. 여기서 아무리 본질을 추구한다고 해도 독자의 외면을 받으면 무슨 의미가 있냐고 반론을 제기할 사람도 있을 것이다. 하지만 독자의 호응 문제는 시인에게 그렇게 결정적으로 중요한 것이 아니다. 그런 유혹에 휘둘리면 결국 시인의 영혼은 시들고 병든다. 본질을 추구한다는 것이 말처럼 쉬운 게 아니다. 본질이 무엇인지 모르는 사람에게는 공허하게 들린다. 그런 사람은 무조건 독자의 귀를 솔깃하게 하는 데에만 관심을 기울일 것이다.

나는 이렇게 본질을 추구하는 시인의 태도가 바로 목사, 특히 하나님의 말씀을 전하는 설교자의 태도와 같다고 본다. 설교자는 성서의 본질, 기독교 신앙의 본질에 천착해야 한다. 그런데 이게 쉽지 않다. 그 이유는 두 가지다. 하나는 목사가 성서의 본질을 모른다는 것이며, 다른 하나는 목사가 회중의 반응에 치우쳐 있다는 것이다. 이런 방식으로도 대충 교회 지도자로 살아갈 수는 있겠지만, 영혼이 시드는 것은 피할 수 없다.

## 시의 여운

대규의 시는 항상 비유가 좋습니다. 그러나 그 좋은 비유가 성공을 하려면 언젠가 편지에서 말한 것처럼 여운(餘韻)이 있어야 합니다. 감동의 진동(震動)이지요. 지성의 광휘(光輝)이지요. 인식의 희열이지요. 에즈라 파운드가 얘기했듯이 단순한 산술(算術)이 아니라 영감 (靈感)을 가진 산술이지요. 그 묘미(妙味), 그 비밀, 그 매력을 시인은 모름지기 발견해내고 체득(體得)해내지요(143쪽).

시 혹은 시인에 대한 조병화의 저 생각은 목사, 곧 설교자의 그것이라 해도 틀릴 게 없다. 저기 열거된 단어를 보라. 여운, 진동, 광휘, 희열, 영감, 묘미, 비밀, 매력, 체득은 바로 하나님 경험과 관련된 것이다. 하나님 경험은 근원적인 떨림이고, 눈을 멀게 하는 빛이고, 모든 일상을 멈추게 하는 기쁨이고, 사람이 찾아내는 것이 아니라 밖에서부터 찾아오는 깨우침이고, 신비한 맛이고, 감추어진 것이며, 우리를 끌어당기는 힘이다. 그걸 사전의 뜻풀이로가 아니라 몸으로 받아들이는 것이 곧 하나님 경험이다. 시 경험과 하나님 경험이 이렇게 가깝다니, 얼마나 놀라운가. 이런 경험이 없거나 희미하다면 시인이 될 수 없고 목사도 될 수 없다. 시인 행세를 할 수는 있으나 시와 일치될 수는 없으며, 목사 행세는 할 수 있으나 하나님과 일치될 수는 없다.

내가 지금 이 글을 쓰고 있는 서재 창문 밖 바로 앞에 대나무가 군락을 이루고 있다. 대나무의 흔들리는 모습이 보인다. 바람이 분다는 걸 알 수 있다. 사람에 따라 저 현상은 다르게 경험될 것이다. 바람이 불어서 대나무가 흔들린다고만 여기는 사람이 있고, 아예 그것이 눈에 들어오지 않는 사람도 있다. 사람은 보고 싶은 것만 본다. 그렇지만 저기서 조병화가 말하는 광휘와 희열을 보는 사람도 있을 것이다. 대나무를 춤추게 하는 저 바람의 근원을 따라가면서 모든 존재와 현상의 신비를 마주하는 사람도 있을 것이다. 대나무를 비추고 있는 햇

살의 신비를 강렬하게 느끼는 사람도 있다. 어느 정도의 깊이까지 들어갈 수 있는지는 그 사람의 영적 경지에 따라 달라진다. 이런 인식과 경험이 시인을 만드는 것이 아닐는지. 마찬가지로 이런 방식으로 예수 사건을 경험할 때 목사가 될 수 있는 것이 아닐는지.

위에서 열거된 항목들의 중심에는 여운이 있다. 시에는 늘 여운이 있어야 한다는 말은 목사의 설교 행위에 그대로 적용된다. 여운은 어떤 일이나 사람이 떠난 뒤에 남아 있는 느낌을 가리킨다. 그림이나 영화에도 잔상(殘像)이 있고, 연주회에도 여음(餘音)이 있다. 여운, 잔상, 여음이야말로 모든 예술 행위의 리얼리티라고 해도 과언이 아니다.

교회에서 여운이 있는 설교를 만나기는 어렵다. 독단적인 설교가 보다 일반적이다. 더 나아가 폭력적인 경우도 많다. 그것은 설교자의 잘못 이전에 기독교의 가르침 자체가 보기에 따라 독단적(dogmatic)이기 때문이다. 하나님이 세상을 사랑하신다, 인간이 죄를 지었다, 하나님이 외아들을 보내셨다, 그를 믿는 사람은 구원받는다, 이런 명제를 사람들이 확신할 수 있도록 설득하려면 독단적일 수밖에 없을 것이다. 조금이라도 다른 생각을 하게 하면 실패한 설교가 될지 모르기 때문이다. 기독교의 도그마(dogma)가 독단적인 것처럼 보이지만 실제로는 그렇지 않다. 오히려 개방적이고 유연하다. 기독교는 처음부터 완벽한 이념이나 체계로부터 시작되지 않았다. 기독교 교리가 형성되던 시대의 교부들은 당시의 시대정신이던 그리스 철학과의 대화를 계속했을 뿐만 아니라 상당한 영향을 주고받았다. 진리에 대해 유연한 태도를 보였다는 말이다. 그런 태도가 없었다면 오늘의 기독교도 없었을 것이다. 오늘날 설교가 독단에 떨어졌다는 것은 교회 전통에도 위배되는 현상이다.

여운이 있는 설교는 어떤 것일까? 이런 설교를 어떻게 할 수 있을까? 여기에 딱 떨어지는 대답을 내가 할 수는 없다. 다만 이것이 신학적으로 어떤 사태를 가리키는지에 대해서만 간단히 말하겠다. 먼저 인간 설교자가 할 수 있는 영역과 성령만이 할 수 있는 영역을 구분하는 것이 필요하다. 성령의 영역을 침범하지 않으려는 설교자의 태도가 바로 여운을 일으킨다. 설교자가 은혜까지 끼치려고 월권을 행사하면 여운은 사라지고 독단만 남게 된다. 여운이 있는 설교의 특징은 다음과 같다. (1) 설교의 울림이 계속 남는다. (2) 그러나 뭔가 끝나지 않은 거 같아서 아쉽기도 하다. (3) 성서와 기독교의 세계를 더 알고 싶어진다. (4) 그래서 질문이 이어진다. (5) 마음이 따뜻해지고 차분해진다. (6) 다음 설교가 기대된다.

## 고독한 혼

조병화는 "고독이라는 이름의 시인-선생님께"라는 김대규의 편지를 받았다. 젊은 나이에 각혈까지 할 정도로 건강이 나빴던 김대규는 "나의 이름 석 자가 내 시의 주석이 되기에 24세는 아직도 뜨거운 것인가!"라는 문장으로 편지를 맺었다. 그 편지에 큰 감동을 받은 조병화는 1964년 3월 2일 자 회신에서 자신의 시집 『밤의 이야기』에 나오는 연시 몇 단락을 비교적 길게 인용했다. 앞부분은 이렇게 시작된다.

죽음으로 직행을 하고 있는 거다

지하 5미이터, 그 자리로 직행을 하고 있는 거다

어머니께서 물려주신 그 노자만큼
쓸쓸히
죽음으로 직행을 하고 있는 거다
…

그리고 다시 이 시집의 서문에 나오는 한 문장을 인용했다.

시는 고독한 혼과 혼 사이의 대화다. 이 시집 『밤의 이야기』는 모두가
나의 이런 밤의 허허한 추방이다(161쪽).

상투적으로 들리겠지만, 시인은 고독한 영혼의 소유자다. 조병화
는 그 고독을 죽음의 길로 이해했다. 여기서 지하 5미터가 어떻게 해
서 나온 계산인지는 모르겠다. 무덤은 기껏해야 봉분까지 계산에 넣
는다고 해도 3미터 이상은 되지 못한다. 아마도 이 세상과 완전히 단
절되었다는 의미로 저 숫자가 나온 것으로 보인다. 그에게 삶의 길이
는 어머니가 물려준 노자와 비례한다. 사람에 따라 노자가 다르듯이
모든 사람의 삶은 그 길이가 다르다. 그러나 분명한 것은 모두가 "죽음
으로 직행을 하고 있는 거"다. 이 직행 길에서 아무도 동행해줄 사람은
없다. 누구나 다 혼자다. 사람들은 이걸 두려워한다. 그래서 이 사실을
외면하면서 자꾸 한눈을 판다. 그래봤자 누가 피할 수 있겠는가.

죽음으로 직행한다는 사실을 뚫어보는 사람의 혼은 고독하다. 여

기서 고독하다는 말은 외롭다거나 쓸쓸하다는 게 아니라 혼자 죽을 수밖에 없는 실존을 직시한다는 뜻이다. 시인은 이를 몸으로 체득하는 사람이다. 그래서 조병화에게 시는 고독한 혼과 혼 사이의 대화다. 죽음으로 직행한다는 사실을 몸으로 받아들이는 사람들 사이의 대화다. 또는 인간을 고독한 혼이 되게 하는 죽음과의 대화다. 목사는 시인보다 이 사실을 먼저 그리고 더 깊이 체득하고 있는 사람이 아닐는지.

목사는 고독한 영혼의 소유자다. 하나님 앞에 선다는 것 자체가 고독의 길이기 때문이다. 사실은 목사만이 아니라 기독교인 모두가 그렇다. 죽음을 혼자 맞이해야 하듯이 하나님도 혼자 직면할 수밖에 없다. 이와 다르게 생각하는 사람도 있을 것이다. 기독교 신앙은 교회 공동체 안에서 이루어지는 것이 아니냐고 말이다. 물론 공동체가 중요하다. 그럼에도 불구하고 하나님 경험은 개별적이다. 여러 사람과 함께 드리는 예배에서 한 사람이 하나님의 신비를 경험한다고 해서 옆 사람도 저절로 그런 경험을 할 수 있는 것이 아니기 때문이다.

요즘 고독한 영혼으로 살아가는 목사를 보기 힘들다. 늘 신자들과 몰려다니고, 동료 목사들과 몰려다닌다. 혼자서는 삶을 버텨내지 못한다. 특히 한국교회 목사들은 교회 정치에 민감하다. 노회장, 총회장이 되려고 애를 쓴다. 사람들을 모아놓고 돈을 쓰고 모의한다. 그럴듯한 이름을 붙인 예배와 기도회와 각종 회의 역시 정치적인 성격이 강하다. 경우에 따라 모임이 필요하지만 고독한 영혼의 차원이 점점 더 실종되고 있다는 데 문제가 있다. 혼자서 하나님을 직면할 내공이 없으니 몰려다니면서 그런 약점을 위장해보려고 한다. 이것이 영적인 장애다.

목사는 교회 공동체의 중심 역할을 해야 하기 때문에 고독한 영혼으로 살아가기가 힘들다. 각종 모임과 심방이 주를 이루는 한국교회의 목회 특성이 이를 부채질한다. 목사들은 바쁘다는 말을 입에 달고 산다. 실제로도 그렇다. 교회 일에 쫓기는 목회 현장에서 살다 보니 자신이 지금 하나님을 믿는 사람인지조차 희미해질 때가 있다. 만약 자신이 그런 상태에 놓여 있다면 목사 정체성의 위기라고 여겨야 한다.

고독한 영혼이라는 말이 다른 사람들과의 관계를 완전히 끊어야 한다는 뜻은 아니다. 다만 하나님 앞에(coram Deo) 서야 한다는 사실에 집중하고 살아야 한다는 뜻이다. 이 사실을 아는 사람이라면 다른 데 한눈을 팔지 못한다. 어머니가 남겨주신 노자만큼의 삶을 산다는 사실을 뚫어보는 시인의 혼이 고독하듯이, 하나님 앞에 선다는 사실의 엄중함을 아는 목사의 영혼도 고독할 수밖에 없다. 그런 목사라고 한다면 공연한 일로 사람들과 어울리는 데 시간을 낭비하지 못할 것이다.

## "시적인 것"의 탐색

설교자에게 추천하고 싶은 시 관련 도서 중 하나는 안도현의 『가슴으로도 쓰고 손끝으로도 써라』(한겨레출판)다. 이 책에는 2008년 5-11월에 「한겨레신문」에 연재한 26편의 글이 실렸다. 머리글에서 시인은 이렇게 말한다.

시에 미혹되어 살아온 지 30년이다. 여전히 시는 알 수 없는 물음표이고, 도저히 알지 못할 허공의 깊이다. 그래서 나는 시를 무엇이라고 말할 자신이 없으므로 다만 "시적인 것"을 탐색하는 것으로 소임의 일부를 다하고자 한다. "시적인 것"의 탐색이야말로 시로 들어가는 가장 이상적인 접근 방식이라 믿는다. 그것은 고정되어 있지 않고 유동적이기 때문에 모든 시적 담론의 변화에 기민하게 대처할 수 있다. 그 누구라도 시의 성채를 위해 "시적인 것"을 반죽하거나 구부러뜨릴 수도 있다. 이 책은 내 누추한 시 창작 강의 노트 속의 "시적인 것"을 추려 정리한 것이다.

위 글에서 "시"를 "신"(神)으로 바꿔 읽어보라. 의미가 그대로 통용될 것이다. 신은 알 수 없는 물음표이고 도저히 알지 못할 허공의 깊이다. 그래도 우리는 신을 무엇이라 말할 자신이 없기에 "신적인 것"을 탐색할 뿐이다. 설교의 중심 주제인 하나님을, 또는 하나님의 계시를 우리는 실증적으로는 알지 못한다. 그럼에도 불구하고 이를 전해야 한다. 따라서 설교자는 하나님을 직접 전하는 게 아니라 하나님께 가까이 가는 길을 안내할 뿐이다.

이런 설명을 불편하게 생각하는 분도 있을 것이다. 하나님은 성서를 통해 명백하게 자신을 드러냈기 때문에 한 치의 의심도 없이 그 하나님을 정확하게 전해야 한다고 말이다. 틀린 말은 아니다. 지난 기독교 역사에서 활동했던 뛰어난 설교자와 현재 이름을 떨치고 있는 설교자들은 모두 확신에 차서 하나님을 전했다. 설교의 목적이 하나님의 존재를 어렴풋이 인식하게 하거나 의심하게 하는 것이 아니라

　　　　　　　　　　　　　　　　　　　　　　　　　목사 공부

는 것도 분명하다. 그럼에도 설교자는 하나님 앞에서 두렵고 떨리는 심정을, 즉 막막한 심정을 놓치면 안 된다. 하나님이 자기의 인식과 경험 안에 완전히 포착되지 않는다는, 이 근원적인 사태를 벗어나지 말아야 한다. 여기서 벗어나는 순간에 그는 떠돌이 약장사가 되고 말 것이다.

시는 알 수 없는 물음표이고, 도저히 알지 못할 허공의 깊이라는 안도현의 말을 오해하면 곤란하다. 이는 시를 쓸 수 없다는 말이 아니다. 시를 모른다는 말도 아니다. 그렇다면 대학교에서 시작법을 가르칠 수 없었을 것이다. 저 말은 시 또는 언어의 존재의 신비를 가리킨다. 시인이 억지로 시를 쓰기 원한다고 해서 시를 쓸 수 있는 것이 아니다. 시는 사람이 마음대로 생산해낼 수 있는 물건이 아니라, 시 스스로 시인을 찾아오는 언어와 사유의 주인이라는 뜻이다. 시인은 시가 왔을 때에만 시 경험을 할 수 있어서 그 이전에는 시적인 것을 대략 말할 뿐이다. 설교자의 하나님 경험과 증언도 시인의 그것과 비슷하다.

## 상상력

계속해서, 시인의 상상력이 시 경험에서 핵심적이라는 사실에 대한 안도현의 설명을 인용하겠다.

처음에 상상력은 채 다듬어지지 않은 생각에서 발생한다. 그것은 재 속에 숨어 있는 불씨와 같아서 눈에 보이지 않을뿐더러 그 생각의 크기와 밝기도 미약하기 그지없다. "상상력은 대상과 밀착되고 있는 상태를 말해준다. 분석적 관찰의 결과가 아닌 종합적 직관의 결과"라는 이형기의 말이 이를 뒷받침해준다. 시적 상상력은 직관 중에서도 감각적 직관의 도움을 받는다. 이문재는 감각을 일컬어 "몸과 마음의 경계"이면서 "자아와 타자 사이에 있는 가교"라고 말한다. 그에 의하면 시에서 감각이 중요한 이유는 시가 "단순한 보기(見)가 아니라 꿰뚫어보기(觀)"이기 때문이다.

시인이 애초부터 뛰어난 상상력의 소유자인 것은 아니다. 시인은 불씨를 꺼뜨리지 않기 위해 상상력을 풀무질하는 자이다. 시인이 불씨를 살려 강철을 구부리고 녹여 만들어낸 연장을 우리는 시라고 부른다(252, 253쪽).


상상력은 경우에 따라 부정적인 의미로 사용된다. 아무런 근거도 없이 자신의 주관적인 생각에 날개를 다는 것으로 말이다. 이것은 상상력이라기보다는 망상이다. 참된 상상력은 주관적이면서도 동시에 객관적인 토대가 탄탄하다. 구약의 예언자들은 이런 상상력이 풍부한 사람들이었다. 그 상상력은 하나님 나라에 대한 것이다. 이사야는 어린아이들이 독사의 굴에 손을 넣을 것이며, 사자와 토끼가 함께 뛰어놀 것이라고 노래했다. 이 세상의 모든 부조리와 불의와 고난을 해결할 메시아가 올 것이라는 그들의 메시아 대망도 상상력이 없었으면 불가능했다.

예수님은 하나님 나라가 가까이 왔다고 선포하는 것으로 공생애를 시작하셨다. 임박한 하나님 나라에 근거해 죄의 용서를 선포하셨고, 병든 사람을 고치기도 하셨고, 성전의 권위에 맞설 수 있었다. 마태복음 저자가 전하는 팔복 말씀(마 5:1-12)을 보라. 의를 위하여 박해를 받은 사람은 복이 있다고 했다. 왜냐하면 하늘나라가 그들의 것이기 때문이다. 영적 상상력에 근거하지 않으면 이런 말을 할 수 없다. 하늘나라 또는 하나님 나라에 대한 예수님의 여러 비유도 이런 상상력에 근거한 것이다. 예를 들어 한 시간 일한 사람이나 열 시간 일한 사람이나 모두 일당인 한 데나리온을 주는 포도원 주인이 바로 하늘나라와 같다고 하셨다. 상상력이 없다면 이런 말을 이해할 수 없을 것이다. 그리고 이 말을 이해하지 못하고 전하는 설교는 죽은 설교다. 설교자는 신학적 상상력을 풍부하게 키울 줄 알아야 한다.

## 시의 계시 성격

시인은 시를 쓰는 게 아니라 맞아들인다. 물론 실제로는 손으로 쓰는 과정이 필요하다. 거기에는 시작(詩作)의 기술도 포함된다. 그렇지만 이런 시는 영혼을 울리지는 못한다. 영혼을 울리는 시는 영혼에서 나와야 하는데, 영혼의 일은 인간이 다룰 수 있는 것이 아니다. 하이데거는 『시와 철학: 횔덜린과 릴케의 시세계』에서 시의 존재론적 차원인 언어 사건에 대해서 말한다. 언어는 본질적으로 인간의 활동이 아니라 "언어가 말하는" 사건에 인간이 참여하는 것이라고 말이다. 인간의 언어는 언어가 말하는 것에 대한 응대에 해당한다. 오인태의 시 "시가 내게 왔다"는 아래와 같다.

한 번도 시를 쓴 일이 없다

시가 내게 왔다 늘

세상의 말은 실없다

하여 다 놓아버리고 토씨 하나

마저 죽여, 마침내

말의 무덤같이 허망한 적요

위에 파르르 떤 달

빛같이 내려서

시인의 몸 안에 들어와서

젖어오는 것이다.

거부할 수 없이

시가 내게 왔다

(「한겨레신문」 2006년 8월 14일 자에서 재인용).


여기서 시를 하나님으로 바꿔놓고 읽어보라. 그대로 목사에게 해당되는 경험이 될 것이다. 목사가 하나님을 말할 수는 없다. 하나님은 거부할 수 없이 우리에게 온다. 시의 계시 성격과 신학의 계시 성격은 현상적으로 비슷하다.

하나님은 어떻게 우리에게 오시는가? 목사로서 우리는 그 계시를 어떻게 인식하고 맞이할 수 있는가? 오시는 하나님을 경험한 사람으로서 우리는 어떻게 살아야 할 것인가? 이런 질문은 여기서 대답하기에는 너무 거창한 것들이다. 지난 이천 년 기독교 역사와 신학은 이런 질문에 대한 대답을 찾는 과정이었다고 해도 틀리지 않는다. 이런 질문에 답을 얻기 위해서라도 우리가 할 수 있는 최선은 공부다. 시인도 공부를 쉬지 않는다고 하지 않는가.

오시는 하나님을 맞이해야 할 목사의 공부는 총체적이다. 목사 공부만이 아니라 세상의 모든 공부는 총체적이다. 여기 벽돌 쌓는 훈련을 받는 사람이 있다고 하자. 그걸 기술적으로만 생각하면 간단하다. 수직과 수평을 맞출 줄 알고, 벽돌과 벽돌 사이를 시멘트로 연결하는 기술을 익히면 된다. 기껏해야 한두 달이나 반년이면 충분히 배울 것이다. 그러나 그걸 단지 기술로만 다루지 않고 예술의 차원으로 여기는 사람은 생각할 게 많아서 그 일을 손에서 놓을 때까지 계속 배우려고 한다. 수직과 수평을 더 완벽하게 맞추기 위해서 노력해야 하고, 벽돌로 된 벽이 기둥과 자연스럽게 연결되도록 애를 써야 한다. 모든 벽돌이 똑같아 보이겠지만 미세한 차이가 있다는 걸 간파해서 벽돌을 적재적소에 올려놓을 줄 알아야 한다. 무조건 똑바로 쌓는 게 아니라 어떤 느낌이 왔을 때 한두 개를 약간 튀어나오게 쌓을 수도 있다. 시멘트가 굳는 시간을 좀 더 예민하게 느낄 수 있어야 하지 않겠는가. 이런 점에서 벽돌 쌓기도 도(道)다.

『장자』에는 이런 기술자에 대한 이야기가 자주 나온다. 수레바퀴를 만드는 사람이나 소 잡는 사람의 이야기다. 거기에 등장하는 기술자들은 기술을 뛰어넘어 도에 들어갔다. 포정이라는 백정은 소 잡는데 쓰는 칼을 평생 갈지 않고 사용했다고 한다. 이를 이상하게 여긴 문혜군이 어떻게 된 일이냐고 묻자, 포정의 대답이 이렇다. 보통 백정은 칼을 한 달에 한 번은 갈아야 한다. 뼈를 자르기 때문이다. 훌륭한 백정은 일 년에 한 번씩 갈아야 한다. 힘줄과 살을 베기 때문이다. 그러나 도에 이른 백정은 평생 칼을 갈지 않아도 된다. 세월이 갈수록 칼날이 더 선다. 뼈와 힘줄과 살 사이의 틈으로 칼을 집어넣기 때문이다. 물론 이건 인간 행위에 도가 자리하고 있다는 뜻에 대한 메타포다. 기술도 이럴진대 궁극적 진리이자 생명이며 길이신 하나님 경험이야 더 말해 무엇 하랴.

# 철학 공부

목사에게 있어 주된 공부는 신학이다. 그런데 신학 공부를 실제로 가능케 하는 기초는 철학이다. 철학은 신학만이 아니라 모든 학문의 기초다. 상당히 많은 신학생과 목사들이 신학을 전공했으면서도 신학의 세계로 들어가지 못하는 이유는 철학에 대한 기초적인 이해가 부족하다는 데 있다. 철학을 먼저 전공한 다음 신학을 공부하면 더할 나위 없이 좋겠지만 반드시 그래야만 하는 것은 아니다. 철학을 전공했다고 해서 철학의 세계로 들어가는 것도 아니다. 동서양 철학자들의 연대기를 뚫어보고, 그들의 생각을 다른 이에게 설명할 수 있다고 해서 그가 철학의 세계로 들어갔다는 보장은 없다. 어떤 목사가 창세기에서 시작하여 요한계시록까지 모든 내용을 샅샅이 연구했다고 해서 성서의 세계로 들어갔다고 보장할 수 없는 것과 같다. 중요한 것은 철학적 사유다.

예를 들어 여기 수박 한 덩이가 있다. 수박 앞에서 몇 가지 태도를 볼 수 있다. 어떤 사람은 수박의 겉모습만 본다. 그는 이렇게 수박을 설명할 것이다. 수박은 농구공처럼 생겼는데, 바탕은 녹색에다가 아래위로 검은 줄무늬가 그어진 것이라고 말이다. 그는 수박을 아는 것이 아니다. 다른 사람은 수박 겉을 혀로 핥았다. 앞의 사람보다는 수박에 가깝게 갔을지 모르지만 이 사람도 수박을 아는 게 아니다. 또한 사람은 수박의 한가운데를 잘라서 보았다. 수박 안은 밖과 비교할 때 천양지차다. 붉은 살과 검은 씨가 촘촘히 박혀 있다. 이 사람은 수박의 겉과 속을 다 보긴 했지만 수박을 아는 것이 아니다. 또 한 사람은 수박을 직접 먹었다. 눈으로 보는 것과 직접 먹어보는 것은 완전히 다르다. 앞의 세 사람은 정도의 차이가 있지만 비슷한 차원에 머물러 있으며, 마지막 사람만이 수박의 세계로 들어간 것이다.

목사들의 하나님 경험도 차원이 다 다르다. 수박을 먹어본 경험이 없는 사람이 남의 이야기만 듣고 수박 맛을 전하려는 것처럼 목사도 하나님 경험이 없이 하나님을 전하는 경우가 허다하다. 그들의 말이 공허한데도 불구하고 상당한 회중에게 어필하는 이유는 회중도 수박을 맛보지 못했다는 데 있다. 그러니 누구든지 표면으로나마 진정성을 갖춘 포즈를 취한 채 큰소리치면 사람들의 주목을 받게 되어 있다. 하지만 그것은 일시적일 수밖에 없다. 잠시는 회중을 속일 수 있을지 모르지만 길게 갈 수는 없다. 수박을 직접 먹어보는 경험이 신학의 경우에는 철학 공부로 주어진다. 철학 공부가 없는 경우에 목사는 신학 공부를 통해서 기껏해야 교리 선생이, 즉 세례 공부를 이끌어가는 수준의 선생이 될 수 있을 뿐이다.

판넨베르크는 뮌헨 대학교 개신교 신학부에서 1993/94년 겨울 학기를 끝으로 은퇴할 때까지 십수 년에 걸쳐 Theologie und

Philosophie라는 과목을 개설했고, 그 강의를 1996년도에 출판했다. 2001년도에 나는 그의 책을 한들출판사를 통해서 번역 출판했다. 『신학과 철학』은 신학생과 신학에 관심이 있는 목사들에게 필독서다. 여기서 서론의 몇 대목을 발췌하여 소개하겠다. 이를 통해 신학과 철학의 역사적 관계가 얼마나 철저한지를 맛볼 수 있을 것이다.

철학에 대한 기본적인 이해가 없는 한 역사 형태를 갖춘 기독교 교리를 이해할 수 없을 뿐만 아니라 지금의 기독교 교리가 진리라는 사실을 해명하고 판단하기 어렵다(13쪽).

조직신학은 기독교 역사에서 볼 때 교부시대 이후로 늘 철학과의 논의를 통해서 발전되었다(13쪽).

조직신학 작업에 충실하려면 철학적 지평에 대한 이해를 확보해야만 한다(14쪽).

철학의 근원은 종교와 아주 밀접한 관계를 맺는다. 철학은 종교로부터 독립적으로 발생하지 않고 종교적 전승의 주장을 비판적으로 반성하면서 시작되었다(15쪽).

헬라 세계에서 이미 유대인들의 유일신론은 다신론적 민족 신앙에 대한 철학적 비판에 의해 하나님에 대한 유대인들의 신앙이 옳은 것으로 확증되었다고 생각할 수 있었다(17쪽).

위의 단편적인 글에서 우리는 신학과 철학이 불가분리의 관계라는 사실을 확인할 수 있다. 다른 것은 접어두고 첫 번째 문장만 설명하겠다. 두 가지를 말하겠다. 하나는 철학적인 이해가 없으면 기독교 교리를 이해할 수 없다는 것이다. 그 교리는 하늘에서 떨어진 게 아니라 역사 과정을 통해서 형성되었다. 하나님이 유일한 분이라는 사실은 다신교에 대한 헬라 철학자들의 비판과 연관된다. 삼위일체론은 플라톤 철학과 깊이 연루되어 있다. 기독교의 인간론은 아리스토텔레스 철학과 관계를 맺는다. 이런 철학에 대한 이해가 없다면 기독교 역사를, 또는 역사를 통한 기독교 진리를 이해할 수 없다. 다른 하나는 철학적인 이해가 없으면 오늘 기독교 교리가 진리라는 사실을 변증할 수 없다는 것이다. 예컨대 현대의 과학철학에 대한 이해 없이 하나님의 창조와 그 완성에 대한 기독교 교리의 정당성을 확보하기 어렵다.

교회에 나온 사람들에게 예수 믿고 회개하고 거듭나서 구원의 확신을 갖고 살게 하는 것으로 충분하지, 목사에게 철학 공부가 왜 필요하냐 하고 생각하는 사람도 있긴 하다. 이는 원칙적으로 틀린 말이 아니긴 하지만 근본적으로 옳은 말은 아니다. 철학 공부는 바로 예수 믿고 구원받는다는 사실의 근거를 제공하는 것이다. 이런 근거를 확보하려는 노력이 없으면 기독교는 열광주의에 떨어지고 만다. 잠시 동안 뜨거울지는 몰라도 오래 지속되기 어렵다. 기독교 역사는 이런 근거를 확보하려는 과정이었다. 판넨베르크의 책에서 한 군데만 더 인용하겠다.

하나님에 대해서 언급한다는 것은 모든 현실적인 것들의 창조적 근원에 대해서 언급한다는 것을 의미한다. 따라서 모든 현실적인 것들, 즉 인간과 코스모스의 유래와 연관해서 하나님을 생각하지 않는다면 하나님에 대한 사유는 여전히 실제적인 의미를 갖지 못한다. 하나님과 모든 현실적인 것들의 전체가 공속적이며 서로 연루되어 있다는 사실이 고려되지 않는다면 하나님에 대한 언급은 공허한 낱말이 되거나 아니면 사실적 바탕이 없는 빈 표상으로 남게 될 것이다.…하나님에 대해서 언급한다는 것이 무엇인지를 안다면 근원으로서의 하나님을 생각하지 않은 채 세계와 인간의 현실성을 더 이상 생각할 수 없을 것이다. 모든 현실적인 것의 전체를 하나님에게서 유래하는 것으로 생각한다는 전제에서만 하나님을 생각할 수 있다. 철학은 자신의 과업을 소크라테스 이전부터 이미 현실성을 전체에서, 즉 코스모스의 단일성에서 생각한다는 사실에서 찾았다. 이것은 하나님에 대한 철학적 질문의 대상 개념이었다(18쪽).

약간 길게 인용했지만 내용을 따라가기에 큰 어려움은 없다. 이 말은 하나님과 세계의 관계를 전제할 때만 하나님에 대한 언급이 유효하다는 뜻이다. 이 말은 기독교 교리의 핵심에 속하는 창조론이 가리키는 것이기도 하다. 사도신경의 첫 항목도 세상을 창조한 하나님에 대한 것이다. 하나님이 세상을 무(無)에서 창조하셨다는 말은 세상의 유일한 근원이 하나님이라는 뜻이다. 그 하나님을 언급하려면 세상의 현실성이 무엇인지를 말하지 않으면 안 된다. 세상의 현실성에 대한 해명이 바로 철학의 과업이다. 철학의 소리에 귀를 기울이지 않고 세상을 창조하신 하나님을 언급할 수 없다.

몇 가지 반대 주장이 가능하다. 두 가지만 보자. 하나는 성서만 잘 알아도 세상이 무엇인지를 잘 알 수 있다는 주장이다. 어느 정도 일리가 있는 말이긴 하다. 성서에 이미 세상에 대한 철학적 해명이 직간접적으로 담겨 있기 때문이다. 그러나 고대인들의 세계관은 완성된 것이 아니다. 오늘 우리는 천동설을 받아들일 수 없다. 우리는 하나님이 창조했다고 성서가 말하는 세계를 더 정확하게 알기 위해서라도 철학과의 대화를 포기하면 안 된다. 다른 하나는 세상에 대한 철학적 해명도 가지각색이라서 그것으로 큰 도움을 받을 수 없다는 주장이다. 이 말도 일리가 있다. 철학 사조도 역사적으로 변했고, 지금도 각양각색이다. 마르크시즘과 실존주의와 해체주의 등등, 각각의 철학이론은 세상을 서로 다르게 해석하고 있다. 우리가 모든 철학을 그대로 따르는 건 아니다. 특히 현대철학은 세계를 전체적으로 이해하기보다는 부분적으로만 분석하는 경향이 강하기 때문에 전체를 통해서 언급되어야 할 하나님에 관한 해명에 해당되지 않는 경우가 많다. 예컨대 언어철학이나 포스트모던 철학 유는 별로 도움이 안 될 것이다. 그럼에도 불구하고 모든 현실적인 것들의 근원을 모색하는 철학의 본래 전통이 세상을 창조한 하나님을 언급해야 할 신학이 함께 가야 할 도반이라는 점은 분명하다.

## 존재 문제

신학 공부에서 철학이 왜 필요한지에 대해 이제 몇 가지 구체적인 항목으로 보충하겠다. 먼저 하나님의 존재론이다. 기독교의 가르침은 하나님이 존재하지 않는 것이 아니라(무신론) 존재한다는 사실(유신론)이 대전제다. 하나님의 존재가 전제되지 않으면 기독교의 모든 가르침은 모래 위의 집이다. 성서도 유신론을 전제한다. 그렇게 듣고 배운 탓인지 기독교인들은 무신론에 적대적이다. 공산주의를 싫어하는 이유도 그들이 무신론을 주장하기 때문이다. 그러나 좀 더 근원적인 차원에서 본다면 하나님의 존재 문제를 유무신론으로 끌고 가면 안 된다. 왜냐하면 그것보다 더 중요한 것은 하나님의 "존재"에 대한 인식이기 때문이다. 그 인식의 차원에 따라서 유무신론 논쟁이 무의미해질 수 있다.

많은 목사들의 머리에는 실체론적 형이상학에 근거한 하나님의 존재론이 자리하고 있다. 마치 하나님을 깊은 산속의 산신령쯤으로 여기는 격이다. 산신령까지는 아니라고 하더라도 인간과 비슷한 어떤 존재쯤으로 여긴다. 성서에도 하나님이 사람처럼 말하고 행동하는 것처럼 묘사되어 있다. 하지만 이것은 성서만이 아니라 고대인들의 일반적인 세계 이해다. 고대 그리스 철학도 존재하는 것을 실체(substance)로 생각했다. 그래서 가장 작은 실체를 원소라고 보았다. 원소라는 실체가 세상을 구성하는 본질이라는 것이다. 우리의 일상은 이런 실체론이 지배한다. 우리의 먹거리로부터 시작해서 감각적으로 확인할 수 있는 모든 것이 실체다. 그렇지만 과정철학과 양자역학에서 이런 실체론은 설득력을 잃는다.

이 문제는 과학과 철학을 본격적으로 공부하지 않아도 알 만한 사람은 다 알 수 있다. 우리 주변의 실체들을 찾아보라. 사과, 나무,

새, 산, 강, 지구 등등. 그런 것들이 세상이 존재한다는 것은 분명한 사실이다. 그런데 그런 것들은 일정한 시간 안에서만 존재한다. 어제 시장에서 사온 사과를 오늘 아침에 먹었다면 그 사과는 어제만 있었고 지금은 없다. 지구도 마찬가지다. 45억 년 전부터 지금까지 존재하고 있지만 앞으로 45억 년 후에는 없어질 것이다. 이렇게 모든 사물은 일시적으로만 존재한다.

우리는 하나님이 사물처럼 일시적인 존재가 아니라 영원한 존재라고 생각한다. 옳은 말이다. 성서도 그렇게 말한다. 그것이 피조물과 창조주의 본질적인 차이다. 문제는 우리가 영원하다고 말하는 그것 자체가 우리의 이해를 넘어선다는 사실이다. 보통 우리는 영원을 끝이 없는 것, 즉 무한(endlessness, limitlessness, infinite)이라고 말한다. 끝이 없다고 할 때, 여기서 끝을 말한다는 것 자체가 시간을 전제하는 것이다. 무슨 말인가? 우리는 영원을 유한이라는 상대적 개념으로만 말할 뿐이지 더 이상은 알 수 없다.

약간 다른 각도에서 영원 개념을 생각해보자. 기독교인은 하늘나라에 가서 영원히 살게 될 것이라고 믿는다. 틀린 말은 아니다. 설교자들은 입에 침이 마르도록 그 사실을 전하면서 신자들로 하여금 이 세상에서 교회를 위해 죽도록 충성하게 만든다. 그렇다면 천국에서 우리가 영원히 무엇을 하며 지내는지 생각해보자. 거기서 영원히 맛난 음식을 먹고, 영원히 노래하고 춤추며, 행복에 겨워 어쩔 줄 모르고 사는 걸까? 똑같은 것의 반복은 그것이 아무리 좋은 것이라도 지루하게 된다. 내가 1980년대 초 독일 유학을 갔을 때 값싸게 바나나를 먹을 수 있었다. 그전에 한국에서 살던 30년 동안 바나나를 먹어본 적이 별로 없었던 탓인지 자주 바나나를 사먹었다. 하지만 그런 경험도 일시적이다. 똑같은 것이 반복되면 식상하게 된다. 지금 이렇게 살아 있다는 기쁨을 누릴 수 있는 것도 죽음이 기다리고 있기 때문이다. 이런 삶이 영원히 반복된다면 그게 바로 지옥이 아닐는지. 지금 나는 천국이 영원하지 않다는 말을 하려는 게 아니라 유한한 세상에 던져진 우리에게 영원은 상대적 개념으로 자리하고 있을 뿐이지 그 실질은 가려져 있음을 말하는 것뿐이다. 즉 우리는 영원이 무엇인지 모른다.

성서가 말하는 영원 개념을 조금이라도 가깝게 따라가려면 지금 우리가 여기 지구에서 경험하는 시간 개념을 극복해야만 한다. 여기서 아인슈타인의 상대성 이론이 도움을 줄지 모르겠다. 들은풍월 정도로 상대성 이론에 대해 한마디 한다면, 물체의 이동 속도에 따라서 시간의 흐름이 달라진다는 것이다. 그 속도의 기준은 빛이다. 빛보다 빠른 물체를 타고 이동할 수 있다면 시간 여행이 가능하다고 한다. 이게 실제로 가능한 것인지 그냥 이론적으로 그렇다는 것인지는 잘 모르겠다. 실제로 가능하지는 않을 것이다. 시간도 강의 흐름과 같이 불가역이기 때문이다. 신문지를 불에 태워 남은 재를 다시 원래의 신문지로 돌릴 수 없는 것과 같다. 어쨌거나 이론상으로는 시간 여행이 가능한 모양이다. 이는 시간도 상대적이라는 말이다. 이를 전제할 때 영원은 단순히 시간이 무한정 확장되는 것이 아니라 질적으로 변화되는 것을 가리킨다고 봐야 한다.

도대체 존재는 무엇일까? 존재 개념을 알면 종교와 철학과 신학의 모든 것을 다 아는 것이라고 해도 과언이 아니다. 수많은 철학자들이 그 주제에 매달렸는데, 그중에서 하이데거(M. Heidegger)가 대표적이다. 그는 『존재와 시간』(Sein und Zeit)를 써서 젊은 나이에 세계 철학계에 두각을 나타냈다. 그의 설명에 따르면 지금까지 유럽 철학은 존재(Sein)가 아니라 존재자(Seiende)에만 천착했다. 그것이 형이상학의 역사다. 예컨대 만물의 본질은 물이라거나 원소라고 보는 것이다. 그래서 존재망각에 떨어졌다. 하지만 존재자들을 존재하게 하는 더 근원적인 세계를 봐야 하는데 그것이 곧 존재다. 이를 위해서 존재하는 것들에 대한 형이상학적 사유를 멈추고(판단정지), 존재 자체에 관심을 기울여야 한다. 그것이 하이데거가 말하는 기초존재론이다.

하이데거의 기초존재론에 따르면 존재하는 것들보다 오히려 존재하지 않는 것들, 즉 무가 존재를 이해하는 데 더 중요하다. 그는 프라이부르크 대학교 교수 부임 기념 강연에서 "왜 존재하는 것들이 존재하고, 무는 없는가?"라는 주제로 특강을 했다. 이런 질문은 하이데거만 한 것이 아니다. 동서양의 수많은 철학자가 질문한 것이다. 그리스 시대의 동상이나 그림에 하반신은 말이고 상반신은 사람인 형상이 등장한다. 그 형상들은 다 이런 질문을 내포하고 있다. 말은 존재하고 사람도 존재하는데, 왜 그 중간쯤 되는 존재자는 없는가 하고 말이다. 이 질문에 대한 대답을 그리스 사람들은 그런 예술품으로 시도한 것이다. 하이데거는 이 존재와 무의 관계에 천착했다. "존재는 무에 걸쳐 있다"고도 말한다. 예를 들어 여기 포도주 잔이 있다고 하자. 사람들은 거기에 잔이 존재한다고 생각한다. 그것을 당연하다고 본다. 그런데 하이데거는 이를 거꾸로 본다. 잔이 아닌 것, 즉 잔의 관

목사 공부

점에서는 무일 수밖에 없는 것이 그 잔을 가능케 한다. 즉 무가 존재하는 것을 가능케 하는 존재다.

내가 전공하지도 않은 하이데거의 존재 개념을 힘들게 설명한 것은 그의 철학 개념이 절대적으로 옳다고 보기 때문이 아니라, 설교자는 하나님의 존재에 대해 해명하고 변증하는 사람이기에 존재에 대한 이해가 깊어져야 한다는 사실을 강조하고 싶기 때문이다. 이런 이해가 깊어지는 사람은 하나님의 존재에 대한 이해도 함께 깊어져서 하나님의 계시가 단순히 노출만이 아니라 은폐와의 변증법적 긴장에 놓여 있다는 신학적 진술을 이해할 수 있을 것이다. 이런 설명이 기독교 신앙과 무슨 상관이 있냐, 특히 설교와 무슨 상관이 있냐 하고 이상하게 생각되는 분은 신학 공부에, 아니 기독교 영성 훈련에 좀 더 천착할 필요가 있다. 그런 생각은 하나님을 실제로 경험한 적이 없다는 사실에 대한 방증이기 때문이다.

## 창조와 세상

성서의 첫 문장은 "태초에 하나님이 천지를 창조하시니라"(창 1:1)이다. 사도신경의 첫 문장은 "나는 전능하신 아버지 하나님, 천지의 창조주를 믿습니다"이다. 성서와 기독교 신앙 문서의 중심에 창조 신앙이 놓여 있다. 그런데 이런 창조 신앙을 근거로 진화론과 대립하는 것은 성서와 기독교 신앙을 크게 오해하는 것이다. 창조 신앙은 인간을 포함한 세상이 하나님에 의해 창조되었다는 엄중한 사태를 가리키는 것이지, 그것이 어떻게 창조되었느냐 하는 것을 논증하는 게 아니다. "어떻게"의 문제는 자연과학의 업무다. 그 자연과학에는 철학도 포함된다. 물리학이나 생물학 같은 자연과학만이 아니라 철학도 기본적으로 세상 현상에 대한 해명이기 때문이다.

우리는 자연과학자와 철학자들에 대해 고맙게 생각해야 한다. 그들을 통해 하나님이 창조한 이 세상을 조금이라도 더 잘 알 수 있기 때문이다. 물론 기독교를 노골적으로 비판하는 과학자와 철학자도 제법 있다. 하지만 그들을 두려워할 필요는 없다. 그들의 비판으로 기독교의 토대가 흔들릴 정도라면 그런 기독교는 망해도 된다. 그들의 비판은 근본에 대한 것이라기보다는 현상적인 것에 머물 때가 많다. 예를 들어 신은 죽었다고 비판한 니체나 종교를 민중의 아편이라고 비판한 마르크스를 보라. 그들은 자신이 경험한 당시 유럽 기독교 현상을 심리학적으로나 사회과학적으로 비판한 것뿐이지 기독교의 본질을 무너뜨린 것은 아니다. 무너뜨릴 수도 없다. 어쨌거나 그들 덕분으로 교회에서 벌어지는 종교 현상의 문제가 무엇인지를 알게 되었다. 그런 측면에서 오히려 그들을 현대의 예언자라고 보는 게 옳지 않을까.

목사들이 철학을 잘 모르면서 무조건 배척하듯이 철학자 중에서도 신학을 잘 모르면서 비판하는 사람이 제법 있다. 일전에 고미숙이라는 여성 철학자가 어느 공개 강연에서 자신은 기독교의 초월적 인격신을 부정한다고 주장했다. 철학자 강신주도 비슷한 주장을 펼쳤다. 그는 자신이 기독교의 논리를 제압할 수 있는 책을 쓰겠다고 공언했는데, 두고 볼 일이다.

이들의 눈에 비친 기독교는 예수 믿고 복 받아 세상에서 잘 살다가 죽은 다음 천당에나 가겠다고 몸부림치는 사람들의 집단이다. 그들의 눈에는 교회에서 벌어지는 일들이 집단적 히스테리 현상쯤으로 보일 것이다. 특히 신을 인격적인 존재로 믿는 것이 못마땅할 것이다. 자신들이 공부하고 경험한 세상은 초월적 인격신의 개입이 불가능하다. 세상이 그 자체의 내재적 작동 원리에 의해 움직인다고 여기기 때문이다. 나는 그들이 어떤 생각을 하는지에 대해 왈가왈부할 생각은 없다. 다만 기독교의 "인격적인 하나님"이라는 개념을 지금 나타나는 교회 현상에 국한하여 판단하지 말아야 한다는 사실만 짚겠다.

우선 하나님을 인격적인 존재라고 할 때의 그 인격은 위에서 예로 든 두 철학자가 생각하듯이 인간의 한 속성인 그 인격을 가리키는 것이 아니다. 고대철학으로부터 시작해 현대철학에 이르기까지 철학이 밝혀보려 했던 근원의 총체가 곧 기독교가 말하는 하나님의 인격 개념이라고 봐야 한다. 하나님의 인격은 장자가 말하는 도(道)나 자연일 수 있고, 하이데거가 말하는 존재일 수 있고, 데리다가 말하는 해체일 수 있다. 하나님의 하나님 됨이 바로 하나님의 인격이다. 그것이 무엇인지는, 철학이 세상의 궁극적인 것을 여전히 다 밝혀내지 못한 것처럼, 우리도 아직 다 아는 것이 아니다. 다만 인격신이라고 할 때 중요한 것은 관계다. 곧 하나님은 고유한 방식으로 우리와 관계를 맺는다는 뜻이다.

고미숙이나 강신주 등이 비판하는 인격신 개념에는 기독교인들이 하나님께 기도해서 신기한 방식으로 뭔가를 얻어내려 한다는 비판이 담겨 있는 듯하다. 하지만 그것은 오해다. 그런 기도 행위를 연상시키는 이야기들이 성서에 나오지만 이는 성서에서 별로 중요한 이야기가 아니다. 단지 우리가 하나님과 관계를 맺고 있다는 사실을 그런 방식으로 전하고 있을 뿐이다.

인격신에 대한 비판이 대상으로 삼는 또 하나의 다른 그림은 하나님이 인간에게 말을 걸고 있는 성서의 많은 이야기일 것이다. 사람이 사람에게 말을 건네듯이 하나님이 사람에게 말을 건넨다는 사실이 그런 이들의 눈에는 유치하게 보이지 않겠는가. 하지만 그것도 성서에 대한 오해다. 그런 표현은 모두 메타포다. 하나님은 사람처럼 말하는 이가 아니다. 그러나 하나님이 말을 거신다고 표현할 수밖에 없는 어떤 것을 성서 저자들은 경험했다. 이런 것에 대해 인격신이라 매도하려면 시인들의 모든 시에 대해서도 시비를 걸어야 할 것이다.

기독교의 근본에 대해 잘 알지 못하고 비판하는 학자가 있다고 해서 자연과학과 철학 자체에 대해 우리가 불편하게 생각할 필요는 없다. 그들의 비판을 통해서 오늘 한국교회가 세상에 어떻게 비쳐지는지를 알 수 있으니, 오히려 고맙게 생각하자. 이런 방식으로 그들도 하나님의 도구로 사용되는 게 아니겠는가. 본인들은 이런 말을 인정하기 싫어할지 모르겠지만.

## 역사철학

흔히 말하기를 기독교는 역사적 종교라고 하고, 하나님도 역사적 하나님이라고 한다. 옳은 말이다. 그리고 이것이 기독교와 불교의 차이이기도 하다. 옳고 그름을 떠나서 불교에는 역사 개념이 약하다. 예를 들어 윤회 사상만 해도 그렇다. 불교의 경우 삼라만상이 돌고 돈다고 보기 때문에 거기에 역사 개념이 들어설 여지는 없다. 불교가 대세인 나라에서 역사 혁명이 일어나기 어려운 이유도 여기 있다. 반면 기독교는 구약부터 시작해서 신약에 이르는 구체적인 역사를 하나님의 섭리가 이루어지는 자리로 보기 때문에 그 역사와의 관계를 중요하게 생각한다. 그래서 역사를 변혁하기 위해 애를 쓴다. 종종 그게 지나치면 침략 전쟁도 불사하게 된다.

우리가 역사라는 말은 많이 하지만 역사가 무엇인지는 여전히 모른다. 하나님의 섭리라는 말도 많이 하지만 그 섭리가 무엇인지 모르는 것과 같다. 우리가 역사를 모른다고 해서 그것이 없는 것은 아니다. 역사는 분명히 우리 앞에 있다. 예수님 당시와 오늘 우리 사이에는 이천 년이라는 시간적 간격이 있다. 그 시간 안에서 많은 사건이 일어났으며, 수많은 사람이 태어나 살다가 죽었다. 그것이 역사다. 그렇지만 이천 년 동안 일어났던 일들을 확인할 수 있다고 해서 우리가 역사를 다 아는 것이 아니다. 여기서 또 하나 중요한 질문이 가능하다. 역사는 왜 이런 방식으로 전개되었을까? 클레오파트라의 코가 약간만 낮았어도 로마의 역사가 달라졌을 것이라는 말이 있다. 거대한 역사의 흐름도 아주 사소한 일에 의해 뒤바뀔 수 있다는 뜻이다. 도대체 역사는 무엇일까?

역사를 기록한 사람도 많고, 그런 역사를 해석한 사람도 많다. 유럽 철학을 집대성한 헤겔에 따르면 역사는 절대정신의 변증법적 발전 과정이다. 역사의 마지막은 절대정신이 완전히 지배하게 되고, 그것의 실체인 사랑이 지배하게 될 것이다. 도전과 응전의 도식으로 역사를 설명한 사람도 있다. 카(E. H. Carr)는 "역사는 현재와 과거의 부단한 대화다"라고 했다. 앞으로도 역사에 대해 질문하고 나름의 방식으로 대답을 제시하는 사람들이 나타날 것이다. 이는 곧 역사에 대한 정답이 아직은 주어지지 않았다는 뜻이다.

기독교의 역사관은 종말 사상으로 집약된다. 종말은 역사의 완성이다. 종말이 와야 역사가 무엇인지 알 수 있다는 말이다. 기독교의 종말론적 역사 이해에 따르면 역사는 정반합이나 도전과 응전, 또는 현재와 과거의 대화라기보다는 종말로부터 우리를 향해 오시는 하나님의 계시 사건이다. 이런 관점에서는 역사가 과거로부터 현재를 거쳐 미래로 흘러가는 게 아니라 오히려 미래로부터 우리에게 온다고 본다. 이게 논리적으로 잘 받아들여지지 않을지도 모르겠다. 이를 개인의 인생으로 비교하면 이렇게 말할 수 있다. 인생의 의미가 무엇인지는 죽을 때에야 비로소 알 수 있다고 말이다. 내가 왜 목사가 되었는지, 아무개와 결혼했는지, 여러 사람을 왜 만났는지에 대한 비밀이 인생의 마지막이 이르러서야 해명된다는 뜻이다. 이런 관점에서 본다면 인생은 과거에 일어난 인과율의 법칙에 따라 결정되는 게 아니라 마지막 때의 빛에 의해 조명받는 것이라고 말할 수 있다. 어쨌거나 역사철학에 대한 공부가 없이는 하나님과 종말에 대해서 설명할 수 없다.

## 영과 정신

신구약을 관통하는 핵심 개념 중 하나는 영(靈)이다. 흔히 인간의 구성 요소를 영과 몸이라고 한다. 여기서 말하는 영이 무엇인지는 아직도 완전하게 알려지지 않았다. 다만 몸과 대립적인 관점에서 인간을 인간 되게 하는 보이지 않는 생명의 능력이라고 할 수 있다. 영은 인간에게만 해당되는 개념이 아니다. 구약성서에 나오는 루아흐는 영또는 바람이라는 뜻이다. 신약성서의 프뉴마가 바로 그것이다. 인간의 영과 하나님의 영이 어떻게 통하고, 또 어떻게 구별되는지도 복잡한 문제다. 성서도 이에 관해서 소상하고 명증하게 설명하지 않는다. 그럴 수밖에 없다. 하나님의 통치 능력인 성령을 우리가 무슨 수로다 해명할 수 있단 말인가. 총괄적으로 말해서 영 또는 성령은 생명을 생명 되게 하는 능력을 가리킨다. 즉 살리는 영이다.

헤겔의 『정신 현상학』(Phänomenologie des Geistes)은 그의 대표 저작 중 하나다. 이 책은 사람이 무엇인가를 경험하는 의식에 대한 학문적 연구로 알려져 있다. 여기서 정신으로 번역된 단어가 바로 기독교가 영이라고 부르는 Geist다. 독일어로 영과 정신은 같은 단어다. 헤겔은 인간의 의식이 어떤 대상을 경험하면서 절대적인 앎으로 들어가는 그 과정에서 결정적인 역할을 하는 요소를 정신이라고 본다. 이런 설명이 확실한지는 모르겠고, 그냥 내가 상식적으로 이해하는 수준으로 정리한 것이다. 내가 여기서 말하려는 것은 헤겔 철학이 아니라, 그가 정신이라고 지칭한 그 개념과 우리가 영이라고 보는 그 개념에 어떤 상관관계가 있을까 하는 질문이다.

일반 평신도만이 아니라 목사 역시 영이라는 단어를 별 생각 없이 사용한다. 어떨 때는 성령을 귀신의 작용쯤으로 간주한다. 오늘의 생물학과 유전공학이 말하는 인간의 정신작용, 그리고 철학이 말하는 정신현상에 대한 공부는 성서의 내용을 21세기 사람들에게 살아 있는 하나님의 말씀으로 전해야 할 목사에게 필수 불가결이다. 이는 과학과 철학 자체를 교인들에게 전해야 한다는 의미가 아니다. 다만 이런 공부를 통해서 성서가 말하는 세계를 보다 정확하게 이해할 수 있을 뿐만 아니라 그것의 타당한 근거를 확보할 수 있다는 말이다.

## 리얼리티

목사의 설교가 공허하게 다가오는 이유 중 하나는 그 바탕에 리얼리티에 대한 이해가 부족하다는 데 있다. 리얼리티(reality)를 번역하기는 쉽지 않다. 이 단어의 의미는 현실, 현실성, 실질, 실제 등이다. 신학에서는 영어 리얼리티보다 독일어 Wirklichkeit가 더 중요하다. 독일어 "비르크리히카이트"에 해당하는 영어가 리얼리티지만, 그것으로는 충분하지 않다. 리얼리티에 해당되는 독일어는 "레알리테트"(Realität)다. 이 단어는 좀 단순하다. 정말 실제하는 것, 정말 현실적인 것을 가리킨다. 그러나 독일어 비르크리히카이트는 지금 여기서 실제하는 것, 현실적인 것만 가리키는 게 아니라 미래에도 참된 것을 가리킨다. 리얼리티보다는 비르크리히카이트가 변증법적인 역동성이 훨씬 강한 개념이다. 그래서 독일 신학계에서는 리얼리티보다는 비르크리히카이트를 쓴다. 하지만 여기서는 이런 언어의 차이를 무시하고 일단 우리에게 익숙한 리얼리티로 통일하겠다.

리얼리티가 무엇일까? 이런 질문에 아무런 느낌이 오지 않는다면 그는 신학을 할 준비가 되지 않은 사람이며, 더 나아가 하나님에 대해서 말할 준비가 되지 않은 사람이다. 흔한 경구를 제시하겠다. 화이트헤드는 『과정과 실재』(Process and Reality)에서 "Reality is process"라는 경구를 남겼다. 그에게는 과정이 리얼리티다. 그는 어떤 실체를 리얼리티로 보지 않는다는 의미다. 화이트헤드를 비롯하여 모든 철학자는 결국 리얼리티를 탐색한 사람들이다. 그 탐색의 여정이 여전히 끝나지 않았다. 이런 여정은 우리가 하나님을 탐색하는, 더 정확하게는 하나님의 계시를 파악해가는 것과 같다.

판넨베르크는 하나님을 "die alles bestimmende Wirklichkeit" (만물을 규정하는 현실성)라고 표현한 적이 있다. 저 현실성은 위에서 말했듯이 영어의 리얼리티다. 그렇다면 리얼리티가 곧 하나님이라는 말이 된다. 상황이 이렇다면 리얼리티에 대한 공부를 하지 않고 하나님을 언급할 수는 없지 않겠는가.

## "이 뭐꼬!"

리얼리티 개념이 갑자기 우리의 마음에 들어오지는 않을 것이다. 따라서 그것을 이해할 수 있는 준비가 되어야 한다. 바둑 아마추어 5급 실력에 불과한 사람은 프로 9단이 놓는 수를 이해하지 못한다. 모든 공부에는 비약이 없다. 천재가 아니라면 모두가 한 단계씩만 앞으로 나갈 수 있다. 리얼리티 개념을 이해하기 위한 준비가 신학에서는 철학이며 인문학이다. 더 근본적으로 세계에 대한 통찰력이다.

세계에 대한 통찰력은 거저 주어지지 않는다. 대개의 사람들은 세계를 통찰하지 않고 그냥 산다. 그냥 돈벌이에 몰두하고, 친구를 만나고, 수다를 떨고, 사랑한다. 그들에게 세상은 리얼하게 다가오지 않는다. 세상이 궁금하지도 않다. 비가 왜 오는지, 바람이 왜 부는지, 구름이 왜 저렇게 변화무쌍한지 무덤덤하다. 먹이를 얻어먹으려고 우리 집을 매일 찾아오는 길고양이들은 꽃과 나무를 구별하지 못한다. 구름도 눈에 보이지 않을 것이다. 단순히 자신의 생존에 필요한 것을 어디서 얻을 수 있는지에 대해서만 관심이 있다. 이런 방식으로는 세계에 대한 통찰력을 얻을 수 없다.

선승들은 "이 뭐꼬?"라는 화두를 붙든다. 그들은 주위의 모든 것에 대해 질문한다. 파리 한 마리가 눈앞에서 날아다닌다고 하자. 이 뭐꼬? 파리는 왜 이 시간에 여기서 날아다니는 걸까? 그 파리는 어디서 왔을까? 파리의 몸을 구성하고 있는 세포들이 우리 할아버지의 세포와 어떤 관계를 맺는 걸까? 대나무 숲에 바람이 불고 있다. 그 바람은 어디서 왔나? 혹여 베를린 중심에 있는 티어가르텐 공원에서 불어온 것인지도 모른다. 이렇게 생각을 하기 시작하면 이 세상의 모든 것이 다 신비롭다. 그런 과정을 통해서 우리는 학문적인 배경이 그렇게 크지 않다고 하더라도 세상에 대한 통찰력을 얻을 수 있으며, 더 나아가 리얼리티 개념의 깊이로 들어갈 수 있다.

오늘날 목사들은 교회 업무에 너무 빠져 있어서 세상의 근본에 대한 통찰력이 턱없이 부족하다. 이는 곧 하나님을 온전히 경험할 수 없다는 뜻이다. 그래도 교회 지도자는 될 수 있고, 운이 좋으면 교회를 부흥시킬 수도 있다. 교회에 나오는 신자들도 일반적으로는 하나님에 대해서 관심이 없다. 그들은 자기 자신에게만 관심이 쏠려 있다. 그리고 교회를 다님으로써 그것을 충족시키려고 한다. 이런 태도는 거칠게 말해서 하나님을 이용하는 것이다. 이런 교회 풍토에서는 목사가 하나님에 대해서 변죽만 울려도 그것 자체로는 아무런 문제가 일어나지 않는다. 다행이라면 다행이고, 비극이라면 비극이다.

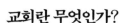

# 교회란 무엇인가?

앞에서 나는 목사의 소명에 대한 이야기로부터 시작해 목사가 감당해야 할 가장 중요한 업무인 예배와 설교, 그리고 영성에 대한 이야기를 했다. 특히 설교자로서 목사의 영성이 깊어지기 위해서는 신학 공부를 게을리하지 말아야 하며, 신학 공부의 바탕이라 할 수 있는 철학 공부가 필수라는 사실에 대해서도 이야기했다. 공자 왈 투의 이야기였는지 모르겠지만 지난 40년 동안 신학생으로, 교수로, 목사로 살아온 경험에서 나름 중요하다고 생각한 것을 신앙고백의 차원에서 전했을 뿐이다.

이제는 목회 현장에서 벌어지는 문제를 어떻게 풀어가야 하는지에 대해 이야기해볼까 한다. 앞의 이야기가 이론이었다면 이제부터 할 이야기는 실천에 속한다. 앞의 이야기보다는 이제부터의 이야기가 더 중요할지 모르겠다. 왜냐하면 신학은 그것 자체로 의미가 있는 것이 아니라 교회와의 관계에서만 의미가 있기 때문이다. 이는 명백한 사실이다. 신학은 교회의 기능이라는 바르트의 말처럼, 신학과 영성은 공중에 떠 있는 게 아니라 구체적으로 교회 공동체와 직결되어 있다. 신학이 있기 전에 교회가 있었다. 신학은 교회로부터 나와서 교회를 섬겨야 한다. 목사는 교회를 떠나서는 존재할 수 없다는 말이다.

요즘 기독교 신앙을 갖고 있지만 교회는 다니지 않는 사람들이 제법 된다. 속칭 "가나안 교인"이라고 한다. 그들은 예수는 좋아하지만 교회는 싫어한다. 이런 분들의 마음은 십분 이해할 수 있다. 이런 저런 이유로 현실 교회에 정나미가 떨어진 것이다. 그게 무엇인지를 따지기 시작하면 끝이 없다. 목사가 목사답지 않다거나, 신자들이 이기적이라거나, 교회가 사회에 대한 관심이 없다고 주장할 수 있다. 실제로 예수 그리스도를 따르는 사람이라고 말하기에 부끄러울 정도의 언행을 일삼는 이도 교회 안에 많다. 그런 것만 보면 교회에 발을 담그기 주저하게 될 것이다. 그러나 이는 별로 신중한 태도가 아니다. 신자들의 구체적인 모임인 교회 공동체가 아니고서는 기독교 신앙이 유지될 수 없기 때문이다. 왜 그런지는 좀 더 자세하게 설명할 기회가 올 것이다.

목회 현장을 직접 말하기 전에 교회란 무엇인가에 대해 질문하는 것이 좋겠다. 목회도 결국 교회 안에서 일어나는 행위이고, 그 행위는 교회의 본질로부터 나와야 하기 때문이다. 지금 우리는 역사에 등장한 교회를 잘 알고 있지만 처음부터 지금과 같은 교회가 역사에 등장한 건 아니다. 교회가 언제 어떻게 시작되었는지는 아무도 정확하게 알지 못한다. 예수님이 교회를 설립한 것은 물론 아니다. 그렇다 하더라도 예수님은 최소한 교회가 설립되는 걸 원하지는 않으셨을까?

마태복음 16:13-20에는 예수님을 향해서 "주는 그리스도시오 살아계신 하나님의 아들입니다" 하는 베드로의 유명한 신앙고백이 나온다. 이 신앙고백은 복음의 초석이다. 이 말을 듣고 예수님은 마태복음 16:18, 19에서 베드로에게 이런 말씀을 주셨다.

> 내가 네게 이르노니 너는 베드로라. 내가 이 반석 위에 내 교회를 세우리니 음부의 권세가 이기지 못하리라. 내가 천국 열쇠를 네게 주리니 네가 땅에서 무엇이든지 매면 하늘에서도 매일 것이요, 네가 땅에서 무엇이든지 풀면 하늘에서도 풀리리라.

로마 가톨릭교회는 이 구절에 근거해서 제1대 교황이 바로 베드로라고 주장한다. 교황의 권위는 베드로에게 주어진 천국 열쇠에 달려 있다. 만약 이 구절을 문자적으로 받아들인다면 가톨릭교회의 교황론도 인정해야 할 것이다. 하지만 개신교회는 이 구절을 다르게 해석한다. 예수님이 베드로라는 한 자연인을 교회의 토대로 삼은 게 아니라 그의 신앙고백을 교회의 토대로 삼았다고 말이다. 어쨌든 가톨릭이나 개신교회나 모두 예수님이 교회를 세웠거나, 세우려 했다는 사실에서는 일치한다. 옳은 말인가?

이 구절에 근거해서 예수님을 교회 설립자로 보거나 교회가 설립되는 걸 원했다고 보는 건 옳지 않다. 베드로의 신앙고백을 전하는 마가복음과 누가복음은 교회 설립 건에 대해서 언급하지 않는다. 마태복음 저자가 베드로의 신앙고백과 교회 설립 전승을 하나로 묶은 데에는 베드로의 권위를 부각시키려는 편집 의도가 작용했다고 보는 것이 옳다. 이 문제를 주석적 논의로 끌고 들어가면 너무 복잡해지니까 이런 정도로 정리하는 게 좋겠다.

예수님이 교회를 직접 설립하지 않았을 뿐만 아니라 제자들에게 그걸 요구하지도 않았다는 사실을 확인하려면 초기 기독교의 상황을 알아야 한다. 이에 대한 자료는 많지 않다. 1세기에 기록된 신약성서가 가장 중요하고 확실한 자료다. 다른 문서들은 2세기로 넘어오기 때문에 간접적인 자료에 속한다. 초기 기독교에 대한 정보를 가장 많이 전하고 있는 신약성서는 사도행전으로 알려져 있다. 그러나 그것도 실제의 초기 기독교에 대한 이야기는 아니다. 사도행전은 바울의 편지들보다 후기에 속하기 때문에 초기 기독교의 상황을 이해하는 데 결정적인 자료는 못 된다. 따라서 우리는 여러 가지 직간접적인 자료를 종합적으로 다루면서 초기 기독교의 역사를 추적해야 한다. 이에 대해 가장 정확한 정보를 알려주는 책은, 내가 읽은 것 중에서 찾는다면, 에티엔느 트로크메의 『초기 기독교의 형성』(유상현 역)이다.

사도행전에 따르면 예수님의 십자가 죽음과 부활 및 승천 뒤에 예루살렘에 있는 마가 요한의 집에서 교회가 시작된 것으로 나온다. 첫 오순절, 즉 승천 후 10일 후에 예수님의 제자들과 평소 가까이 따르던 이들 120명 정도가 마가의 다락방에 모여 기도하는 중에 성령이 임했고, 즉시 예루살렘 저잣거리에 나가서 베드로를 중심으로 사도들이 복음을 전했다는 것이다. 교회가 이렇게 빨리 진행될 수는 없다. 부활 신앙도 빈 무덤과 예수의 부활 현현을 보고 즉시 생긴 것은 아니다. 부활을 어떻게 금방 이해하고 믿을 수 있겠는가. 오히려 우리가 정확하게 계산할 수 없는 시간이 충분히 흐른 뒤에 기독교 신앙이 결실을 맺으면서 공동체가 시작되었다고 보는 게 옳다.

우리가 초기 기독교라고 부르는 예루살렘 교회는 사실 기독교라고 말할 수 없다. 그들이 나사렛 예수의 재림을 기다리고 있었던 것은 분명하지만 유대교와 구별된 기독교라기보다는 여전히 유대교의 테두리 안에 머물러 있었기 때문이다. 유대교 안에 바리새파, 사두개파, 에세네파 등이 있듯이 나사렛파로 자리한 것이다. 예루살렘 교회는 상당히 오랫동안 유대교와 가깝게 지냈으며, 유대전쟁이 끝난 기원후 70년까지는 이런 상황이 아무 문제가 없었다. 그 뒤로 심각한 어려움을 겪게 되고, 예루살렘 교회가 바울을 중심으로 하는 이방인 기독교와의 경쟁에서 밀리면서 이런 상황은 역사에서 사라졌다.

만약 예수님이 제자들에게 교회를 설립하라고 말씀하셨다면 예루살렘 공동체가 유대교 안에 머물러 있었을 까닭이 없다. 더구나 복음서의 증언에 따르면 유대교 당국자들은 예수님의 십자가 처형에 결정적인 책임이 있는 자였으니까 제자들은 가능한 한 빨리 유대교로부터 벗어나야만 했다. 그런데 예수님의 제자와 동생들은 아무런 일도 없었다는 듯이 유대교인으로 생활했다. 그들은 안식일을 그대로 지켰고, 예루살렘 성전을 드나들면서 유대인의 기도 시간도 지켰다.

물론 초기 기독교의 상황이 그렇다고 해서 예수님이 교회와 무관하다고 보면 안 된다. 예수님이 없는 교회는 상상할 수 없다. 교회의 토대는 당연히 예수님이다. 그의 십자가와 부활이다. 이 사건이 아무도 예상하지 못한 방식으로 진행되어 오늘의 교회가 역사에 등장하게 된 것이다. 그런 역사 과정을 우리는 성령의 인도하심이라고 믿는다. 그 모든 것의 단초는 예수님과 그가 선포한 하나님 나라다.

## 교회와 하나님 나라

예수님이 십자가에 처형당한 것은 그가 하나님 나라를 선포했기 때문이다. 하나님 나라는 유대교의 율법이나 예루살렘 성전을 중심으로 하는 종교 체계 안에 갇히지 않기 때문에 하나님 나라에 전적으로 의존했던 예수님은 유대교 당국과 충돌하지 않을 수 없었다. 이런 부분에서 예수님은 좀 극단적이셨다. 그가 어느 정도 융통성을 발휘했다면 십자가 처형에까지 이르지는 않았을 것이다.

예수님의 십자가 처형에 가장 큰 책임이 있는 집단이 어디인지 한번 짚어야겠다. 복음서와 사도행전은 유대교 종교 권력자들의 책임을 가장 크게 생각한 반면에 사도신경은 로마 총독 빌라도에게 책임을 묻는다. 복음서는 예수님이 산헤드린에 의해 체포당하고 심문당한 뒤에 유죄 판결을 받고 로마 총독인 빌라도에게 넘겨지셨다고 보도한다. 복음서에 따라 약간씩 뉘앙스에 차이가 나지만, 예수님을 석방하고 싶어했던 빌라도가 유대교 당국자들과 그들에게 선동된 민중에 의해 어쩔 수 없이 예수님께 유죄 판결을 내렸다는 점에서는 일치한다. 사도행전의 앞부분에 나오는 설교 역시 예루살렘 유대인들에게 메시아 살해의 책임을 묻는다. 반면 사도신경은 이 사실을 언급하지 않고 빌라도만 거론한다. 어느 쪽이 실체적 진실에 가까울까? 이것은 우리의 주제가 아니니까 그냥 질문으로 남겨놓고 진도를 나가자.

우리의 주제는 교회가 역사에 등장하게 된 단초가 하나님 나라라는 사실이다. 그 하나님 나라는 예수님의 선포와 행위와 운명을 결정했기 때문에 교회는 늘 하나님 나라와 결부되어야 한다. 하나님 나라를 이해하는 수준에서 교회도 운용될 것이다. 만약 하나님 나라를 잘 먹고 잘 사는 세계쯤으로 이해한다면 교회 역시 그런 것만 추구하게 될 것이다. 하나님 나라를 우주 공간 어디에 있는 천당쯤으로 생각한다면 교회에 나오는 사람들도 그런 데만 관심을 둘 것이다. 하나님 나라를 교회 확장으로 생각하는 사람이라면 교회 성장에만 마음을 둘 것이다.

오늘 교회를 책임지고 있는 목사들이 하나님 나라가 무엇인지에 대해 진지하게 생각하면서 목회한다고 보기 어렵다. 교회와 하나님 나라가 어떻게 연결되는지에 대한 관심이 없다. 하나님 나라의 종말론적 성격에 대해 아무런 느낌도 없다. 하나님 나라에 대한 신학적 이해가 깊어야만 한다는 말은 아니다. 최소한 교회는 교회 자체를 목표로 하는 게 아니라 하나님 나라를 목표로 한다는 사실만이라도 알고 있어야 한다는 뜻이다. 말은 이렇게 할 수 있지만, 실제 목회 현장에서 하나님 나라, 즉 그의 종말론적 통치를 염두에 두기는 쉽지 않다. 한국교회 목회의 일상이 너무 처절하기 때문이다. 세상살이에서도 생존에 쫓기면 삶의 의미를 생각하기 힘든 것처럼, 목회에서도 교회 운영에 쫓기면 하나님 나라는 물론이고, 성령과의 소통도 거리가 먼 이야기가 된다.

하나님 나라는 눈에 보이지 않고 교회는 보이기 때문에 우리는 하나님 나라를 명분으로 삼으면서도 실제로는 교회를 목표로 목회하는 경우가 많다. 교회가 하나님 나라와 분리되지 않으며 분리되어서도 안 되지만, 교회가 하나님 나라보다 상위에 자리하면 안 된다는 사실을 분명히 해야 한다. 하나님 나라와 교회의 관계에 대해 판넨베르크는 이렇게 설명했다.

교회는 하나님 나라가 아니다. 하나님 나라는 세상의 미래인 것처럼 교회의 미래이다. 그런데 교회는 어거스틴 이래로 그리스도의 나라와 일치하는 것으로 자리매김 되었다. 이러한 자리매김은 종말과 하나님 나라가 개시되기 전 메시아의 천년 왕국이 시작한다는 유대적-기독교적 기대와의 연결고리 가운데서 이루어졌다. 어거스틴은 메시아 왕국을 교회의 시대와 동일시함으로써 이러한 전(前)천년설적 표상의 모든 종말론적 드라마를 제거했다. 이러한 동일화에는 물론 문제가 있다. 왜냐하면 하나님 나라와 그리스도의 나라는 분리될 수 없으며, 양자는 교회가 좇아야 할 미래를 특징짓기 때문이다. 그럼에도 불구하고 교회의 주이신 그리스도의 미래는 교회의 현재를 이미 규정하고 있다. 교회의 선포에서 그리스도의 통치는 사실상 현재한다. 왜냐하면 그리스도의 통치는 인간을 하나님의 통치로 불러내고 하나님의 통치가 도래한다는 사실을 선포하는 지상적 활동 이외의 다른 목표를 가질 수 없기 때문이다. 교회는 그리스도를 선포함으로써 예수 그리스도의 사명을 계속 유지한다. 이에 따라 그리스도가 교회에서 현재적으로 통치한다는 사실이 보장된다. 그렇지만 역사적으로 구체적인 삶에서 행해지는 기독교인들의 친교는 그리스도의 왕국과 일치하지는 않는다. 하나님 나라와 그리스도의 나라는 교회보다 우월하다(졸역, 『사도신경 해설』, 193쪽).

목사 공부

예수님의 관심은 오로지 하나님 나라였다. 따라서 교회가 예수님을 그리스도로 고백하는 사람들의 모임이라고 한다면 하나님 나라를 교회의 근거이자 목표로 삼아야 한다. 이 사실을 모르거나 인정하지 않는 목사는 없을 것이다. 문제는 하나님 나라를 실질적으로 경험하기가 어렵기도 하고, 오해하기 쉽다는 데 있다. 그래서 목회의 진정성이 있는 목사라고 하더라도 하나님 나라 중심의 목회 패러다임을 추구하기가 어렵다. 이는 시가 우리의 영혼을 풍요롭게 한다는 사실을 아는 사람이라고 해서 누구나 시를 읽거나 쓸 수 있는 것이 아닌 것과 같다. 이를 해결할 수 있는 길은 하나님 나라에 대한 책을 읽고 공부하는 것이다. 신학대학원 석사 과정에 들어가면 하나님 나라와 종말, 하나님 나라와 교회, 하나님 나라와 설교 등의 과목을 만날 수 있을 것이다. 이를 주제로 하는 책도 많다.

나는 여기서 하나님 나라 개념에 대해 본격적인 논의를 펼치지 않겠다. 다만 한 가지 관점만 간략히 언급함으로써 하나님 나라 공부가 목회와 설교에서 왜 중요한지를 암시만 하겠다. "하나님 나라"(바실레이아 투 테우)는 기본적으로 하나님의 통치를 가리킨다. 통치는 변화이고 힘이다. 특히 여기서 중요한 것은 하나님과 그분의 통치가 존재론적으로 하나라는 사실이다. 하나님이 따로 존재하고 그분의 통치가 따로 존재하는 게 아니다. 사람은 그 사람 자체와 능력이 분리될 수 있다. 판사와 재판은 분명히 구분된다. 그러나 하나님은 통치그 자체다. 변화 자체이고, 능력 자체다. 하나님은 통치로 존재한다. 요한이 "하나님은 사랑이다"(요일 4:16)라고 말한 것도 이런 사실에 근거한 것이다.

목회와 연결해서 한마디만 보충해야겠다. 하나님 나라를 하나님의 생명의 통치로 분명하게 인식하고 받아들일 수 있는 목사라고 한다면 그는 교회 성장에 매몰되지 않을 것이다. 왜냐하면 그런 공간 확장은 하나님 나라와 직접 연관되는 것이 아니기 때문이다. 생각해보라. 바람은 존재론적으로 바람일 뿐이지 더 큰 바람과 작은 바람이 구분되는 게 아니다. 부채로 땀을 식히는 바람이나 태풍으로 불어오는 바람이나 똑같이 바람일 뿐이다. 하나님의 통치도 양적으로 구분되지 않는다. 50명 모이는 교회에서 하나님의 통치에 순종하는 목사나 5000명 모이는 교회에서 하나님의 통치에 순종하는 목사나 똑같다는 말이다. 단 그들이 하나님의 통치를 제대로 바라보고 있다는 전제에서 그렇다.

50명 모이는 교회의 목회나 5000명 모이는 교회의 목회가 다를게 없다는 말이 상투적으로 들리지 않았으면 한다. 물론 주변 사람들의 평가는 다를 것이다. 50명 교회를 목회하는 사람은 능력이 없는 사람으로, 5000명 교회를 목회하는 사람은 능력 있는 사람으로 평가를 받는다. 사례비도 다르고, 정치적 발언권도 다르다. 5000명 모이는 교회는 사람이나 돈이 풍족하게 돌아가기 때문에 목회자가 하고 싶은 일을 얼마든지 할 수 있지만 50명 교회는 운영 자체도 힘들다. 이런 현실적인 한계를 목사 개인의 영성으로만 뚫고 나가기는 힘들다. 제도적인 밑받침이 필요하다. 그런데 안타깝지만 이것이 한국교회에서는 불가능한 일이다. 극단적인 개교회주의, 즉 반(反)에큐메니컬 풍조에 빠진 한국의 개신교회는 구조적으로 교회의 본질을 추구하기 어렵게 되어 있다.

그럼에도 불구하고 하나님의 통치에 집중하는 목사에게 교회의 크기가 중요하지 않다는 사실만은 잊지 말아야 한다. 이것은 중대형 교회 목사와 소형 교회 목사 모두에게 해당된다. 중대형 교회 목사들은 자신의 목회 업적에 자족하거나 자만하기 때문에 하나님의 통치에 대한 생각을 하지 못할 경우가 많다. 하나님의 통치를 어느 정도 눈치 챈 목사라고 한다면 자신의 목회 업적이 얼마나 하잘것없는지를 절감할 것이다. 그래서 그는 교회의 교회다움을 만들어가기 위해서 매진한다. 소형 교회 목사들은 생존에 허덕이느라 하나님의 통치를 생각할 겨를이 없다. 그러나 하나님의 통치에 마음을 둔 목사라고 한다면 아무리 작은 교회를 맡고 있다 하더라도 영적으로 비굴하지 않게 살아갈 것이다. 그래서 나름대로 교회의 교회다움을 위해서 매진한다. 이렇게 중대형 교회 목사와 소형 교회 목사들이 하나님의 통치라는 차원에서 의기투합한다면 오늘 한국교회에서 벌어지는 불미스러운 많은 일이 해결될 것이다. 진정한 의미에서 교회 일치를 도모할 것이며, 목회자들 사이에 진정한 코이노니아가 이루어지지 않겠는가.

이처럼 교회를 교회답게 목회하는 일은 목사의 인격과 신앙에만 달려 있는 게 아니라 근본적으로는 신학에 대한 그의 인식 정도에 달려 있다. 여기서 교회가 무엇인지에 대한 전통적 교리를 잠시 짚어야겠다. 이 교리는 교회론의 기초다. 이 기초에 근거해서 더 풍성한 내용은 각자가 찾아야 한다. "니케아 신조"는 교회의 속성을 네 가지로 규정했다. 단일성, 보편성, 거룩성, 사도성이 그것이다. 이 네 가지 속성이 우리말 "사도신경"에는 두 가지로 축소되었다.

## 단일성

예수를 그리스도로 고백하는 사람들의 모임을 교회라고 한다면 당연히 그 내부에 단일성을 전제한다. 예컨대 자동차 회사를 경영하는 사람들은 그 물건을 많이 팔아서 돈을 벌면 그만이기에 서로 경쟁하고 때로는 권모술수를 통해서 상대를 굴복시키겠지만, 교회는 예수가 온 세계의 그리스도라는 사실을 믿고 선포하는 이들의 모임이기 때문에 서로 배타적으로 경쟁할 수 없다. 기독교 이천 년 역사에서 기독교인들은 세례를 받을 때도 한 분 예수 그리스도의 이름으로 받았으며, 그분의 이름으로 성만찬에 참여했다. 교회가 구원론적으로 하나의 근원을 갖고 있다면 이들의 일치와 친교는 분명해야 할 것이다.

한국교회는 단일성을 역행하고 있다. 150개 이상의 교단 혹은 교파로 분열되어 있는 상태다. 지금도 여전히 일치의 기운은 찾아볼 수 없고, 오히려 분열의 조짐이 짙어질 뿐이다. 이런 일은 세계 기독교 역사에서 그 유래를 찾아볼 수 없다. 어떤 이들은 교파 분열을 통해서 교회가 성장했다는 논리를 편다. 이런 논리로 교파 분열이 합리화될 수는 없다. 이런 교파 분열로 인해 파생되는 문제는 한두 개가 아니다. 각각의 교단이 신학교를 운영하다 보니 교수진의 질적 저하는 물론이고, 그 밑에서 교육받는 신학생의 질적 저하도 심각한 상태다.

교회의 단일성은 획일화와는 다르다. 그것은 "자유 속에서의 일치"다. 현실적으로 개신교회의 모든 교단을 하나로 만들 수는 없다. 분열의 현실을 인정하면서 단일성의 정신을 살려나가는 대안을 찾아나가는 게 최선이다. 그 길은 각각의 교파가 자신의 특색을 살린 가운데 일치 정신을 도모하는 것이다. 즉 다양성 가운데서의 일치다. 한국교회가 이를 해낼 수 있을까? 그런 의지라도 있을까? 현재로서는 비관적이다. 그분의 팔이 움직일 때를 기다려야겠다.

## 보편성

영어 카톨리시티(catholicity)의 번역인 보편성은 원래 지역 교회에 대해서 대교구에 있는 주교회, 감독교회를 의미했다. 지역의 개별 교회도 온전한 교회이고 그것을 감독·관리하는 노회나 총회도 온전한 교회라는 뜻이다. 교회의 보편성은 교회의 일치와 연관된다. 교회의 단일성이 교회의 수렴적인(intensive) 일치를 의미한다면, 교회의 보편성은 교회의 확장적인(extensive) 일치를 의미한다. 보편성이 로마 가톨릭교회를 암시하는 탓에, 종교개혁 시대의 개신교회는 "일반적인" 혹은 "기독교적인"이라는 말로 대치했다. 우리말 사도신경은 "공교회"로 표현했다.

　로마 가톨릭교회의 교구 제도가 바로 교회의 전형적인 보편성을 가리킨다. 한국 가톨릭의 서울교구, 인천교구, 부산교구 등이 다 교회다. 서울교구에 속하는 모든 가톨릭교회가 하나의 교회를 이룬다. 교구 안에서 인사 문제를 처리하고 재정을 처리한다. 사제들은 교구 안에서 자리를 옮기고, 사례비도 동일하게 받고, 교회를 새로 설립하는 일도 교구 차원에서 결정하고 시행한다. 물론 신학 교육도 교구의 책임이다. 부산교구에 교적을 두고 있는 가톨릭 신자는 서울 가톨릭신학교에 입학할 수 없다. 교구 차원에서 필요한 사제를 선발하고 교육시키고 발령을 내린다. 원래 감리교회도 교구 중심의 제도로 시작되었다. 감리교회 목사는 청빙을 받는 게 아니라 발령을 받는다. 그런데 지금은 감리교회도 완전히 개교회주의로 떨어졌다. 목사들은 치열한 청빙 경쟁에서 살아남아야 담임목사가 될 수 있다.

오랜 역사를 통해 자리 잡은 교회의 보편성이 한국의 개신교회에서는 찾아볼 수 없게 되었다. 이를 회복할 수 있는 길은 현재로서는 보이지 않는다. 이는 마치 자본주의 체제에 적응한 사람들이 사회주의 체제로 돌아갈 수 없는 것과 같다. 다만 소극적으로나마 보편성의 기운을 살릴 수 있는 대안을 찾을 필요는 있다. 그중 하나가 미자립 교회 살리기가 아닐까 생각한다. 중대형 교회가 책임지고 미자립 교회의 재정을 지원하는 것이다. 이것은 자본주의 체제에서 보편 복지를 확대하는 것과 같다. 이런 노력으로 교회의 사적 차원이 극복되고 공적 차원으로 올라설 수 있는 단초가 마련되었으면 한다.

## 거룩성

초기 기독교 때부터 기독교인은 스스로를 성도라고 불렀다. 성도(聖徒)는 거룩한 무리다. 하나님이 거룩하신 분이니 하나님을 믿는 사람들을 거룩한 무리라고 부르는 것은 당연하다. 예수 그리스도를 믿음으로써 의롭다고 인정받았다는 사실도 이것과 연관된다. 의는 곧 거룩함이다. 성도를 가리키는 그리스어 하기오스는 "거룩하다"는 뜻만이 아니라 "구별되었다"는 뜻도 있다. 성(聖)은 분명히 속(俗)과 구별된다. 하늘은 땅과 구별된다. 생명도 죽음과 구별된다. 이런 점에서 거룩성을 교회의 속성으로 보는 것이 옳다.

거룩성이 구체적으로 무엇인가? 이게 눈에 보이는 것은 아니다. 기독교인의 얼굴이 일반 사람과 달리 빛나는 것도 아니고, 교회당 건물이 늘 구름으로 휩싸여 있는 것도 아니다. 교회의 거룩성은 교회에 속한 사람들이 세속의 가치와 근본적으로 다르게 살아간다는 사실을 가리킨다. 자기의 의지를 성취하는 게 아니라 하나님 나라, 또는 하나님의 뜻이 이루어지는 데 삶의 근거를 설정한다는 것이다. 하나님은 생명을 창조한 분이며 완성할 분이기 때문에 하나님의 백성인 교회에 속한 신자들이 생명 지향적으로 살아야 한다. 기독교인은 이 세상의 굳어진 질서에 안주하지 않고 부활의 생명의 차원에서 세상의 근본적인 변혁과 개혁을 모색하고 실천해나가야 한다. 그럴 때 기독교인과 교회는 비로소 거룩한 것이다. 이런 생명 지향성을 교회가 놓치지 않는다면, 몰트만이 말한 것처럼 "가난 속의 거룩함"이라는 삶의 신비를 경험하게 될 것이다.

교회의 거룩성이 왜곡되는 경우는 다음과 같이 두 가지다. 하나는 교회가 세상으로부터 구별되어야 한다는 명분에 기대서 현실 도피적인 태도를 취하는 것이다. 이럴 때 교회는 사람들을 단순히 종교적으로 위로하는 역할에 머물고 말 것이다. 이런 역할로는 거룩성을 확보할 수 없다. 오히려 세상 한가운데서 거룩성을 확보할 수 있는 길을 찾아야 한다. 예수님은 저잣거리에 나서는 것을 피하지 않으셨다. 다른 하나는 교회가 세상에서 영속적인 종교 기구로 자리를 확보하는 것이다. 이것도 잘못이다. 교회가 아무리 거룩하다고 하더라도 하나님의 통치 앞에서는 잠정적인 운명을 피할 수 없다. 자기 스스로를 하나님의 자리에 놓지 말고 그 하나님께 철저히 의존할 때 교회의 거룩성이 주어지지 않겠는가. 오늘 한국교회 목사들은 교회의 거룩성을 어떻게 생각하며, 어떻게 세워나가고 있을까?

## 사도성

예수님의 부활 승천 이후 예수님과 관계된 어느 누구도 처음부터 교회 설립을 계획하거나 추진하지 않았다. 그럴 필요성을 느끼지도 않았다. 그런데 결과적으로 교회가 역사에 등장했다. 이런 점에서 교회의 등장은 우연의 산물이다. 이런 역사의 흐름에서 가장 중요한 역할을 한 이는 사도들이다. 예수 그리스도에 대한 그들의 경험과 고백이 교회의 초석이다. 그들을 경유하지 않으면 기독교 신앙이 성립되지 않는다는 뜻이다. 실제로 예수님과 우리 사이에는 이천 년이라는 시간적 간격이 놓여 있기 때문에 예수님을 직접 만나지 못한다. 양자의 매개자는 사도들이다. 우리는 사도들의 영혼에 각인된 예수 그리스도를 간접적으로 만날 수 있을 뿐이다. 그래서 쉴링크는 이렇게 말했다. "사도적인 증언 없이는 그리스도가 감추어져 있을 것이며, 다만 이런 사도적 증언에 토대해서만 그리스도는 실제로 인식된다." 앞서 언급한 교회의 세 가지 특징 역시 이 사도성에서만 명백하게 드러날 수 있다.

이 사도성 문제에서 우리는 두 가지 관점을 놓치지 말아야 한다. 첫째로 교회의 복음과 가르침은 부활한 그리스도를 목격한 사람, 즉 첫 사도들의 증언에 근거하고 있다. 따라서 교회의 본질을 온전하게 유지하는 길은 현대의 여러 사상에 우리가 얼마나 깊숙이 침잠해 있는가에 달려 있지 않고 사도의 가르침, 특히 그들이 경험한 십자가 및 부활과 얼마나 견고하게 연결되어 있는가에 달려 있다. 둘째로 교회는 사도의 선교적인 사명을 수행해나가기 위해 존재한다. 교회가 조직의 유지를 목표로 하지 않고 온전히 사도적 사명에 천착해야만 한다는 것이다. 이 사도의 선교 사명은 부활한 그리스도의 부활절 사건에 의해 종말론적으로 규정되어 있다. 오늘날 교회가 본질로부터 이탈하지 않으려면 끊임없이 이 사명에 영적인 촉수를 맞춰야 한다.

오늘 한국교회는 교회의 사도성을 바르게 지켜내고 있을까? 다른 것은 접어두고 사도의 선교 사명에 대해서만 한마디 하자. 한국교회는 "모이면 기도하고, 흩어지면 전도하자!"는 구호를 제1계명으로 삼을 정도로 전도나 선교에 진력하고 있다. 해외 선교사 파송이 미국에 이어 세계 제2위라고 한다. 이런 전도와 선교 열기로 한국교회가 지금과 같은 정도로 성장한 것은 분명한 사실이다. 문제는 오늘 한국교회의 전도와 선교가 지나치게 협소한 차원으로 떨어졌다는 데 있다. 사람들을 교회 안으로 끌고 들어오는 것만을 선교로 여긴다. 선교가 교회 확장의 도구로 전락한 것이다. 이런 방식으로는 예수 부활의 우주론적 해방에 착상된 사도의 선교 사명을 따라갈 수 없는 노릇이 아닌가.

# 목회 실천

신대원을 졸업하고 일정한 기간 목회 현장에서 실습을 거친 후 각종 시험에 합격하여 목사 안수를 받은 한 사람이 있다고 하자. 목사 안수를 받았다고 해서 본격적인 목회의 길에 들어서는 사람은 그렇게 많지 않다. 옛날에는 소위 "개척"이라고 해서 신학생이나 전도사 신분일 때 교회를 시작한 이들도 꽤나 된다. 그들은 이미 한 교회의 담임 교역자 역할을 하고 있었기 때문에 목사 안수를 받으면 곧 담임목사의 자리에 서게 된다. 이제는 그런 개척의 시절은 갔다. 개척 자체가 드문 일이 되었을 뿐만 아니라 그것도 이미 부목사 같은 위치에서 오랜 세월에 걸쳐 목회 훈련을 거친 이들에게나 가능한 일이 되었다.

## 개척 교회 이야기

내게는 두 번의 교회 개척 경험이 있다. 한 번은 서른세 살이던 1986년이고, 다른 한 번은 쉰 살이던 2003년이다. 우선 앞의 이야기를 간단히 하겠다. 당시 대전에서 제법 큰 교회에 속하는 아무개 성결교회 부목사로 활동하고 있던 내게 신학교 대선배이신 아무개 목사님이 개척 교회를 할 생각이 없느냐고 의향을 물으셨다. 여러 부목사들을 모아놓고 종종 "그따위로 교회 일 하려면 당장 그만둬" 하는 식으로 모멸적인 언사를 던지는 담임목사에게 실망하고 있던 차에 잘됐다 싶어 가겠다고 대답했다. 완전히 맨땅에 헤딩하는 식의 개척은 아니었다. 교회 내분으로 갈라져 나온 30여 분이(숫자는 정확하지 않다) 담임목사를 찾고 있었다. 삼십 대 초반의 젊은 나이로 내가 그 교회의 첫 담임목사로, 즉 새로 설립된 교회의 담임목사로 간 것이다. 거기서 마흔네 살이 되던 1997년 말까지 있었다.

내 경우에도 목회 방식은 일반 교회와 다를 게 없었다. 새벽 기도회를 인도하고, 심방 다니고, 청년과 학생들을 지도하고, 주일 예배드리고, 절기에 맞춰 교회 행사를 하고, 수련회도 다녀오고, 이모저모 사회봉사를 했다. 혼자서 북 치고 장구 치듯 모든 일을 감당했다. 한 달에 한 번씩 마을 청소도 했다. 청소라고 해봐야 대단한 일은 아니다. 예배 후 국수를 먹은 다음 신자들과 함께 비닐봉지와 집게를 들고 교회 주변 마을을 한 바퀴 돌면서 쓰레기를 걷어오는 일이었다. 경제적으로 어려운 동네 사람들에게 조금씩 경제적인 도움을 주는 일도 목회의 한 부분이었다. 다 쓰러져 가는 집에서 두문불출하며 겨우 목숨을 부지하고 있던 분의 기억이 생생하다. 어쨌거나 면소재지에 있는 작은 교회에서 다른 이들과 비슷한 방식으로 목회를 감당했다.

그럼에도 목회 내용은 그때부터 달랐다. 신자들이 헌금에 대해 부담을 느끼지 않게 했다. 교회 창립 10주년을 기해서 교회당을 건축했을 때도 마찬가지였다. 일반적으로 그런 큰일을 앞두면 부흥회를 개최해 건축 헌금을 갹출하는 일이 많았다. 나는 그곳에서 10년 이상 목회를 하면서 부흥회는 한 번도 하지 않았다. 그럴 필요를 전혀 느끼지 않았기 때문이다. 당시 우리 교회당은 슬레이트 지붕으로 된 아주 오래된 건물이었는데, 같은 지붕으로 이어진 방 두 개짜리(그중 하나는 부엌 겸용) 사택은 하루 종일 햇빛 한줌 들지 않았다. 어느 해인가는 길고양이가 슬레이트 지붕의 구멍을 뚫고 들어와 천정에 새끼를 낳은 바람에 그들을 옮기느라 고생 꽤 했다. 그런 중에 모든 교인의 총의를 모아 교회당을 건축하기로 했다. 헌금 방법은 각자 형편과 믿음에 따라서 내기로 했는데, 내 기억으로는 당시 1억 원 상당의 헌금이 모였고, 그 한도 안에서 교회당을 지었다. 모두 가난한 분들이었는데, 많은 헌금을 하신 편이다.

삼십 대 초반부터 사십 대 중반까지 나름 진정성을 갖고 시골 교회에서 목회에 전념했다. 몇 년 동안은 아주 느리지만 신자의 수가 꾸준히 늘었지만 일정한 수준이 되자 그 뒤로는 현상 유지에 머물렀다. 여기에는 몇 가지 이유가 있다. 일단 그 지역 자체의 한계다. 시골인 탓에 고등학교를 졸업한 청년들은 다 고향을 떠났다. 인근에 논공공단이 있기는 했지만 현풍면의 인구가 대폭 늘어나지는 않았다. 지역적으로 대구에 가까운 편이라서 아이 교육에 민감한 젊은 부부들은 대구로 떠나고 싶어했다.

시골 교회의 목회는 근본적으로 한계가 있다. 지금은 당시보다 상황이 더 열악할 것이다. 젊은이는 다 떠나고 노인만 남아 있다. 지금 내가 살고 있는 원당에서 가장 젊은 농사꾼이 오십 대 중반 한 사람,

육십 대 중반 한 사람이다. 나머지는 다 칠십 대와 팔십 대다. 몸이 아파 농사를 짓지 못하는 분도 많다. 현재 내가 담임목사로 섬기는 대구샘터교회의 위치는 대구지만 내가 거주하는 곳은 그곳에서 자동차로 50분 거리인 영천시 북안면의 작은 마을이다. 이런 시골에서 교회 성장은 불가능하다. 오늘 젊은 목사들은 큰 도시에서 대리운전이나 택배 기사를 할지언정 시골 교회로 가지 않는다. 그걸 뭐라고 할 수도 없다. 일단 경제적으로 자립도 안 되는 데다가 아이 교육도 어려운 시골 교회를 누가 가고 싶어하겠는가. 총회나 노회 차원에서 근본적인 해결책을 모색해야 할 것이다. 시골 교회 목회자에게도 최소한 목사의 품위를 잃지 않을 정도의 사례비를 제공해주는 것이 첫걸음이다. 도시의 중대형 교회는 시골 교회에 빚진 마음으로 이런 일에 기꺼운 마음으로 동참할 수 있을 것이다.

나는 현풍교회를 1997년 말에 그만두고, 1998년부터 2년 동안 영천 성결교회 담임목사로 지냈다. 그 교회도 소위 말하는 미자립 교회였다. 익히 아는 것처럼 통계에 따르면 현재 한국에 있는 개신교회의 30퍼센트 정도가 미자립이라고 한다. 미자립 교회란 신자들의 헌금으로 목사 사례비와 교회 운영비를 일정한 수준 이상으로 충당할 수 없는 교회를 가리킨다. 사회의 기준으로 말하면 절대 빈곤층이나 차상위계층을 가리킨다. 영천에서도 교회 형편이 어렵고 교인 수도 얼마 되지 않았지만 그래도 재미있게 목회 활동을 했다.

2000년 3월부터 2001년 2월까지는 독일 베를린에서 안식년으로 보냈다. 그곳에서는 백림성결교회 협동목사라는 타이틀을 갖고 지냈다. 말 그대로 목사로서의 활동은 없이 목사직만 유지하는 것이었다.

안식년이라는 핑계로 그야말로 일 년 동안 여유 있게 보냈다. 베를린을 베이스캠프로 해서 유럽의 여러 나라를 쏘다녔다. 그런 탓인지 지금은 놀고 싶다거나, 어디 여행 가고 싶은 마음이 별로 없다. 아무리 멋지고 웅장한 자연경관이나 세련된 문화라는 것도 다 거기서 거기였다. 지금 내가 살고 있는 시골 풍경이 그랜드캐넌이나 알프스 계곡 못지않다고 생각한다. 지구 안에 있는 모든 것은 제각각 고유한 빛을 내고 있는 것이 아니겠는가.

그래도 아무리 안식년이라고 하지만 어디 놀기만 했겠는가. 그 기간에 성서와 장자를 꼼꼼히 읽었다. 특히 장자는 한자 연습을 겸해서 열심히 읽고 쓰고 했다. 그때 장자와 노자가 말하는 도(道) 개념을 어느 정도 따라잡은 것 같다. 도 안에서, 또는 그 앞에서 사람은 무위를 고백할 수밖에 없다. 도와 성령, 무위와 칭의를 연결해서 생각할 수 있게 되었다. 시간이 있을 때마다 베를린 국립도서관에 가서 판넨베르크의 설교집 『하나님의 현재』(Gegenwart Gottes)를 읽고 번역했다. 그의 설교를 통해 나는 설교와 조직신학이 어떻게 연결되는지에 대해 좀 더 명확하게 파악할 수 있었다. 성서, 장자, 판넨베르크의 설교를 일 년 동안 읽고 생각하는 과정을 통해 인문학적 소양이 좀 더 풍부해진 게 아닐까 생각한다.

말이 나온 김에 작은 교회를 목회하는 분들에게 위로의 말을 전할까 한다. 작은 교회 목회자는 큰 교회 목회자에 비해 시간을 자유롭게 쓸 수 있다. 시간에 쫓기지 않고 자기가 하고 싶은 일을 할 수 있는 것보다 더 좋은 목회 환경은 없다. 이런 시간에 공부하는 게 최선이다. 석사나 박사 공부를 할 수도 있고, 그렇지 않다면 목사들끼리 모여서 함께 그룹 스터디를 해도 좋다. 혼자 독서하는 것도 좋다. 공부라는 게 말이 그렇지 쉽지는 않다. 목회자 대다수는 목회 방법론, 교회 성장 세미나 등을 찾아다닐 것이다. 교회 성장을 못 시키면 아무 데서도 불러주지 않는 한국교회 상황에서 이런 행태에 대해 뭐라고 말하기는 어렵긴 하다.

독일에서 돌아와 2001년 3월부터 대구 수성구에 있는 아무개 교회에 협동목사로 적을 두고, 번역 일에 매달리는 한편 신학교 강의만 나갔다. 일반적인 형태의 목회는 그만두기로 했다. 이런 생각은 독일로 안식년을 떠날 때부터 했던 차였다. 아내에게도 이미 그런 쪽으로 양해를 얻었다. 목회자로서의 소질이나 은사가 부족해서 더 이상 이런 자리에 머물러 있는 게 지혜롭지 않다는 생각을 했다. 그렇다고 해서 목사 활동을 완전히 접을 생각까지는 하지 않았는데, 공교롭게 독일에서 돌아온 뒤에 불러주는 교회도 없었다. 물론 일부러 자리를 찾을 생각도 하지 않았다.

2001년 4월부터 9월까지 여섯 달 동안 판넨베르크의 『신학과 철학』(Theologie und Philosophie) 번역에만 매달렸다. 분량이 제법 많았다. 번역본으로 436쪽이나 됐다. 판넨베르크 선생이 한국을 방문한 그해 11월에 출판을 맞추느라 번역 작업을 서둘렀다. 그 덕에 오역과 오자를 바로 잡아내지 못했다. 내가 보기에 이 책은 신학생들의 필독서인데, 얼마나 팔렸는지는 잘 모르겠다. 개신교 조직신학을 대표하는 판넨베르크 선생은 2014년 9월 5일에 세상을 뜨셨다. 그분은 내 신학과 영성과 설교와 세계관에 큰 영향을 끼치신 분이다. 하나님 안에서 영원한 안식을 누리시기를 빈다.

2001년 10월부터 대구 YMCA에서 매주 1회씩 "인문학적 성서 읽기"(빌립보서) 공부를 시작했다. 그것이 "대구성서아카데미" 운동의 단초다. 곧 이어 격월간으로 목사를 위한 "설교 공부" 모임도 시작했다. 이런 공부 모임이 월간지 「기독교 사상」에 소개되었고, 설교 공부에서 사용된 원고가 그 잡지에 게재되면서 "정용섭 목사의 설교 비평"이 한국교회에 알려지게 되었다.

현실 교회에서 더 이상 목회하지 않겠다는 생각을 2003년 초에 접었다. 배운 게 도둑질이라고, 사십 대 후반까지 목회를 전업으로 하던 사람이 2년 정도, 독일 체류 기간까지 포함하면 3년 가까이 목회(주로 예배와 설교)를 쉬고 있으니 영혼이 갈급해진다는 사실과, 예배다운 예배를 드릴 수 있는 교회가 인근에 아무리 눈을 부릅뜨고 찾아봐도 보이지 않았다는 사실 때문이다. 그때 나는 아내와 함께 여러 교회를 방문했다. 그동안 두 딸은 동네 교회에 다니도록 했다. 여러 교회의 예배에 참석하면서 마음의 평화를 느낀 적이 기억에 없다. 예배를 드리긴 했지만 그럼에도 예배를 드렸다는 느낌이 오지 않았다. 주로 장로님들이 맡는 대표 기도는 나로 하여금 기도하고 싶다는 마음을 오히려 가로막았다. 기도인지 설교인지 훈계인지 하소연인지 종잡기 힘들었다. 광고 시간에 교회 자랑은 왜 그리 많은지.

설교에 대해서는 말을 않는 게 좋겠다. 현재와 같은 설교 행태로는 선교 자체가 불가능하다는 생각이 들었다. 차라리 설교 없는 예배가 나을지도 모른다. 또는 검증받은 설교문을 그대로 읽게 하는 것이 설교의 왜곡을 막는 대안일 수도 있다. 현재와 같은 개별 교회 중심의 개신교회에서 이를 강제하기는 어려울 것이다. 노회가 모범 설교를 각 교회에 보내고, 개별 교회 목사는 그것을 기본으로 교회 형편에 맞춰 설교를 새롭게 작성하는 것은 가능하지 않겠는가. 어쨌거나 몇 달 동안 교회를 탐방한 뒤에 내린 결론은 이런 설교와 예배에 쫓아다니는 것보다는 가족끼리만이라도 따로 예배를 드리는 게 낫겠다는 것이었다.

목사는 예배를 사적인 사건으로 대하지 말고 공적인 사건으로 대해야 한다. 지금 한국교회의 예배는 사적인 성격이 강하다. 평소에 잘 아는 신자들끼리 모여서 흉허물 없이 재밌게 예배를 드린다는 생각이 그것이다. 그렇지만 예배학 교수가 손님으로 참석하고 있다는 생각을 한다면 예배를 인도하는 목사의 자세가 달라질 것이다. 예배의 공적인 성격을 회복하는 최선은 예전이다. 예전은 예배에 참석한 사람들의 영혼을 하나님의 계시로 이끌어주기 때문에 목사가 신자들의 환심을 사기 위해 공연히 애를 쓸 필요가 없다. 주일에 어느 교회를 가든지 최소한의 영적인 품위가 갖춰진 예배를 드릴 수 있는 날이 속히 오기를 바란다.

2003년 6월 첫째 주일에 나는 아내와 당시 고3이던 큰딸, 그리고 대구성서아카데미 인문학 성서 공부에 참여하던 곽 아무개 여자분, 이렇게 네 명과 함께 하양에 있는 작은 평수의 아파트에 모여 예배를 드리기 시작했다. 시간이 지나면서 몇 명의 신학생이 예배에 참석하기 시작했고, 설교 비평으로 내 이름이 알려지면서 일반 신자들도 들어오게 되었다. 역사에는 "만약"이라는 게 아무런 의미가 없긴 하나, 만약 설교 비평이 없었다면 지금도 열댓 명의 신자들과 예배를 드리고 있었을 것이다.

이미 교회 개척을 한 분이나 앞으로 그럴 계획이 있는 분들에게 조언을 드리겠다. 익히 다 알고 있는 이야기다. 뜨거운 열정에 사로잡혀서 소위 말하는 "맨땅에 헤딩하기" 식의 개척은 하지 마시라. 최선은 중대형 교회가 교회 건물을 비롯해서 교회 살림살이에 필요한 재정과 신자들을 분가시켜주는 개척이다. 의식이 있는 목사들을 중심으로 이런 방식의 교회 개척이 실시되고 있긴 하나, 여전히 미미해서 이렇다 할 성과를 내지 못하고 있다. 대형 교회 목사가 세습은 안 되니 아들 목사를 위해 전폭적으로 지원해서 교회를 개척하는 경우도 있긴 하다. 수백 평에 이르는 교회당은 물론이고, 수백 명의 신자가 분가해서 나간다. 이런 경우는 교회 개척이라기보다는 변칙 세습에 가깝지만, 일단 준비가 된 개척이라는 점에서 평가받을 수는 있다. 어쨌거나 어떤 모양으로든지 준비가 된 경우가 아니라면 교회 개척을 하지 않는 게 좋다.

그 이유를 세 가지만 보자. 첫째, 교회 개척의 시대가 지났다. 개신교회는 이미 성장할 만큼 성장했기 때문에 더 이상 성장할 가능성이 없다. 그것이 우리의 현실이다. 여기에는 여러 이유가 있겠지만 가장 큰 것은 한국이 다종교사회라는 점이다. 개신교, 가톨릭, 불교, 기타가 사이좋게 어울려서 지내고 있다. 이 현실을 그대로 받아들여야 한다. 이런 상황에서는 무리하게 교회를 개척하기보다는 기존의 신자들에게 양질의 교육을 제공하는 쪽으로 나가는 것이 한국교회의 미래를 위해 바람직하다.

둘째, 현재와 같은 한국교회의 목회 풍토에서 교회 개척은 목사의 영성을 훼손할 수 있다. 교회를 개척한 뒤에 신자가 늘지 않으면 그게 스트레스로 작용하면서 목사 스스로 자괴감에 빠질 수 있다. 어떻게 해서라도 교회를 부흥시켜야 한다는 압박감에 시달리다 보면 목사의 영혼은 병들게 된다. 거꾸로 신자가 기하급수적으로 늘어도 문제다. 이를 유지하기 위해서 온갖 수단과 방법을 강구하게 되어 하나님과의 관계가 느슨해질 수밖에 없다. 모든 경우가 다 그렇다는 말은 아니고, 다만 이런 위험성을 조심해야 한다는 뜻이다.

셋째, 아주 현실적인 문제로 개척 교회의 목사는 배고프다. 목사 혼자라면 배고파도 버텨낼 수 있지만 가족이 함께하는 상태에서는 그게 잘 되지 않는다. 정치력이 뛰어난 목사라면 외부에서 상당한 자금을 끌어들여 재정적으로 어렵지 않게 목회를 하겠지만, 일반적으로 목사는 배고프면 배고팠지 남에게 손을 잘 벌리지 못한다. 결론적으로 아주 특별한 경우가 아니라면 가급적 교회 개척은 하지 않는 것이 좋다.

교회 개척에서 가장 큰 어려움은 두 가지다. 이 두 가지는 서로 연동되어 있다. 하나는 교인이고, 다른 하나는 재정 문제다. 교인이 기대만큼 빨리 늘지 않는다는 것을 각오해야 한다. 그렇다면 재정 문제를 다른 방식으로 해결해야 한다. 역시 두 가지 방법이 있다. 하나는 외부 지원을 받는 것이며, 다른 하나는 목사 자신이 해결하는 것이다. 외부 지원은 여기서 자세하게 설명하지 않겠다. 교회의 전문 사역자로 활동하다 보면 저절로 알게 될 것이다. 목사 자신이 해결하는 것에 대해서만 짚겠다.

일명 자비량 목회라는 게 있다. 목사가 다른 직업을 통해서 생활비를 벌고 목회는 사례비 없이 또는 적은 금액만 받는 것이다. 이런 방식의 선구자는 바울이다. 바울이 일정 기간만 자비량을 했는지 전체 목회 활동 기간에 걸쳐 그랬는지는 알 수 없다. 자비량 선교가 불가능한 것은 아니지만 그렇게 바람직한 것도 아니다. 소위 "투잡"을 뛴다는 것인데, 비슷한 일이면 몰라도 서로 다른 일이면 곤란하다. 예컨대 신학대학교 교수로 활동하면서 자비량 선교 차원에서 목회를 할 수는 있다. 그러나 택배 기사를 하면서 목사 활동을 하기는 어렵다. 목사의 일이라는 것이 예배 시간만 때우면 되는 게 아니기 때문이다. 특별한 경우에는 택배 기사만이 아니라 인력시장의 노가다를 하면서도 목회를 겸할 수 있기는 하다. 그러나 일반적인 경우로만 말하자면 목사는 목사 일만 하는 것이 좋다. 그 일을 감당하는 것만으로도 시간이 부족하기 때문이다.

또 하나의 방법은 맞벌이다. 여기에도 장단점이 있다. 일단 사례비로부터의 자유가 보장되는 점이 장점이긴 하다. 개척 교회만이 아니라 기존 교회의 목회에서도 사례비에 구애받지 않으면 좀 더 소신 있게 목회를 할 수 있다. 내 경우가 여기에 해당한다. 단점은 일반 맞벌이 부부의 그것과 비슷하다. 아이 교육이나 목사 부인을 향한 신자들의 기대를 채울 수 없다. 원래 목사 부인의 위치라는 게 스트레스가 많은 자리인데, 직업을 병행하면 그 스트레스가 배가 된다. 물론 이런 문제도 모든 이에게 똑같이 적용되는 것은 아니다. 경우에 따라 맞벌이가 목회를 원활하게 하기도 하고, 왜곡시키기도 한다. 일반 신자도 맞벌이가 늘어나는 것처럼 앞으로 목사 가정에도 맞벌이가 늘어날 것이다. 이런 형태의 목회가 잘 정착하려면 목회에 대한 개념이 달라져야 할지도 모르겠다.

교회 개척이 현실적으로 어렵다면 이제 젊은 목사들이 가야 할 곳은 기존 교회다. 문제는 그 자리가 비좁다는 것이다. 담임목사 자리는 물론이고, 웬만한 부교역자 자리도 쉽지 않다. 수요는 줄고 공급은 과잉이다. 앞으로 이런 불균형은 그 상황이 더 심각해질 것이다. 이건 간단한 계산으로 얼마든지 예측할 수 있다. 이에 관해서는 앞에서 언급했으니 여기서는 그만두자. 해결책의 방향만 짚겠다.

단도직입적으로 말하겠다. 목사 배출을 파격적으로 줄여야 한다. 신학대학교가 학생 선발을 줄이는 것이 가장 쉬운 방법이기는 하지만 현재의 신학대학교 메커니즘으로는 그게 불가능하다. 지금 신학대학교는 일반 대학교와 마찬가지로 대학교로 살아남기 위해서 몸부림을 친다. 신학대학교 보직 교수들은 신입생 모집과 선발에 정신이 없다. 정원이 차지 않는 경우에는 자질이 턱없이 부족한 학생도 입학시킨다. 이 문제는 신학대학교 교수의 인사권 등을 쥐고 있는 교단 총회와 긴밀히 연결되어 있다. 총회 관련 인사들은 신학대학교를 키우는 것이 곧 하나님의 일이라는 신념으로 일을 처리한다. 이런 상황에서 신학대학교 정원 축소는 기대하지 않는 게 좋다.

그렇다면 남은 방법은 신자들 스스로 신학대학교에 가지 않는 것이다. 이런 말은 오해받을 소지가 크다. 신학대학교가 문을 닫아도 좋다는 말이 아니다. 소명을 받은 사람이 그것을 소홀히 여겨도 좋다는 말도 아니다. 다만 지금처럼 툭하면 신학교에 가서 목사가 되겠다고 나서는 것은 분명히 문제다. 이런 이야기도 앞에서 대략적으로 했다. 그런데도 여기서 다시 반복하는 이유는 목사의 과잉 문제를 해결하지 않으면 나머지 문제도 해결되지 않는다고 생각하기 때문이다.

짧게 정리하면, 은혜 받았다고 목사 되는 게 능사는 아니니, 주변에서 신학대학교에 가겠다고 하는 사람이 있으면 일단 말리는 게 좋다.

목사 과잉 공급을 막아야 한다는 제안은 우리 이야기의 중심이 아니다. 그 일은 교단 차원이나 한국교회 전체의 미래를 내다보고 정책을 입안해야 할 교계 지도자들의 일이다. 이 자리에서 나는 이왕 목사가 된 나 그런 훈련을 받는 분들에게 목사로 살아간다는 것이 무엇을 가리키는지에 대해서 내 나름의 안내를 할 뿐이다. 이런 안내라는 것도 결정적인 게 못 된다. 두 가지 점에서 그렇다.

하나는 내 생각과 경험이 제한적이라는 사실이다. 개인은 진리를 부분적으로만 경험할 뿐이다. 작은 미생물이 큰 동물의 털 하나를 붙들고 있는 형국이다. 그가 붙들고 있는 털 하나가 큰 동물 전체는 아니다. 털 하나만으로 큰 동물을 다 이해한다고 말할 수는 없다. 물론 그 털 하나를 정직하게 붙들고 있으면서 전체를 인식하려는 자세를 놓치지 않는다면 비록 개인의 경험이라 하더라도 잘못된 것은 아니다. 그럼에도 불구하고 개인의 경험은 절대화하지 말아야 한다. 다른 하나는 내 글을 읽는 분들이 처한 삶의 자리가 나와 다르다는 사실이다. 이 세상에 똑같은 자리에 있는 사람은 없다. 한 사람의 경험과 생각을 다른 사람에게 그대로 적용시키면 곤란하다. 비슷한 상황이라 하더라도 갑이라는 목사는 목회 자리를 박차고 뛰어나오지만, 을이라는 목사는 버티고 있어야 한다. 비슷해 보여도 갑과 을은 서로 다른 자리에서 살아왔기 때문에 서로 다른 길을 갈 수밖에 없다. 내가 이렇게 이야기를 하지만 이게 오히려 어떤 분들에게는 도움이 아니라 어려움을 주게 되지 않을까 하는 노파심이 없지 않다. 그래도 어쩌겠나. 칼 바르트 식으로 말해서, 예수 그리스도의 부활과 재림 사이에서 순례자로 살아가는 사람 중에는 어느 누구도 궁극적인 진리를 확보한 사람이 없으니 할 말은 과감하게 하는 게 좋지 않겠는가. 다만 두렵고 떨리는 마음과 최후의 심판을 받아들이겠다는 심정으로!

앞에서 비판적인 이야기가 많았으니 이제 긍정적인 이야기를, 또는 솔깃한 이야기를 한마디라도 해야겠다. 목회자로 성공적인 길을 가고 싶은 사람들에게 알려드리는 일종의 팁(tip)이다. 여기 초보 목사가 있다고 하자. 그는 신학 과정과 전도사 실습을 거쳐 막 목사 안수를 받았다. 그에게는 몇 가지 선택지가 있다. 목회자가 없는 농어촌 지역의 담임목사로 가거나, 목 좋은 곳에 교회를 개척하거나, 부교역자 자리로 가는 것이다. 앞의 두 선택지는 속된 표현으로 비전이 없다. 세 번째가 현실적인 대안이다.

부교역자 자리를 택할 때 가장 중요한 기준은 담임목사다. 한국교회는 부교역자의 생살여탈권이 담임목사에게 달려 있다 해도 과언이 아닐 정도로 교회 권력이 담임목사에게 집중되어 있다. 이런 권력 구조는 기본적으로 바람직하지 않지만, 그게 한국교회 현실이고, 경우에 따라 그런 권력 구조로 인해 인사 문제가 잘 해결될 수도 있다. 예컨대 어느 교회에 담임목사 자리가 났다고 하자. 그 교회의 청빙 위원들은 자신이 평소에 존경하고 있는 주변의 목사들에게 자문을 얻는다. 그때의 한두 마디가 인사 문제에 결정적으로 작용한다.

좀 더 구체적으로 설명하겠다. 교계의 명망 있는 담임목사가 목회하는 교회에 부교역자로 들어가서 실력을 보이는 게 우선이다. 교구를 맡든지, 아니면 학생회나 청년부를 맡아서 성장시키면 담임목사의 눈에 띌 뿐만 아니라 다른 교회에도 소문이 난다. 일단 그런 소문을 타기 시작하면 그 사람은 괜찮은 교회로 청빙받을 기회가 많게 되고, 담임목사가 된 후에도 사람들을 많이 끌어들일 가능성이 높다.

위에서 나는 목사의 영성을 말한 게 아니라 순전히 목사의 처세술을 말한 것이다. 이렇게 말하면서도 낯부끄럽다. 그래도 이것이 현실이니 어쩌겠나. 목사로 안정적인 길을 걷고 싶은 사람은 한번쯤 생각해볼 만한 꿈 정도로 생각하기를 바란다. 근본적으로 성령은 각각의 목사들을 사람의 예상과는 다른 길로 인도하실 것이다. 다만 목사는 먹고살기 위한 직업인이 아니라 하나님과의 관계에서만 존재 근거를 확보할 수 있는 수도승이라는 사실에 삶의 무게를 두었으면 한다.

## 교회 성장

목사에게 가장 중요한 업무는 교회 성장이다. 이것이 한국교회의 현실이다. 교회를 성장시키지 못하면 눈치가 보인다. 거꾸로 교회를 성장시키면 자신감이 넘칠 뿐만 아니라 교회 안에서 만사가 오케이다. 그러니 목사가 교회 성장에 목을 매지 않을 수 없다. 여기에 초연할 수 있는 목사가 얼마나 될까. 손에 꼽을 정도다. 겉으로는 교회 성장에 초연한 것처럼 포즈를 취해도 속으로는 늘 거기 민감하다. 교회 성장은 교회의 절대적인 이데올로기가 되었다.

이런 풍토에서 목회를 할 때 어떤 일이 벌어지겠는가? 답은 뻔하다. 목회가 교회 성장이라는 목표를 이루기 위한 수단이 되고 만다. 교회를 성장시키는 것이 곧 하나님 나라에 부응한다는 생각도 만연하다. 현재 한국교회에서 행해지고 있는 프로그램은 기본적으로 교회 성장을 목표로 한다. 목사의 영혼이 거기에만 집중되기 때문에 결국 골병이 든다. 하나님의 통치, 하나님의 현실성, 그의 의, 종말, 부활에 대한 관심을 가질 수가 없다. 이런 주제들은 교회 성장에 별로 직접적인 영향을 끼치지 않기 때문이다. 이런 사태 자체가 목사에게 골병이 아니고 무엇이란 말인가.

목회의 동력을 교회 성장에서 찾지 말고 하나님과의 관계에서 찾으라는 말은 설득력이 있을까? 현실적으로 쉽지 않다. 여기에는 몇 가지 이유가 있다. 가장 우선적인 이유는 교회 성장과 목사의 능력이 정비례한다는 사실이다. 연봉을 많이 받는 사람의 능력이 뛰어나다고 보는 세상의 정서가 교회에 그대로 적용된다. 이런 교회 현실 앞에서 목사가 교회 성장을 마냥 외면할 수는 없다. 거기에 매달리지 않을 수 없다. 더욱이 젊은 목사들에게는 이 문제가 더 심각하다. 그의 미래가 이런 능력에 대한 평가에 의해 좌우되기 때문이다. 교회를 성장시킬 수 있는 능력이 없는 사람으로 낙인이 찍히면 괜찮은 교회의 담임목사직을 바라볼 수 없다는 말이다. 그는 목회 세계에서 요즘 말로 "루저"가 되어 한평생을 보내게 될 것이다.

또 하나의 이유는, 앞에서 언급한 첫 번째 이유와 연계된 것인데, 목사의 생계가 불확실하다는 사실이다. 이를 교사들과 비교해보면 확드러난다. 일단 교사로 임용되면 어떤 학교에서 근무하든지 월급 또는 연봉에서 큰 차이가 나지 않는다. 서울 강남에 있는 명문 고등학교 교사나 영천의 아무개 고등학교 교사나 큰 차이가 없다. 그러나 목사는 전혀 그렇지 않다. 대도시의 대형 교회 목사와 농어촌의 미자립 교회 목사의 사례비는 비교 자체가 되지 않는다. 이런 상황에서 오직 하나님만 바라보고 목회에 전념하라고 말하기는 어렵다. 목사의 생계 문제를 근본적으로 해결하지 않는 한 한국교회의 개혁은 요원하다.

반론도 가능하다. 목사로 소명을 받았다면 먹고사는 걱정을 내려놓아야 한다고 말이다. 주로 나이가 든 목사가 젊은 목사들에게 하는 말이다. 목사는 젊어서 경제적으로 좀 고생을 해야 목회를 열심히 한다는 것이다. 참으로 순진하고 무책임한 발상이다. 여기서 이런 문제를 더 이상 왈가왈부하지 않겠다. 이미 앞에서도 반복한 이야기다. 목사의 생계가 불확실한 한국교회의 목회 현실이 목사로 하여금 교회 성장에 목을 매게 하는 이유 중 하나라는 것만은 분명하다.

교회 성장 문제가 한국교회 개혁의 걸림돌이라는 사실을 아는 사람들은 역설적으로 "작은 교회"를 추구한다. 일정한 숫자가 되면, 예컨대 100명이나 200명이 모이는 교회로 성장하면 분가하는 방식으로 더 이상의 큰 교회가 되지 않으려고 노력한다. 「뉴스앤조이」 2014년 10월 28일 자 보도에 따르면 "교회2.0 목회자 운동"도 그중 하나다. 여기에 참여한 분들은 "의도적으로 작은 교회를 추구한다"고 한다. 이분들의 취지는 십분 이해가 가지만 실제로는 큰 의미가 없는 운동이 아닐까 생각한다. 우선 작은 교회라는 기준이 모호하다. "교회2.0"은 교인 300명을 넘지 않는 교회라고 한다. 그런데 300명이 모이는 교회는 이미 작은 교회가 아니다. 100명이 채 모이지 않는 교회도 부지기수다. 50명 이하는 또 얼마나 많겠는가. "교회2.0"이 작은 교회 운동을 펼치지만 실제로 50명 이하 교인의 교회를 지향하지는 않을 것이다.

이들이 이런 운동을 통해서 전하려는 메시지는 메가 처치(mega-church), 즉 초대형 교회의 문제점일 것이다. 한국교회는 수만 명의 교인이 모이는 교회가 제법 된다. 심지어 수십만 명의 교인을 자랑하는 교회도 있다. 이런 정도 되면 사실상 교회라고 말하기가 힘들다. 교인들 사이에 구체적인 친교가 불가능하다. 성찬식도 함께 나누기 어렵다. 물론 구역이나 셀 등의 세포조직을 가동시킬 수는 있지만, 그런 방식으로는 개교회의 영적 역동성을 세워나가기가 힘들다. 모든 교회가 메가 처치는 아니라고 하더라도 중대형 교회를 꿈꾸고 있으니 "교회2.0"이 몸부림치며 작은 교회 운동을 펼치고 있는 것이 아니겠는가. 어쨌거나 이 모임이 좋은 결실을 맺기 바란다.

현재와 같은 한국교회 구조에서는 개체로서의 목사가 교회 성장이라는 부담으로부터 벗어나기는 힘들다. 앞에서 언급했지만, 교회 정치가 교회의 보편성을 담보할 수 있는 교구 제도로 바뀌지 않는 한 교회는 교회 성장 이데올로기에 매몰될 수밖에 없다. 더 심각한 문제는 현재의 개교회주의가 바뀔 가능성이 아주 없다는 것이다. 사회의 신자유주의와 맞물려 이런 현상은 가속이 붙을 것이다. 제도의 변화가 불가능하다면 이제 남은 길은 목사 개인의 의식 변화다.

우선 솔직하게 우리 자신에게 물어보자. 교회 성장이라는 목표가 없어진다면 목사는 무엇에 마음을 두고 목회할 것인가? 세상에 나가서 정치 투쟁을 할 것인지, 개인의 취미 생활에 만족할 것인지, 신학 공부에 매진할 것인지, 신자들을 대상으로 성서 공부 모임을 활성화할 것인지, 행복한 가정을 꾸리기 위해 가족과 시간을 더 많이 가질 것인지. 오늘날 목사의 영혼을 사로잡는 것은 무엇인가?

모르긴 해도 적지 않은 목사가 목회의 방향을 잡는 데 어려움을 겪을 것이다. 그동안 교회를 키우는 일 외에는 관심이 없었기 때문이다. 이런 현상은 알코올중독자들이 술을 끊음으로써 겪게 되는 금단현상과 비슷하다. 모든 목사와 모든 교회가 교회 성장에만 매몰되어 있는 것은 아니다. 이미 중대형 교회로 성장한 교회나 여러 이유로 성장이 불가능하다는 사실을 알고 있는 교회는 더 이상 교회 성장을 표면에 내세우지 않는다. 그러나 내면적으로, 또는 알게 모르게 교회 성장론은 여전히 힘을 발휘한다. 대부분의 교회가 거기 중독되어 있기에 그것 외에서 목회의 동력을 찾지 못할 것이다.

개인도 그렇고 사회도 마찬가지로, 삶의 방향을 갑자기 바꾸기는 어렵다. 관성의 법칙은 물리의 세계만이 아니라 삶과 신앙의 세계에도 그대로 적용된다. 여기 수능시험에 매진해온 학생이 있다고 하자. 그 학생이 성실한 노력으로 일정한 점수를 성취했을지는 몰라도 그가 공부의 맛을 아는 사람으로 자란다는 보장은 없다. 우리나라는 경제적인 힘으로만 본다면 세계에서 10위권에 자리한다. 그런데 삶의 질에서는 한참이나 떨어진다. 옆을 볼 수 없도록 특수 안대를 걸친 경주마처럼 그동안 경제성장에만 모든 에너지를 쏟아부었기 때문에 경제성장의 한계에 들어선 오늘날도 여전히 거기에만 목을 매고 살아간다. 방향을 바꾸지 못한다는 점에서 한국개신교회와 난형난제다.

어떤 상황에서든지 목사가 목회의 영적 동력을 놓치지 않는 유일한 길은 하나님을 향한 열정이다. 이 열정은 단순히 교회 업무를 다른 사람보다 더 열심히 감당하는 것이 아니라 하나님과의 관계에 몰입하는 것이다. 쉬운 일이 아니다. 목회를 전업으로 하는 목사라 하더라도 겉으로는 어떨지 몰라도 실제로 하나님과의 관계에 마음을 두기는 어렵다. 한 번 그런 경험이 있었다고 해서 저절로 계속되는 것도 아니다. 이것은 평생 수행하듯 추구해야 할 일이다. 하나님을 향한 열정의 첫걸음은 하나님을 알고 싶어지는 것이다. 너무 단순한 말이라서 의외라고 생각할지 모르겠지만, 이것이 정답이다. 성서의 역사에 참여했던 사람들은 모두 이런 열정이 있었다. 페터 아이허(P. Eicher)는 신학의 모든 것이 하나님에 대한 질문에 달려 있다고 말했다. 그가 말하는 신학은 목회와 다를 게 없다.

> 필자가 신학의 주제를 완전히 잘못 다룬 것이 아니라면, 그리고 초보자들이 신학 연구에서 추구하는 내용을 내가 완전히 놓친 것이 아니라면 신학의 모든 것을 결정하는 단 하나의 물음은 바로 하느님에 대한 물음이다. 이것은 보다 높은 지식에 대한 지적 전문가들의 이론적 호기심만을 충족시키는 물음도 아니고, 질서 있는 교회의 보장된 체제에서 사회 현실에서의 피난처를 구하는 저 도피자들의 거짓된 물음도 아니다. 그것은 하느님에 대한 현재의 모든 물음들 가운데서도 일차적이고 최종적인 물음, 역사에 대한 하느님의 무력한 통치를 말하는 구약 및 신약의 복음과 오늘의 역사 안에서 하느님의 행위에 대한 선포가 제기하는 물음이다(박재순 역, 『신학의 길잡이』, 머리말).

목사들은 자신이 하나님을 어느 정도 안다고 생각한다. 더 정확하게 말하면 아는 것처럼 시늉을 하거나 착각한다. 그런 목사들은 하나님에 대해 더 이상 알고 싶어하지 않는다. 그들은 자연스럽게 다른 것에 눈을 돌릴 수밖에 없다. 하나님의 통치를 선포해야 할 목사가 한눈을 파는 것이다.

어떻게 하면 하나님을 알고 싶어질까? 그래서 좌고우면 없이 거기에만 몰두할 수 있을까? 여기에 왕도는 없지만 약간의 도움을 받을 수 있는 길은 다음과 같다. 하나님에 대해 자신보다 더 잘 아는 사람을 찾아가서 묻는 것이다. 그를 스승으로 삼고 배우면 도움이 된다. 사람을 직접 찾기 힘들면 책을 찾으면 된다. 사람이나 책이나 모두 기본적으로 공부가 핵심이다. 신학 공부에 눈을 뜨면 재미가 붙고, 재미가 붙으면 더 알고 싶어지고, 알고 싶어지면 찾게 될 것이다. 이런 과정을 꾸준히 따라가다 보면 자신도 모르는 사이에 자신이 하나님의 길에 들어선 것을 느끼게 될 것이다.

신학 공부를 한다고 해서 모두 하나님에 대한 관심이 깊어지는 건 아니다. 궁극적으로 하나님에 대한 관심도 은사이므로, 하나님으로부터 선물로 받는 것이지 자신이 억지로 만들어낼 수는 없다. 하나님이 자신에게는 왜 그런 은사를 허락하지 않았는지 이상하게 생각할 필요도 없다. 그것은 원하는 대로 갖가지 질그릇을 만드는 토기장이의 배타적 권위와 비슷하다. 우리가 지금 이해하지 못하는 일들은 세상의 비밀이 다 드러나는 순간에 알게 되니까 그때까지는 참는 게 좋다.

하나님에 대한 관심이 별로 많지 않아도 평신도에게는 문제가 되지 않는다. 그는 교회의 가르침을 그대로 따르기만 하면 될 것이다. 그러나 목사라면 말이 달라진다. 하나님에 대한 관심이 크지 않다면 굳이 전업 목사로 살아갈 필요는 없다. 그런 사람은 지금 목사직을 포기한다고 해서 크게 잘못된 것이 아니다. 그럴 형편이 아니라면 이제라도 자신에게 이런 은사가 있는지를 좀 더 진지하게 생각해야 한다. 그 은사가 숨어 있을지도 모르지 않은가. 또는 은사를 받지 못했다고 하더라도 우리가 나름 최선을 다하면 하나님께서 긍휼을 베풀어주시지 않겠는가.

오해는 말자. 목사가 교회 성장에 대해 생각하는 것 자체는 잘못이 아니다. 그럼에도 교회 성장을 목표로 하는 것과 교회 성장이 자연스럽게 일어나는 것은 구별될 필요가 있다. 이것은 우리의 가정 살림과도 비슷하다. 어느 가장이 있다고 하자. 그는 살림살이에 책임이 있는 사람이다. 가족이 쾌적하게 살아갈 수 있도록 노력해야 한다. 필요하면 집을 사야 할 것이고, 세탁기나 식기세척기도 필요하다. 가족의 건강을 위해 식단도 잘 꾸려야 한다. 가족 여행을 다닐 수도 있고, 가족이 취미 생활을 할 수 있는 여건도 마련할 수 있으면 더 좋다. 가족 이기주의에 함몰되지 않는 범위에서 가장은 이런 일에 늘 신경을 써야 한다. 교회 성장도 이런 정도의 방향에서 받아들이면 큰 무리는 없다.

한국교회의 한쪽에서는 교회 성장을 신앙적 이데올로기로 삼는 반면에 다른 한쪽에서는 그것을 터부시한다. 초대형 교회에 문제가 많다면 초소형 교회에도 문제는 많다. 큰 교회는 큰 교회 나름의 역할이 있고, 중형 교회는 중형 나름의 역할이 있고, 작은 교회도 나름의 역할이 있을 것이다. 극단으로만 치우치지 않으면 어느 정도의 다양한 모습은 크게 문제가 되지 않는다. 정작 중요한 것은 한국교회 전체가 총회나 노회 차원에서 교회의 신학적 본질을 세우는 것이다. 그것이 세워지면 초대형 교회가 나올 수가 없으며, 또한 초소형 교회도 가능하지 않다.

목사 공부

## 장로

교회 실무에 들어가서 목사가 가장 많이 접촉해야 할 이는 장로들이다. 이들과의 관계가 목회에서 차지하는 비중은 단순히 크다는 말로는 부족하다. 목회에 결정적인 요인이라고 해도 지나치지 않다. 거칠게 표현해서 좋은 장로가 모여 있는 교회에서의 목회는 날개를 다는 격이고, 별로 덕스럽지 못한 장로가 모인 교회에서의 목회는 진흙 길이다. 목사와 장로의 관계에서 목사의 책임이 더 크다는 것을 전제하고 하는 말이다. 장로와의 관계도 천편일률적으로 말할 수는 없다. 사람이 각양각색이듯이 목사와 장로의 관계도 그렇다. 친밀할 수도 있고, 거의 원수처럼 지낼 수도 있다. 여기서는 가장 일반적인 경우를 중심으로 설명할 것이다.

우선 교회에 장로 제도가 필요할까 하는 질문부터 시작하자. 내 개인적인 의견을 표명한다면, 교회에 장로 제도는 필요 없다. 그 이유가 무엇인지를 충분하게 제시하려면 신학석사 학위 논문을 쓸 정도의 수고가 필요하다. 칼뱅이 제네바에서 실현하려고 했던 장로 제도로부터 시작해서 오늘 한국교회의 장로 제도에 이르는 전체 역사를 탐색해야 하기 때문이다. 더 나아가 신약성서에 나오는 장로 및 감독 제도와 오늘의 장로 제도를 비교해야 한다. 오늘 한국에서는 개혁주의를 표방하는 교회만이 아니라 모든 교파가 장로 제도를 도입하고 있는데, 그 이유가 무엇인지 그리고 세계교회의 형편은 어떤지도 살펴야 한다. 허나 그런 데까지 우리의 손길이 미치지는 못할 것이다. 『목사 공부』는 학문적인 글이나 보고서가 아니라 개인적인 생각을 수필 형식으로 정리하는 작업이기 때문에 너무 복잡하게 생각하지 않고 편하게 내 생각을 밀고 나갈 수밖에 없다.

교회에는 장로만이 아니라 권사와 집사도 있다. 집사도 안수집사와 서리집사로 나뉜다. 신자들은 세례 받고 한두 해가 지나면 서리집사가 되고, 서리집사 후 십여 년 정도 흐르면 안수집사가 된다. 안수집사 중에서 교회 형편에 따라 어떤 이들은 장로가 되거나 권사가 된다. 권사는 주로 여자 분에게 해당된다. 교파에 따라 여자도 장로가 되긴 하나 대세는 아직 아니다. 여자 장로 문제는 나중에 말할 기회가 올 것이다. 이렇게 장로나 권사로 선발되지 못한 이들은 그냥 안수집사로 머문다. 어느 정도 교회생활을 성실하게 한 사람은 나이가 차면 장로가 되는 걸 당연하게 여긴다. 장로가 되지 못하면 뭔가 문제가 있는 것으로 여긴다. 심지어 장로가 되려고 선거운동을 하거나, 장로 후보로 나섰다가 떨어진 뒤에 시험에 빠져 교회를 쉬는 사람도 있다.

신자들은 왜 장로가 되려고 하는 걸까? 각자 동기가 다르겠지만 가장 일반적으로는 장로가 되는 것이 곧 교회에서 인정받는 길이기 때문이다. 세상에서 인정받으면 하늘나라에서 인정받지 못한다는 말을 귀가 따갑게 들었으면서도 교회에서까지 인정받고 싶다는 욕망을 물리치지 못한다. 어떤 사람은 교회를 좀 더 열심히 섬기고 싶어서라고 답할 것이다. 그건 바른 대답이 못 된다. 장로가 되어야만 교회를 열심히 섬길 수 있는 게 아니다. 교회를 섬기는 사람은 말 그대로 집사(deacon)다. 집사는 교회의 네 가지 기능인 케리그마(복음의 중심), 디다케(교육), 디아코니아(섬김), 코이노이아(친교) 중 디아코니아에서 기원한다. 디아코니아는 섬김이다. 거기서 나온 단어가 디콘, 즉 집사다. 장로도 모두 기본적으로 집사다.

장로 제도는 원래 칼뱅을 태두로 하는 개혁주의 장로교회에서 시작되었다. 그들은 목사도 장로로 본다. 교단 이름 자체가 장로교회 (Presbyterian Church)다. 장로 제도는 정치적으로 대의제도다. 칼뱅은 이것을 가장 민주적인 제도로 여겼던 것 같다. 그는 로마 가톨릭의 교황 제도나 주교 회의에 큰 반감을 갖고 있던 사람이니 일종의 대의제라 할 수 있는 장로제를 좋게 생각할 수밖에 없었을 것이다. 이 제도에 장점이 많기는 하다. 일단 교회 정치를 한두 사람, 특별히 전문 사역자인 목사가 전횡을 행사하는 게 아니라 신자 중에서 대표로 뽑힌 사람들의 전체적인 생각을 고려하여 펼친다는 점에서 민주적인 것은 분명하다. 현대 정치도 왕정이 아니라 의회민주주의가 대세가 아닌가.

문제는 교회가 세속 국가나 일반 단체와 그 성격이 완전히 다르다는 데 있다. 예컨대 국회의원은 대외정치를 전업으로 하는 사람이다. 도지사나 시장도 그렇다. 그러나 교회의 장로는 다른 전업이 있는 사람이다. 그런 사람이 교회의 의사 결정에 주체로 활동하게 되면 많은 문제가 벌어진다. 여기 잘나가는 기업체 사장이 있다고 하자. 그는 모든 시간과 인생을 기업을 키우는 데 투자했다. 그가 교회의 장로가 되었다. 그는 이제 목사 청빙으로부터 시작해 교회의 모든 의사 결정에서 중요한 역할을 감당하기 시작한다. 그는 교회마저 기업 논리로 꾸려갈 가능성이 높다. 사람의 생각은 잘 바뀌지 않는다. 노름꾼은 노름 메커니즘으로 세상을 보고, 조폭은 또 조폭의 논리로 세상을 보고, 부동산 투기꾼도 그런 방식으로 세상을 보고, 은행원은 경제논리로 세상을 본다. 교회 문제는 교회 일을 전업으로 하는 사람들에 의해 처리되는 게 상대적으로 옳다. 로마 가톨릭교회가 주교 회의를 가장 중요한 의사 결정 기구로 하는 데는 다 이유가 있다.

오늘 한국교회에 장로 제도가 정(固)착됨으로써 벌어진 가장 큰 문제는 교회 작동의 아마추어리즘이다. 교회의 전문성이 실종된 것이다. 비유적으로 말하면 교회는 병원과 비슷하다. 병원이 사람의 몸을 고치는 기구라면 교회는 사람의 영혼을 고치는 기구다. 병원이 어떻게 작동되는지를 보라. 암에 걸린 사람이 들어왔다고 하자. 그 사람의 치료는 담당 의사를 중심으로 각 분야의 여러 전문 의사가 감당한다. 그 병원에서 근무하는 사무직 직원이 환자 치료에 참여하겠다고 나선다면 어떻게 되겠는가. 사무직원은 사무가 잘 돌아가도록 돕는 일만 하면 된다. 환자 치료는 의사의 고유 업무다. 마찬가지로 교회 업무도 그 분야의 전문직으로 나선 목사의 고유 업무다. 여기서 목사가 잘했으면 장로가 목회에 참여하겠다고 나서겠느냐, 하는 반론이 가능하다. 하지만 이것은 좀 다른 문제다. 지금 우리는 다른 일을 전업으로 살아가는 사람이 장로라는 이유로 목회와 신학에 깊이 관여하고 있다는 사실을 짚는 중이지, 목사 개인의 자질 문제를 따지는 것은 아니기 때문이다.

아마추어리즘이 무엇인지 좀 더 구체적으로 설명하겠다. 담임목사를 청빙하는 문제가 교회로서는 가장 큰 사안이다. 장로제에서는 이것을 장로들이 결정한다. 시무 장로로 구성되어 있는 당회에서 결정되면 아주 특별한 경우가 아니라면 다 통과된다. 그런데 장로들이 담임목사를 청빙할 때의 기준은 아마추어 수준이다. 세상과 똑같이 스펙을 보거나, 교회를 성장시킬 수 있는 능력을 본다. 담임목사 문제만이 아니라 선교사를 파송한다거나 지역 교회와의 협조 문제도 다 신학적인 것이다. 신학이 없는 사람들이 어떻게 신학적인 문제를 다룬다는 말인가? 더 나아가 노회나 총회의 일은 개별 교회 일보다 신학적인 안목을 훨씬 더 필요로 한다. 신학이 부재한 장로들이 단순히 신앙이 좋다는 이유만으로 노회와 총회에서 대의원으로 활동하는 한국교회는 아마추어리즘을 벗어날 수 없다.

따지고 보면 신학을 전공했다고 자처하는 목사들도 아마추어이기는 마찬가지다. 목회 기술에서는 프로일지 모르나 영성에서는 일반 신자보다 나을 게 별로 없다. 이런 점에서 지금 목사의 카리스마는 위기다. 장로들은 목사를 존경하지 않을 뿐만 아니라 목사의 카리스마(은사)를 인정하지 않는다. 그들은 목사를 마치 월급 사장 정도로 여긴다. 기업에서 월급 사장의 목숨은 이사회에 달려 있듯이 목사의 목숨도 당회에 의해서 좌우된다. 그래서 목사들은 안전장치로 위임목사 제도를 만들었는데, 이것만으로 목사가 장로의 눈치를 안보고 목회할 수 있는 게 아니다. 목사의 영적 권위가 추락한 것은 목사 책임이니 그냥 감수해야 한다.

설교 문제만 해도 그렇다. 장로들은 목사의 설교에 대한 기대감이 없다. 자신도 목사 정도로 설교할 수 있다고 내심으로 생각할 것이다. 심지어 평신도 설교권 운운하고 있는 실정이다. 이것도 목사 책임이다. 신학을 전공한 사람이라는 표시를 설교에서 발견할 수 없기 때문이다. 기껏해야 성서의 정보를 좀 더 안다거나 예화를 좀 더 아는 정도이지 성서의 놀라운 세계를 알지도 전하지도 못하는 목사의 설교 카리스마를 누가 인정하겠는가. 그런 부분이 불안한 목사들은 설교를 쇼(Show) 하듯이 한다. 귀와 마음을 즐겁게 하는 이야기 거리를 청중에게 전하고, 세상과 가정에서 받은 스트레스를 해소할 수 있게 하는 데 설교의 무게를 둔다. 하지만 아무리 그럴듯한 쇼를 해도 목사의 영성이 어느 정도 수준인지는 일반 신자도 다 안다.

오늘날 개신교 목사의 목회 상황은 전반적으로 열악하고 척박하다. 로마 가톨릭처럼 성직자의 권위가 보장된 것도 아니고 지난 1970, 80년대처럼 교회 신자가 늘어나는 것도 아니다. 이런 상황에서 목사는 신학 전문가로서의 카리스마를 확보해야만 한다. 그 부분이 한국교회 목사에게는 턱없이 부족하다.

이 대목에서 몇 가지 질문이 가능하다. 장로 제도가 바람직하게 운용되는 교회는 없다는 말인가? 문제점보다는 좋은 점이 많으니까 지금까지 이 제도가 존속된 것이 아닐까? 장로 제도가 없으면 목사의 전횡을 어떻게 막는다는 말인가? 장로 제도에 문제가 많으면 다시 가톨릭교회의 성직자 제도로 돌아가야 한다는 말인가? 이왕 한국교회에 정착된 제도이니 조금씩 고쳐나가면서 전향적으로 발전시키는 게 좋지 않을까? 여기서 각각의 질문에 대답하지 않겠다. 교회 정치의 가장 바람직한 제도가 무엇인지, 나도 정답은 모른다. 다만 현재 한국교회 상황과 세계 여러 교파의 특성을 살펴본 결과 잠정적으로 내린 내 개인적인 결론은 가톨릭교회의 주교 제도와 감리교회의 감독 제도가 교회 정치에서는 최선이다. 구세군이나 루터교회나 성공회도 감독 제와 비슷한 제도로 운용된다. 그런데 한국 감리교회의 감독 제도는 그 운용에서 상당히 변질되어 감독 제도라고 말할 수도 없다. 감독제의 가장 중요한 대목이라 할 목사 파송 제도도 유명무실하다.

우리가 가톨릭교회의 성직자주의를 비판하지만 거기에도 좋은 점이 많다. 그들은 이천 년 동안의 경험을 통해서 그런 제도를 정착시켰다. 종교개혁 시대 당시 로마 가톨릭에 수많은 문제점이 드러났지만 그건 어느 집단이나 있을 수 있는 현상이니 그들의 모든 제도를 모두 부정할 필요는 없다. 가톨릭교회의 중요한 안건은 모두 주교 회의에서 결정된다. 물론 평신도는 주교가 될 수 없다. 이런 상황에서도 가톨릭의 일반 신자는 거기에 참여할 수 있는 권한을 달라고 주장하지 않는다. 그 이유는 주교들이 교회 문제에서 전문가라는 사실을 인정하기 때문이며, 비록 한계가 있다 하더라도 다른 제도보다는 상대적으로 낫다고 여기기 때문이다. 주교나 감독을 중심으로 하는 교회 정치를 오늘 한국교회 현실에 적용하기는 힘들 것이다. 무엇보다 장로들이 이를 받아들이지 않을 것이다. 따라서 일단 현실의 장로제를 그대로 인정하고 그 틀 안에서 목회를 지혜롭게 수행해야 하는 게 최선이다.

목사는 무슨 일이 있어도 장로들과 싸우지 말아야 한다. 대다수의 장로는 한국교회 일반 신자처럼 순수하고 목사의 목회에 협조하려고 한다. 그리고 착하다. 목사가 바른 목회를 하기만 한다면 장로와 좋은 관계를 맺게 될 것이다. 서로가 존중하면 웬만해서 큰 다툼이 일어나지 않지만, 늘 그런 것도 아니다. 의견의 차이는 반드시 일어나게 되어 있다. 더 나아가 싸움이 일어날 수도 있다. 이런 일은 초기 기독교에서도 비일비재했다. 그 유명한 고린도교회는 파벌 싸움으로 어려움이 많았다.

내 형제들아, 글로에의 집 편으로 너희에 대한 말이 내게 들리니 곧 너희 가운데 분쟁이 있다는 것이라. 내가 이것을 말하거니와 너희가 각각 이르되 "나는 바울에게, 나는 아볼로에게, 나는 게바에게, 나는 그리스도에게 속한 자라" 한다는 것이니(고전 1:11, 12).

고린도교회의 이런 분쟁이 오늘 우리 눈에는 이상하게 비친다. 바울이 직접 개척한 교회인데 어떻게 분쟁이 일어나느냐고 말이다. 오늘 우리에게는 바울의 영적 권위가 절대적이지만 당시는 전혀 그렇지 못했다. 게바라 불리는 베드로의 권위도 마찬가지였다. 교회도 인식이나 판단에서 제한적일 수밖에 없는 사람들이 모인 공동체이기 때문에 초기 기독교 당시나 지금이나 다툼을 피할 길이 없다. 다만 이런 상황을 어떻게 극복하느냐가 목회자에게 주어진 큰 숙제다.

고린도교회 안에 일어난 분쟁은 여러 가지였다. 크게 보면 다음과 같다. 세례를 누구에게서 받았느냐 하는 문제, 우상 앞에 놓였던 음식을 먹어도 되는지에 대한 문제, 은사를 서로 비교하는 문제, 그리고 성찬에 대한 문제다. 여기서는 성찬에 대한 문제만 살펴보겠다. 고린도전서 11:17 이하의 보도에 따르면 고린도교회는 성찬으로 인해 분쟁이 일어났다. 당시 성찬은 두 가지 종류가 있었다. 하나는 신앙의 일정한 기준에 들어온 이들이 참가하는 종교의식으로서의 성찬인 유카리스트(Eucharist)다. 이것이 오늘 행해지는 일반적인 성찬이다. 다른 하나는 넓은 의미의 성찬으로서 모든 신자가 참가하는 애찬식(아가페)이다. 이 애찬식은 실제 식사 모임이다. 신자들은 교회에 올때 집에서 먹을거리를 들고 와야 한다. 이때 문제가 일어난 것이다. 부자들은 고급 먹을거리를 따로 장만해 와서 자기들끼리 먹었다. 반면 가난한 사람들은 소외되었다. 심지어 부자들은 고급술을 가져와서 먼저 마시고 취하기도 했던 것 같다. 22절 말씀을 보라.

> 너희가 먹고 마실 집이 없느냐? 너희가 하나님의 교회를 업신여기고 빈궁한 자들을 부끄럽게 하느냐? 내가 너희에게 무슨 말을 하랴? 너희를 칭찬하랴, 이것으로 칭찬하지 않노라.

부자들도 나름 할 말이 있었을 것이다. 아무리 교회라고 하지만 평소 수준과 격이 다르게 살던 사람들이 어떻게 함께 어울려서 지내느냐고 말이다. 그 교회에는 주인과 종이 함께 교회에 나오는 극단적인 경우도 있었을 것이다. 가난한 사람은 부자와 함께 식사하는 것이 불편하고, 종은 주인과 함께 식사하는 것이 불편할 수도 있다. 부자는 가난한 사람을 위해서, 주인은 종을 위해서 자기들끼리 따로 먹은 것이라고 변명할 수도 있다. 어쨌거나 바울을 비롯해 제자들이 살아 있던 시절에도 교회에 분열과 다툼이 있었다는 것은 분명하다. 이처럼 인간 사이에 분쟁이 없을 수 없다는 사실이 교회에도 그대로 적용된다. 오늘 교회도 마찬가지다.

장로들과의 분쟁이 일어날 경우 목사는 어떻게 처신하는 게 옳을까? 여기에 정답이 따로 있는 것은 아니다. 가장 극단적인 경우를 가정해보자. 장로가 목사를 교회에서 쫓아내거나, 거꾸로 목사가 장로를 쫓아내려고 물리력을 행사했다는 말을 교계 뉴스를 통해서 심심치 않게 들을 수 있다. 조폭이나 경찰력이 동원되기도 하고, 일반 법정에서 소송이 벌어지기도 한다. 이유도 가지각색이다. 목사의 스캔들이 빌미가 되기도 하고, 후임자 결정 과정이 이유가 되기도 한다. 어떤 때는 목사파와 장로파가 몸싸움을 벌이고, 교회당의 아래층과 위층으로 나뉘어 각각 예배를 드리기도 한다. 이런 일이 모두 예수 그리스도의 이름으로 행해진다. 블랙코미디 같은 현상이다.

이런 일이 벌어지면 누구의 잘못이냐, 또는 누구의 잘못이 더 크냐 하는 것과 관계없이 목사가 책임지는 것이 옳다. 책임을 진다는 것은 목사가 짐을 싸는 것이다. 목사의 잘못이 없는데도 무조건 짐을 싸는 것은 옳은 해결책이 아니라는 반론이 가능하다. 이에 대해서는 더 이상 왈가왈부하지 않겠다. 교회 일에 관해서는 목사에게 무한 책임이 있다. 사태가 이렇게 험악해지지 않도록 미리 문제를 해결하든지, 그렇게 하지 못했다면 물러서는 것이 도리다. 교회가 둘로 갈라지는 것보다는 목사가 떠나는 것이 나으며, 이런 상황에서는 머물러 있어봐야 현실적으로 목회는 더 이상 불가능하다.

40년 전 신학대학교 다닐 때 어떤 교수님에게서 들은 이야기다. 아마 목회학 강의 시간이라고 생각된다. 목사는 늘 교회를 떠날 마음으로 목회를 해야 한다는 말씀이었다. 이런 말에는 많은 의미가 함축되어 있다. 두 가지만 보자.

첫째, 목사는 교회의 주인이 아니니 주인 행세를 하지 말아야 한다. 좋은 의미에서 주인 의식은 필요하지 않느냐 하고 말할 수 있다. 이 경우 책임 의식이라고 말하는 게 좋다. 그러나 목사는 한 지교회의 목회자이지만 더 근본적으로 하나님으로부터 소명을 받은 사람이기 때문에 한 교회를 일시적으로 책임질 뿐이지 주인이 되는 것은 아니다. 둘째, 교회 안에서 벌어지는 모든 문제의 책임이 목사에게 있다. 자신이 잘못해서 벌어진 일은 물론이고, 다른 이들이 잘못해서 벌어진 일도 결국은 목사에게 책임이 있다. 말 그대로 무한 책임이다. 오늘날 많은 목사가 자신의 잘못에 대한 책임조차 지지 않으려고 하는 데에 문제가 있다. 목사의 권위 또는 위임 목사 제도에 기대 떠날 생각을 하지 않는다.

목사가 교회를 떠나는 문제는 그렇게 간단한 것이 아니다. 목사가 교회를 떠나면 실업자가 된다. 아무런 대안 없이 목사에게 이런 상황을 강요하는 것은 바람직하지 않다. 이런 점에서도 교회의 보편성에 근거한 교구 제도는 필요하다. 교회를 떠나는 데서 오는 불안을 극복할 수 있다면 오늘날 교회에서 벌어지는 많은 문제가 해결될 것이다.

누가 교회를 떠나느냐 할 정도의 큰 갈등만이 아니라 사소한 의견의 차이로 인한 갈등도 교회 안에서 자주 벌어진다. 정책 당회를 연다고 하자. 아무개 장로가 "교회 재정 상태가 좋지 않으니 목사님 사례비를 내년에는 동결하는 게 어떨까요?" 하고 의견을 냈다. 장로들 사이에서도 의견이 분분할 것이다. 이때 당사자인 목사는 내색을 하지 않아도 기분이 별로 좋지 않을 것이다. 목사 자신이 동결하는 게 좋겠다고 하면 모를까, 장로의 입에서 그런 말이 나오면 감정적으로는 불편해진다. 안수집사를 추천하는 경우도 그렇고, 부교역자 초빙 문제도 그렇고, 목회 결과에 대한 평가 문제도 그렇다. 교인 수나 헌금 액수가 줄면 목회를 잘못했다는 평가를 받는다. 언젠가 한국을 대표할 정도로 뛰어난 설교자요 목회자인 아무개 목사님에게서 들은 이야기다. 어떤 장로가 교회 재정 지출 문제로 늘 시비를 건다는 것이다. 그 내막이야 내가 일일이 알 수 없지만, 아무리 모범적인 교회라고 하더라도 거기 사람들이 모였기에 목회자와 장로 그리고 신자들 사이에 크고 작은 갈등이 따라오는 것은 분명하다.

이런 사소한 갈등을 단칼에 해결할 수 있는 묘수는 없다. 어느 정도 타당한 해결책을 말할 수 있기는 하지만 각 교회의 상황이 다르기 때문에 일률적으로 적용하기도 어렵다. 모든 문제는 목사 자신이 지혜롭게 해결해나가는 수밖에 없다. 때로는 양보하고, 때로는 설득하고, 때로는 충분히 토론하고, 또는 다수결로 결정하고, 또는 만장일치에 이를 때까지 기다려야 한다. 어떤 경우든지 중요한 것은 목사가 신자들의 대표자인 장로들을 경쟁의 대상으로 여기지 말아야 한다는 사실이다. 마음에 들든 들지 않든, 교회의 대표자인 장로들은 모두 목사가 껴안고 가야 할 믿음의 동료다.

앞에서 나는 장로 제도가 필요하지 않다고 말했다. 대안은 무엇일까? 그것까지 여기서 왈가왈부하기는 어렵다. 내가 교회 행정가도 아니고, 평소에 그런 쪽으로 생각을 많이 한 것도 아니기 때문이다. 다만 내가 지금 목회하고 있는 대구샘터교회의 예만 들겠다. 대구샘터교회에는 운영위원회가 있다. 일반 교회에서 말하는 당회의 역할을 감당하는 기구다. 매월 1회 정기 모임을 연다. 여기서 지난달의 활동을 결산하고 다음 달 활동을 계획한다. 운영위원회에는 상임 교역자가 자동으로 들어가고, 일반 신자 중에서 대표자들이 들어간다. 대표자들은 담임목사가 추천하고 기존 운영위원회의 결의를 거쳐 교인 총회의 인준을 받아서 선출된다. 가능한 한 성별, 세대별 균형을 갖춘 이들로 구성된다. 운영위원회 제도에 문제점이 없는 것은 아니지만,

그래도 현재 교회의 크기에 비추어볼 때 상대적으로 운영의 효율성과 (교회)신학적 정당성을 확보한 제도가 아닐까 생각한다. 어쨌거나 예수의 재림 때까지 교회 제도는 개혁되어야 할 운명을 벗어날 수 없으니 귀찮더라도 생각할 것은 생각하면서 바람직한 대안을 찾아나가야 한다.

## 상담

목사에게는 상담 업무도 주어진다. 신자들의 신앙 문제만이 아니라 가정 문제까지 상담해야 할 경우도 있다. 간혹 전혀 모르는 사람으로부터도 상담 요청을 받기도 한다. 상담은 인간 발달심리나 사회 문화 등 전문적인 공부를 필요로 하기 때문에 아무나 책임질 수 있는 업무가 아니다. 신학대학교에서 상담 과목을 이수했다고 해서 목사가 무조건 상담가로 나서는 건 바람직하지 않다. 가능하면 교회가 전문 상담가를 따로 두는 게 좋다. 그러나 중대형 교회라면 모를까 웬만한 교회에서 전문 상담가를 따로 두기는 힘들다. 부족하더라도 목사가 필요에 따라서 상담가 역할을 감당할 수밖에 없다.

다 아는 이야기지만, 상담에서 가장 중요한 것은 내담자의 말을 충분히 들어주는 것이다. 이것이 상담의 모든 것이라고 할 수 있다. 내담자에게 정작 필요한 것은 자기의 말을 진정성 있게 들어주는 사람이다. 마음속에 있는 말을 하는 것 자체가 문제 해결의 첫걸음이기도 하다. 그런데 남의 말을 들어주는 것이 쉬운 게 아니다. 특히 목사는 자신이 늘 남을 가르치는 사람이라는 자의식으로 살고 있기 때문에 신자들의 말에 인내심을 갖고 귀를 기울이기보다는 몇 마디만 듣고 곧 처방을 내리려고 한다. 요즘은 상담학과가 개설되어 있는 신학대학교도 많고, 그런 종류의 세미나도 흔하게 열리고 있으니 목사가 상담의 기초만이라도 배우는 게 좋다. 그런 곳을 찾아다니기 귀찮으면 괜찮은 책을 한 권 읽어도 큰 도움을 얻을 것이다.

듣는 일이 왜 어려운지를 생각해보라. 그것은 자기를 표현하려는 인간 본성에 위배되기 때문이다. 사람은 말을 함으로써 자기를 나타내려고 한다. 자기를 나타냄으로써 정신적인 안정감을 느낀다. 이것 자체는 나쁜 게 아니다. 문제는 그 도가 지나쳐서 인간관계를 파괴할 뿐만 아니라 자신의 정신 건강에도 해가 된다는 데 있다.

듣는 일이 어려운 또 다른 이유는 대화의 주제가 자기와 별로 상관이 없다는 데 있다. 이건 상담만이 아니라 일반적인 대화에서도 마찬가지다. 여기 동창회 모임이 있다고 하자. 공식적인 회의를 일단 마치고 식사를 하면서 대화 시간이 이어졌다. 한 사람이 자기 친척이 미국에 가서 사업에 성공했다는 이야기를 길게 끈다면 모두 귀를 막고 싶을 것이다. 이런 일은 우리 일상에서 자주 일어난다. 자기에게는 진지한 내용일지 모르지만 다른 사람에게는 별 의미가 없는 이야기를 자질구레한 내용까지 포함해서 풀어내는 사람들이 있다. 약간의 차이가 있지만 대다수가 이런 식으로 대화를 한다고 해도 과언이 아니다. 그래서 상대방도 듣는 시늉을 하다가 중간에 끼어들어 자기 이야기를 한다. 이런 분위기가 급상승하면 목소리도 점점 커지고, 끼어들기도 더 자주 반복적으로 일어난다.

어떻게 내담자의 말에 귀를 기울 수 있을까? 이게 억지로 되지 않는다. 상담학 개론에 관한 책을 읽었다고 해서 해결되는 것도 아니다. 책을 통해 약간의 도움을 얻을 수는 있을지 몰라도 마음의 울림을 느끼면서 내담자의 말에 귀를 기울일 수 있는 내공을 얻지는 못할 것이다. 공감 없이는 귀가 열리지 않는 법이다. 여기에 다른 길이 없다. 상투적인 표현일지 모르겠으나 신앙의 깊이로 들어가는 게 최선이다. 그것이 안 된다면 다음의 사실만이라도 기억하면 도움이 될지 모르겠다. 목사는 평소에 설교를 통해서 말을 많이 했으니 상담의 경우에는 내담자의 말을 많이 들어야 하지 않겠는가.

상담가로서 목사가 범하기 쉬운 잘못은 앞에서 언급한 것처럼 자신이 직접 처방을 내리려고 한다는 것이다. 이런 처방은 대개 객관적인 분석을 통한 것이라기보다는 믿음의 확신에 근거하는 경우가 많다. 내담자는 심리적으로 절박한 상태이기 때문에 물에 빠진 사람이 지푸라기라도 잡는 심정으로 목사에게서 구체적인 답을 듣고 싶어 한다. 이런 경우에 목사가 내리는 처방은 상황을 더 악화시킬 우려가 크다.

예를 들어, 이혼 문제로 상담하러 온 신자가 있다고 하자. 이혼의 사유도 가지각색일 것이다. 이해가 가는 것도 있고, 그렇지 않은 것도 있다. 남편이 술만 마시면 행패를 부리는 경우에는 이혼을 심각하게 고려해볼 만하다. 남편이 휴일마다 등산이나 낚시를 가는 문제로 고민하는 경우라고 한다면 당연히 이혼을 생각하면 안 된다. 애매한 경우도 있을 것이다. 어쨌거나 이혼을 하라든지 말라든지 하는 처방을 목사가 내리는 것은 경솔한 일이다.

그렇다면 내담자의 말을 진심으로 들어주고, 그를 위해서 기도해주는 것으로 목사의 역할을 끝내는 것이 좋을까? 아니면 어느 정도의 방향만이라도 암시해주는 것이 좋을까? 여기서 내가 대답하기는 힘들다. 모든 경우가 다르기 때문에 각자가 잘 판단해서 처리해야 한다. 내가 위에서 예로 든 것과 같은 상담을 직접 하게 되었다면 다음과 같이 대처할 것이다. 일단 충분하게 들어주는 것은 물론이고, 실체적 진실이 무엇인지를 정확하게 분석해본 다음에 성서와 신학의 관점에서 생각해야 할 몇몇 관점을 알려주고, 마지막으로 더 구체적인 문제는 상담 전문가를 찾아가서 도움을 받으라고 말이다. 상담 전문가는 정신과 의사일 수도 있고, 가정 법률을 전문으로 하는 변호사일 수도 있다.

직접적인 처방은 아니라고 하더라도 내담자가 문제를 정확하게 인식할 수 있도록 도움을 주는 것이 필요하다. 그것은 질문이다. 내담자가 생각하지 못했던 부분을 생각할 수 있도록 하는 질문이다. 질문과 대답의 과정을 통해 문제의 핵심을 정확하게 인식할 수 있을 뿐만 아니라 해결책도 어느 정도 근사하게 찾아갈 수 있다.

정확하고 필요한 질문을 하는 것은 쉽지 않다. 대화의 창조적 계기를 포착할 수 있어야 한다. 성서를 읽을 때도 마찬가지다. 성서 텍스트와 창조적으로 대화할 수 있는 차원으로 들어가려면 그 안에 숨어 있는 것을 읽어낼 수 있어야 한다. 예를 들어 창세기 12장 이하에는 하나님이 아브라함을 찾아와서 말을 건다는 이야기가 여러 번에 걸쳐 나온다. 이런 표현이 실제로 무엇을 가리키는지에 대해서 독자는 질문해야 한다. 아브라함이 고향인 갈대아 우르나 중간 기착지인 하란에 머물지 못할 특별한 사건이 생겼는지도 모른다. 그런 상황을

"그곳을 떠나라"는 하나님의 말씀으로 받아들였을 수도 있다. 이런 질문을 통해서 성서 텍스트와의 참된 대화가 가능하다.

상담은 기본적으로 대화의 기술이다. 그런데 그 기술은 테크닉 (technique)이라기보다는 예술(art)의 차원에 속한다. 가장 고차원의 예술은 신앙이다. 하나님 경험이다. 하나님 경험이 깊어진 사람은 대화의 기술도 좋다. 말을 매끄럽게 잘한다는 것이 아니라 핵심 주제의 깊이로 들어갈 줄 안다는 것이다. 이런 기술의 첫걸음은 경청이며, 다음 단계는 질문이다. 이것만 잘하면 상담학을 전공하지 않았다고 하더라도 훌륭한 상담가의 역할을 감당할 수 있을 것이다.

## 심방

나는 1977년 초에 대구에 있는 봉산성결교회 전도사로 부임했다. 그해 봄에 정기 대심방이 있었다. 담임목사와 여전도사가 주축이 되었고, 몇몇 권사와 집사로 꾸려진 심방 대원이 함께했다. 나는 스물네 살 총각 전도사로서 그런 심방에 참가하는 게 어울리지 않았지만, 정식 교역자인 데다가 신자들의 가정 형편도 좀 아는 게 좋다는 담임목사의 제안에 따라서 대략 두 달 가까이 진행된 정기 대심방 대원으로 활동했다. 두 번의 에피소드가 있었다.

하나, 대심방은 일반 심방과 성격이 약간 다르다. 일반 심방은 주로 여전도사가 평소에 교우들의 집을 방문하는 것이다. 중요한 경우에는 담임목사가 심방한다. 여전도사의 역할은 대부분이 심방이었다. 교회 출석이 뜸하거나 아픈 이들을 방문한다. 교우들의 가정을 가장 잘 아는 이가 바로 심방 여전도사다. 그들이 역할을 잘 감당하면 좋으나 가끔 문제를 일으키기도 한다. 말을 나쁘게 옮기기도 하고, 교회에 대한 불만을 신자에게 토로하기도 한다. 요즘은 이런 전문적인 심방 여전도사가 설 자리가 줄어들고 있다. 신자의 삶이 바쁘기도 하고, 프라이버시를 중요하게 여기는 경향으로 인해 신자가 심방을 원하지 않는다.

대(大)심방은 구역별로 차례를 정해서 모든 교우의 집을 방문하는 교회 행사를 가리킨다. 보통 하루에 적게는 다섯 가정, 많게는 열 가정을 방문한다. 심방을 받는 교우의 집에 들어가면 집주인이 미리 준비한 방으로 안내를 받는다. 그 집에서 가장 넓고 깨끗한 방이나 거실이 그 공간이다. 주인은 예배를 인도할 목사가 앉는 자리 앞에 탁자를 놓아둔다. 경우에 따라서는 아파트 소파에 둘러앉기도 한다. 이때부터 목사가 간략한 순서에 따라서 예배를 인도한다. 엄격하게 말하면 이런 심방 때의 모임은 예배라고 할 수 없다. 예배는 주일에 공식적으로 모이는 공동 예배를 가리킨다. 그러나 우리나라에서는 이런 모임도 관행적으로 예배라고 부른다. 순서는 인도하는 목사에 따라서 차이가 있지만 대략 다음과 같다. 묵상 기도, 찬송, 대표 기도, 성서 봉독, 설교, 목사 기도, 축도. 설교는 10분 이상 하지 않는다. 내용은 주로 그 가정에 적합한 것이다. 때로는 위로하고 때로는 권면한다.

아무개 구역을 심방하는 날이었다. 마침 신혼부부가 사는 집에서 가정 예배를 드릴 때 담임목사가 내게 기도 순서를 맡겼다. 대심방 때의 기도 순서는 미리 정해지지 않는다. 예배를 인도하는 목사가 그날 참여한 심방 대원들에게 무작위로, 또는 직급에 따라서 자유롭게 기도 순서를 맡긴다. 그래서 대원들은 일단 한 번쯤 대표 기도를 감당할 각오를 한다. 그래도 그렇지, 스물네 살 총각 전도사에게 자신보다 나이가 훨씬 많은 신혼부부의 가정을 위해 기도하라고 시킬 게 뭐란 말인가. 돌이켜 생각해보니 당시 담임목사도 사십 대 초로 젊었다. 본인도 그런 전반적인 상황을 파악하지 못하고 있었던 것이 아닐까 생각한다.

심방 때의 기도라는 게 늘 상투적이다. 심방 오게 된 것에 대한 감사, 심방을 받는 가정의 형편을 경우에 따라서는 구체적으로 또는 암시적으로 거론하면서 드리는 기도, 설교자와 심방 대원들을 위한 기도가 주요 내용이다. 가정 형편을 헤아리는 기도가 까다롭다. 가정 형편을 아무나 알 수 있는 게 아니고, 안다고 하더라도 기도하는 사람이 뭔가를 깊이 느낄 줄 알아야 한다. 그래서 교우들의 가정을 어느 정도 파악하고 있으면서 세상살이도 연륜이 있는 장로나 권사 같은 분들이 기도를 맡는다. 당시에 내가 뭐라고 기도했는지 다 기억나지는 않는다. 아마 식은땀을 흘리면서 중언부언하지 않았겠는가. 그냥 입술만 움직이는 기도였을 것이다. 그때의 당혹스런 경험이 있었기 때문인지 몰라도 요즘 나는 심방을 갈 경우에 다른 사람에게 일절 기도를 맡기지 않고 내가 도맡아 한다. 그것이 잘하는 일인지 아닌지는 모르겠지만.

둘, 심방을 맞는 가정에서는 빠짐없이 먹을 것을 내놓는다. 눈치가 빠른 분은 간략하게 차와 과일 한 접시 정도만 내놓지만, 마음만 간절한 분들은 떡, 식혜 등 작은 잔칫집처럼 내놓는다. 그걸 먹지 않고 나올 수는 없다. 실제로 배가 불편해서 덜 먹으려고 해도 억지로

라도 먹이려는 분이 있다.

　나중에 시골에서 단독 목회를 할 때의 일이다. 어느 나이 드신 여집사님이, 지금 돌아보면 그분이 대략 오십 대 중반쯤이었으니 그렇게 나이가 든 건 아니지만 그때 삼십 대 중반의 내가 볼 때는 그렇게 보였는데, 심방이 끝나자 초코파이와 커피를 내오셨다. 근데 내 눈에 두세 달 지난 유통기간 날짜가 보였다. 이걸 어쩌나 잠깐 생각하다가 먹었다. 집에서 그런 걸 보았다면 돈을 준다 해도 먹지 않았을 텐데 말이다. 또 어떤 때는 점심으로 내가 별로 좋아하지 않는 콩국수를 얼음까지 띄워서 내오셨다. 그날따라 콩의 고유한 비린내가 좀 심했다. 그래도 맛이 있는 것처럼 억지로 먹었다. 근데 좀 더 먹으라고 하시는 게 아닌가. 그걸 사양하느라고 몇 번 옥신각신했다. 지나니 모든 게 다 추억이다.

　집집마다 내놓은 먹을거리를 먹으면서 하루 종일 열 가정을 방문하고, 또 점심은 정식으로 먹어야 한다. 점심 담당하는 분은 일 년에 한두 번의 대심방을 맞아 작심하고 성찬으로 대접하려고 애를 쓴다. 나는 그렇게 주어지는 대로 먹다가 대심방이 끝나자 위에 탈이 났다. 당시 먹는 것을 잘 조절하지 못한 것은 혼자 타지에서 자취 생활을 하다 보니 남이 차려주는 것에 혹했기 때문이다.

　혼자서 자취하는 사람에게 가장 불편한 일은 먹는 문제다. 지금은 혼자 사는 이들을 위한 먹을거리가 어느 정도 갖추어진 것 같은데, 1970년대와 80년대만 해도 별 게 없었다. 라면은 지금이나 그때나 혼자 사는 이들에게 인기 식품이다. 대구봉산교회 전도사로 내려온 직후 두세 달은 교회 근처의 하숙집에서 살았다. 연탄불로 난방을 하는 두 평 정도 크기의 단칸방이었다. 하숙집 아주머니가 친절했고, 반찬도 경상도 치고는 이전까지 서울에서만 살던 내게 크게 불편하지 않아서 좋았다. 문제는 교회에서 받는 사례비의 대부분이 하숙비로 들어간다는 점이다. 지금 내 기억으로는 사례비가 6만원 내외였는데, 하숙비가 4만원이었다. 나머지 2만원으로 헌금하고, 책도 사야 하고, 교회 학생들에게 간식도 사주다 보니 생활이 말이 아니었다. 어쩔 수 없이 하숙집을 나와서 교회당 이층으로 올라가는 계단 아래의 작은 방으로 들어갔다. 그 공간은 원래 담임목사실로 사용하던 곳이었다. 침대와 책상을 놓고 나면 움직일 공간이 전혀 확보되지 않을 정도로 작았다.

덕분에 하숙비를 줄일 수 있었지만 먹는 게 문제였다. 재정 형편상 매식은 불가능했다. 교회 부엌에 가서 쌀을 씻어 전기밥솥으로 밥을 해 대충 끼니를 때웠다. 아마 이런 처지를 눈여겨본 권사님들이 조금씩 반찬 등을 마련해주셨던 것 같다. 그렇게 열 달 정도 지내다가 서울로 올라가 누님 댁에 머물게 되어서 일단 자취는 면했다. 당시 불규칙한 식사를 하다가 대심방 때 닥치는 대로 먹다 보니 급기야 견딜 수 없는 위 통증에 시달리게 되었다.

봉산교회는 교역자가 셋이었다. 담임목사, 심방여전도사, 그리고 교회 행정과 교육을 맡은 남전도사인 나였다. 여전도사가 나이가 제일 많았는데, 그래봐야 당시 사십 대 후반이었다. 문제는 그분이 교회 터줏대감 노릇을 한다는 사실이다. 과부이시고, 조카 여자아이와 함께 살았다. 그 외에 교회 사무 실무를 맡은 여자 청년이 직원으로 있었고, 물론 사찰 집사도 있었다. 사무 담당 청년을 제외하고는 나머지 모두 교회 사택에서 살았다. 나는 앞에서 말한 것처럼 본당 계단 아랫방에서 살았고, 담임목사는 교회 왼편에 붙어 있는 한옥에 살고, 여전도사는 교회 오른편에 붙은 두 칸짜리 집에 살았는데, 그 집은 사찰이 사는 집과 지붕으로 이어져 있었다. 당시 담임목사와 여전도사의 사이가 좋지 않았다. 그 사정은 미루어 짐작하면 답이 나올 것이다. 그런데 여전도사가 나를 경쟁 대상으로 여기지 않았는지, 살갑게 대해주었다.

전도사의 소개로 경북대학병원 내과에서 명의로 이름을 날리던 본교회 집사 의사를 찾아갔다. 내 기억으로는 병원에 접수하지도 않고 진료실로 직접 들어간 것 같다. 여전도사가 보호자 비슷하게 따라왔다. 증상에 대해서는 이미 교회에서 몇 번 만났을 때 전달했고, 이번에는 위내시경 검사를 위한 것이었다. 당시만 해도 위내시경은 선진 기술이었다. 목구멍 신경을 둔화시켜주는 약물을 먼저 복용했다. 진찰대 위에서 옆으로 눕자 간호사(혹은 의사)가 내시경을 내 입안으로 넣으면서 그걸 삼키라고 했다. 몇 번의 시도 끝에 성공해서 내시경이 내 위를 샅샅이 훑었다. 의사의 말이 심각한 상태는 아니고 위염이 좀 있다는 것이다. 대심방 여파로 일찌감치 위내시경 경험을 했다. 그때의 기분이 좋지 않았던 탓인지 그 후 지금까지 40년 가까이 이런 진찰을 한 번도 받지 않았다.

그 뒤로 위에 큰 문제는 없었다. 삼십 대와 사십 대를 편하게 지냈다. 그런데 오십 대에 한 번 크게 아픈 적이 있었다. 그 이유도 일종의 에피소드다. 2004년부터 4년 가까이 "설교 비평" 글을 「기독교 사상」에 매월 연재했다. 당시 한창 글을 쓸 때는 성결교회 월간지인 「활천」

에도 연재했고, 그 외의 잡지에도 심심치 않게 기고해야만 했다. 대구샘터교회를 2003년 6월에 시작했으니 설교 준비도 병행해야 했고, 더 일찍 시작한 "인문학적 성서 읽기" 모임을 위한 글도 써야 했고, 여름과 겨울에 마치 하안거와 동안거를 거치듯이 진행한 "고전 읽기" 모임도 게을리할 수 없었고, 영남신대 강의도 꾸준히 나갔다. 지금 돌아보니 내 오십 대는 글쓰기로 정신없이 지나간 것 같다. 한창 바쁠 때는 밥 먹기보다 즐겨하던 테니스도 손을 놓았다.

여러 작업 중에서 심혈을 기울인 것은 설교 비평이었다. 한 달에 두 주일은 오직 그것만 붙들고 있었다. 설교 비평 작업이 거의 끝날 때부터 소화 기능이 급격히 떨어졌다. 별로 많이 먹지 않았는데도 배가 더부룩하고, 딱딱한 게 들어 있는 듯한 느낌이 들었다. 설사를 자주했다. 목사들의 설교를, 특히 대형 교회 목사의 설교를 비판한 죗값이라고 생각했다. 소화불량 상태가 제법 오래갔다. 어떤 때는 소화제를 먹기도 했고 죽을 먹기도 했지만, 그게 그때뿐이지 별로 큰 도움은 안 됐다. 위에 부담을 주지 않을 정도로 적게 먹고 잘 씹어 먹는 것이 최선이었다. 주변 사람들은 위와 대장 내시경 검사를 받으라고 했지만, 그런 일이 귀찮기도 하고 또 다른 생각도 있어서 그만두고, 자연 치유에 의지하기로 했다. 자연 치유는 하나님의 창조 능력이다. 현재 상태는 그럭저럭 지낼 만하다. 과식만 하지 않으면 아무 일도 없다. 수년 전까지 반복되던 설사도 없고, 더부룩한 증상도 없다. 심방에 얽힌 에피소드를 이야기하다가 약간 곁길로 빠져든 것 같다. 이해를 바란다.

심방 이야기를 정리하자. 목사와 장로가 앞장서고 그 뒤로 여전도사와 권사들이 한 무리를 지어 신자의 집을 방문하는 옛날 방식의 심방은 이제 자취를 감춘 것 같다. 신자들이 그런 심방을 반기지도 않는다. 살아가는 게 바쁘기도 하고, 프라이버시를 침해당하기 싫어하는 탓이다. 그래도 여전히 대심방을 실시하는 교회가 시골에는 남아 있을지도 모르겠다.

심방이 제공하는 좋은 점도 적지 않다. 심방 대원들은 이런 방식으로라도 교회 일에 참여한 것에 자부심을 느낀다. 그리고 하루 종일 함께 다니면서 말씀을 듣고 먹고 마시고 대화를 나누면서 그들 사이에 친밀감도 두터워진다. 이런 친밀감은 그냥 교회에만 출석하는 것으로는 얻을 수 없는 부분이다. 심방을 받는 신자도 자신이 교회의 일원이라는 소속감을 얻을 수 있다. 교역자의 입장에서는 심방을 통해 신자의 실제 형편을 파악할 수 있다는 점도 중요하다.

오늘날 심방이 없어지거나 축소되는 상황은 어쩔 수 없다 하더라도 교역자와 신자, 신자와 신자 사이의 친밀감이나 유대감은 잘 살려 나가야 한다. 신앙생활이 회중끼리의 관계는 실종된 채 그냥 교회에 잠시 와서 즐기다가 돌아가는 콘서트 공연 같은 것은 아니지 않겠는가. 여선교회나 남선교회, 학생회와 청년회, 교사 모임과 성가대, 각종 봉사와 친교 모임이나 구역 등의 모임이 그런 역할을 할 것이다. 이런 모임도 날이 갈수록 점점 더 어려워질 것으로 보인다. 각 교회의 형편에 맞는 방법을 찾아야겠다.

# 목사의 사생활

## 목사 자녀

고(故) 옥한흠 목사 장례식 때 기독교 인터넷 신문에 실린 사진 한 장이 인상 깊다. 무덤 앞에서 가족이 영정을 앞세우고 사진을 찍었다. 믿기 힘든 말이지만 옥 목사님의 모습이 들어간 가족사진이 한 장도 없어서 마지막으로 찍었다는 것이다. 미루어 짐작하기로는 옥 목사님이 목회에 전념하느라 가족사진을 찍을 여유가 없었던 것 같다.

목사 자녀는 자라면서 스트레스를 받는다. 경우에 따라서 차이가 있지만 전반적으로는 그렇다. 목사 자녀이기 때문에 교회생활을 게을리할 수 없다. 교인들의 시선도 의식해야 한다. 교회에서는 목사지만 집에서는 아버지인 그 사람이 가정보다는 교회에 관심이 더 많은 걸 알게 되면서 반발심도 생긴다. 이런 자녀의 입장을 목사가 미리 헤아릴 줄 알면 어려움이 줄어들긴 하겠지만, 완전히 없어지지는 않는다.

두 딸을 키운 나는 좋은 아버지가 못 됐다. 집에서도 목사처럼 굴었으니까 말이다. 아이들과 밥을 먹으면서도 설교 비슷한 이야기를 주로 했다. 『소피의 세계』가 어떻고, 톨스토이 동화가 어떻고, 하는 이야기를 했다. 아이들이 어렸을 때 많이 놀아주지 못했다. 둘째가 초등학교에 들어가기 전에 모처럼 가족 여행을 갔는데, 광주 "5.18 민주묘역"을 참배하는 것으로 시작했다. 우리 딸들은 아버지 덕분에 의식화가 많이 되었다. 문제는 친구처럼 살가운 아빠가 되지 못했다는 것이다. 그렇다고 내가 목회에 전념했다는 말은 아니다. 아이들이 교회 생활에 부담을 느끼지 않게 하려고 그런 부분에서는 느슨하게 대처했다. 지금도 딸들의 신앙생활은 시원치 않다. 나이가 더 들면 본인들이 알아서 잘하지 않을까 생각한다.

가끔 자녀 교육을 주제로 설교하는 목사가 있다. 신앙 세미나도 열린다. 그런 데서는 자녀 교육을 위한 십계명이 자주 거론된다. 그 내용이라는 것도 뻔하다. 자녀에게 솔선수범을 하라거나 자녀를 위해 하루에 몇 시간씩 기도하라는 것들이다. 그런 방식으로 자식을 잘 키운 예를 들기도 한다. 탕자처럼 어긋나게 살다가 부모의 기도 덕분으로 정신 차렸다는 이야기도 흔하다. 허나 자녀 교육은 목사가 아무리 잘하려고 해도 잘 안 되는 경우가 많다. 성서에도 그런 예는 흔하다. 엘리와 사무엘은 자식 농사에 실패한 장본인이다. 다윗의 자식들도 "왕자의 난"으로 불릴 만한 일을 많이 저질렀다.

자녀를 잘 키운다는 것이 무슨 의미인가? 우리는 일반적인 답을 알고 있다. 우선 공부를 잘해야 한다. 공부를 못해도 성품이 좋아야 한다고 말은 하지만 실제로는 공부를 가장 우선적인 가치로 여긴다.

목사 공부

인간성도 좋고, 예의범절도 뛰어나면 더 좋다. 거기다가 신앙이 좋으면 금상첨화다. 남을 배려할 줄 알고, 어려운 사람들을 희생적으로 도와줄 수 있는 마음까지 갖추면 더 이상 바랄 것이 없을 것이다. 지식, 성품, 인간성, 도덕성, 신앙심, 희생정신 등등 이런 기준은 희망 사항일 뿐이지, 이 모든 걸 완벽하게 갖추는 것은 사람에게는 불가능하다. 다만 거기에 가깝게 가도록 노력할 뿐이다.

아무튼 이런 것들이 교육으로 가능할까? 간단하게 대답할 수 없는 질문이다. 어느 한계 안에서는 가능하기도 하고, 그 너머에서는 가능하지 않다. 가정에서 이런 교육을 받지 못해도 괜찮은 사람으로 성장하기도 하고, 철저한 교육을 받았어도 형편없는 사람으로 성장하기도 한다. 인간이 지능을 지닌 로봇이라면 같은 조건에서 동일한 결과를 내겠지만, 영적인 존재이기 때문에 반응이 천차만별이다. 내가 생각하기에 교육을 받지 않는 것보다는 받는 게 낫다. 그러나 좋지 않은 교육을 받기보다는 아예 교육받지 않는 것이 훨씬 낫다. 자식 교육은, 더 나아가 모든 교육은 마음먹은 대로 되는 게 아니다. 교회의 신앙 교육도 여기서 예외가 아니다.

## 목사 아내

한국교회에서 목사 아내는 일반적으로 사모님으로 불린다. 사모님은 스승이나 어른의 아내를 높여 부르는 호칭이니까 목사 아내의 호칭으로 틀린 것은 아니다. 문제는 그게 고유명사처럼 사용된다는 것이다. 어떤 목사는 신자들 앞에서 자기 아내를 "사모가 어쩌고저쩌고…" 하고 말한다. 젊은 목사가 나이 든 신자들 앞에서도 그렇게 호칭하는 것을 보면 민망하기 짝이 없다. 더구나 선배 목사 앞에서 새까만 후배 목사가 자기 아내를 그렇게 부르는 경우도 있다. 집사람 또는 아내라고 부르면 된다. 같은 이야기지만, 목사 아내가 남편을 다른 신자들 앞에서 "목사님"이라고 호칭하는 것도 좋아 보이지 않는다. 특히 장로나 권사 등 자기보다 나이가 많은 신자나 선배 목사 앞에서 자기 남편을 높이는 호칭은 옳지 않다. 그렇다고 해서 "내 남편이…"라고 지칭하는 것도 한국교회의 정서에서 볼 때 쉽지 않다. "아무개 목사가 내일 심방 간답니다" 하는 정도의 표현이 어쩔지 모르겠다. 나는 젊어서부터 지금까지 공적으로나 사적으로 내 아내를 "사모"라고 부른 적이 없다. 반면에 집사람은 교회에서 다른 사람들과 말할 때 나를 가리켜 "목사님"이라고 호칭하는데, 그게 본인에게는 자연스러운가 보다.

교회에서 목사 아내의 위치는 독특하다. 평신도도 아니고, 교역자도 아니고, 집사나 권사도 아니다. 그냥 목사의 부인일 뿐이다. 그 정체성이 애매하다. 목사 아내 행세보다는 그냥 신자로서 신앙생활 하는 게 가장 좋긴 하지만 한국교회 정서가 이를 허락하지 않는다. 때로는 그게 일종의 특권으로 작동된다. 목사 아내라는 권력을 이용해서 자기를 과시할 수 있다. 목사는 괜찮은데 목사 아내가 나대는 것이 보기 싫어서 교회 가기 싫다고 말하는 신자들이 나올 정도다.

아주 오래전에 정연희 씨의 『제8요일』이라는 소설을 읽었다. 주인공은 대도시에 있는 중형 교회의 담임목사다. 그는 성실한 목사로서 목회에도 성공한 사람이다. 어느 날 그가 새벽 기도회 후에 실종되었다. 교회에서 야단이 났다. 아무리 수소문을 해도 찾을 수 없었다. 물론 목사의 아내도 남편의 행방을 몰랐다. 이 사람은 남 보기에는 목회에 성공했지만 정신적으로 목회를 견뎌낼 수 없었다. 그래서 친구인 정신과 의사와 상담했다. 친구는 목사의 삶이 갑충과 같다고 진단했다. 종교라는 형식에 갇혀 내면의 삶이 피폐해져갔다. 목사는 자기의 정신적인 어려움을 아내에게 몇 번 토로한 적이 있다. 그럴 때마다 아내가 하는 말이 이렇다. "목사님, 요즘 기도가 부족해서 그렇습니다. 기도원에 가서 40일 금식 기도 하고 오세요." 대충 내 기억에 남아 있는 이야기다. 목사인 남편보다 아내인 사모의 믿음이 더 좋았다는 말이다. 인간적인 소통이 전혀 이루어지지 않는 목사 부부의 문제가 한국교회의 병폐 중 하나라고 해도 과언이 아닐 것이다.

한국교회의 일반적인 상황에서 볼 때 목사 아내의 삶은 샌드위치와 같다. 앞에서 언급했듯이 일반 신자도 아니고 교역자도 아니다. 신자들은 목사 아내에게도 소위 소명을 요구한다. 그것이 한국교회 정서이기도 하다. 믿음이 좋은 여자 청년들은 자의반타의반으로 목사 아내가 되려고 한다. 요즘이야 달라졌겠지만 내가 청년 시절에는 그랬다. 나름 소명으로 목사 아내가 되었지만 교회 현실은 그런 소명만으로 대처할 수 없다. 이런 문제를 일일이 거론하려면 책 한 권으로도 부족할 것이다.

목사 아내는 남 말하기 좋아하는 신자들에게 좋은 먹잇감이다. 트집을 잡으려면 누구도 거기서 벗어날 길이 없다. 목사 아내의 외모부터 말투까지 다 트집의 대상이다. 이때 그러려니 하고 지나가면 되지만 목사 아내도 감정을 지닌 사람이라서 쉽지 않다. 그래도 어쩌겠는

가. 목사 아내는 자신의 특수한 위치를 감안해서 가능하면 이런 구설수에 오르지 않도록 하는 게 최선이다. 설령 구설수에 오른다고 하더라도 목사 아내는 이런 일을 너무 심각하게 받아들이지 않는 게 좋다. 진정성을 갖고 대하면 그런 일은 시간이 지나가면서 자연스럽게 해결될 것이다.

목사 아내를 정말 힘들게 하는 것은 남편과의 관계다. 사람에게는 남을 괴롭힘으로써 쾌감을 느끼는 가학증이 있는데, 목사라고 해서 이런 정신적인 질환이 없다고 말할 수 없다. 아내를 습관적으로 구타하는 목사도 있다. 의처증이 있는 목사도 없지 않을 것이다. 그런 사람과 함께 부부로 사는 것은 피곤한 일이다. 피곤한 정도가 아니라 정상적인 삶을 꾸려나갈 수 없다. 이런 경우는 목사 여부와 상관없이 부부생활 자체가 불가능하니까 접어두자. 목사의 특수한 입장으로 인해서 벌어지는 목사 아내의 어려움만 잠간 짚자.

목사는 여자 신자와 만나는 일이 다른 직업을 가진 사람보다 많다. 한국교회 신자 중에서 여자가 차지하는 비중이 높기도 하고, 낮에도 교회 행사에 나올 수 있는 사람이 주로 여자들이기 때문이다. 이로 인해 목사 아내가 겪는 정신적인 어려움이 개인에 따라서 다르기는 하겠지만 전반적으로 크다. 아내인 자기와는 따뜻한 대화를 나누지 않는 남편이 여자 신자에게 살갑게 대하는 모습을 보면 마음이 불편해진다. 남편의 그런 일이 목회라고 이해는 하지만 그래도 별로 기분 좋은 일이 아니다. 이런 아내의 입장을 헤아려줄 수 있는 목사는 많지 않을 것이다. 헤아려준다고 해도 한계가 있는 법이다.

모르긴 몰라도 목사 아내 중 교회 일과 남편 문제로 인해 정신과 치료를 받아야 할 분이 적지 않을 것이다. 문제가 많은 남편을 만났거나 본인에게 정신적인 결함이 있어서라기보다는, 그런 경우라면 불가항력이지만, 한국교회에서 목사 아내라는 자리가 차지하는 독특한 성격이 가장 큰 원인이다. 정신과 치료가 필요한 분들은, 은혜가 없어서 그렇다는 말에 신경 쓰지 말고 가급적 서둘러서 치료받는 것이 좋다.

목사 아내 중에는 자신이 마치 담임목사나 부교역자라도 되는 것처럼 교회 일에 적극적인 분도 있다. 교회에 일할 분이 없어서 어쩔 수 없는 경우라면 모르지만, 나대기 좋아하는 성격 때문이라거나 자신이 교회 주인이라는 생각에서 그렇다면 곤란하다. 사람은 정도의 차이가 있지만 남녀를 불문하고 자신을 나타내려는 심리가 있다. 교회에서도 그런 현상은 자주 일어난다. 지나치지만 않다면 그것이 반드시 나쁜 것만도 아니다. 그러나 목사 아내라면 말이 좀 달라진다. 내가 보기에 목사 아내는 교회에서 최대한 드러나지 않는 것이 좋다. 아내와 어머니로서의 정체성에 집중하는 게 더 낫지 않을는지.

한국교회 정서에서 볼 때 목사 아내로 살아간다는 것은 쉽지 않다. 큰 이유 없이 욕을 먹을 수도 있고, 공연한 부러움의 대상이 될 수도 있다. 목사 아내는 이런 상황을 어떻게 대처해야 할까? 교회의 상황에 따라 다르기 때문에 모범 답안을 내가 말할 수는 없다. 각자가 지혜롭게 처신할 수밖에 없다. 다만 한 가지만은 확실하게 말할 수 있다. 어느 정도 생각이 있는 분은 다 알고 있는 거지만.

목사 아내는 목사 부인이기에 앞서 한 인간으로서, 그리고 한 기독교인으로서 자신의 삶을 살아가야 한다. 이것이 당연한 것 같지만 노력하지 않으면 잘 안 된다. 자신의 삶이 아니라 남이 요구하는 삶에 쉽게 기울어진다. 이것은 목사 아내만이 아니라 목사를 비롯해 모든 기독교인에게 해당되는 것이지만 목사 아내라는 특수한 위치로 인해 그들에게 더 절실한 것이다. 여기서 노력이라는 것은 책 읽기다. 자신의 정신세계를 넓혀줄 수 있는 책을 꾸준히 읽지 않으면 자기의 고유한 삶을 살아갈 수가 없다. 이런 삶은 기도만 한다고 해결되는 게 아니다.

목사 공부라는 타이틀로 글을 쓰면서 목사 아내에 대한 이야기를 하는 이유는 목사 가족 문제가 목회에도 적지 않은 영향을 끼친다는 데 있다. 신앙적인 깊이에서 목사와 아내 사이에 대화가 이루어지는 경우와 전혀 불가능한 경우를 비교해보면 답이 나온다. 물론 여기에도 예외가 있다. 감리교 창시자인 존 웨슬리의 아내는 세계 3대 악처 중 한 분이라는 말이 있다. 그런 탓인지 웨슬리는 평생 말을 타고 돌아다니면서 설교했다고 한다. 그가 집 밖을 떠돌아서 아내가 악처가 되었는지, 아니면 아내가 악처라서 집을 비울 수밖에 없었는지는 아무도 모른다. 어쨌거나 웨슬리 같은 사람이니까 악처를 만나도 목회를 성실하게 아니 더 열정적으로 할 수 있지, 보통 목사들은 쉽게 지치고 만다.

평범한 목사와 평범한 목사 아내가 만나서 사는 경우를 놓고 보자. 그들은 일반 신자와 비슷한 수준에서 산다. 자식 키우는 걱정, 돈에 시달리는 걱정, 노후 대책에 대한 걱정을 떨치지 못한다. 그들의 최대 관심은 아마 돈일 것이다. 세상 사람도 대부분 그렇다. 교회 성장에 목을 매는 이유도 복음 전파의 순수한 열정에 기인하기도 하지만 교회 크기에 따라서 사례비가 달라진다는 데 기인한다.

　이런 문제를 해결하기 위해 목사 아내도 자기 일을 하는 게 좋다. 소위 말하는 맞벌이다. 목사 아내가 직업을 갖는 것에 대해 부정적으로 보는 사람도 없지 않겠지만 목사 아내는 전업으로 목회를 하는 사람이 아니기 때문에 꼭 그렇게 생각할 필요는 없다. 직업을 통해 경제적인 도움을 받는다는 것만이 아니라 자기 정체성의 확립에도 도움을 받는다는 게 중요하다. 자기 정체성이 건전하게 확보된 목사 아내는 교회에서 웬만한 말을 들어도 크게 시험에 들지 않고, 남편인 목사에 대해서도 대범하게 대할 수 있다. 평범한 사람은 비록 목사 부부라고 하더라도 물질적인 여유와 정신적인 여유를 함께 얻어야 교회 활동도 원만하게, 그리고 제대로 할 수 있다. 영적으로 더 철저하게 준비가 된 사람들은 물질적인 토대와 전혀 상관없이 하나님의 사람으로 살아갈 수 있긴 하지만, 그런 사람은 흔히 찾아보기 쉽지 않다.

## 취미 생활

목사에게 취미 생활이 필요한가 하는 질문에 대한 대답은 각자 다를 것이다. 목사가 취미를 갖는 것을 반대하는 사람은 별로 많지 않을 것 같다. 50년쯤 전이라고 한다면 고지식한 목사들께서 반대할 수도 있다. 당시는 청년들이 교회당에서 기타를 치면서 노래하는 것까지 막던 시절이었으니까 이해할 만하다. 호랑이 담배 피우던 시절에 일어났던 일 같겠지만 주일을 온전히 성수하기 위해 극장에 가지 않는 것은 물론이고 아예 돈을 쓰지 않는 사람도 있었다. 이런 신앙생활에 젖어 있는 사람이라고 한다면 목사의 취미 생활을 반대하거나 또는 반대하지는 않는다고 하더라도 권장하지도 않을 것이다.

이제는 흔한 말로 시대가 변했다. 주일이라고 해서 물건을 사지 않는 기독교인은 없다. 예배 후에 커피샵도 드나든다. 목사에 대한 관점도 옛날과는 크게 달라졌다. 온전히 말씀과 기도에만 전념해야 한다고 생각하는 사람은 거의 없다. 목사의 취미 생활을 오히려 적극적으로 권장하는 사람도 많을 것이다. 그렇지만 취미 생활도 취미 생활 나름이다. 상류층 인사에게나 가능한 고급 취미 생활은 좀 곤란하지 않겠는가. 고가의 스포츠카를 모는 일이나 고미술품 수집 등은 목사에게 어울리지 않는다.

목사나 신학교 교수 중에는 장서 수집을 취미로 하는 이도 제법 된다. 수천 권은 명함도 내밀지 못하고 수만 권을 넘기도 한다. 책을 구입하기 위해 투자하는 돈도 돈이지만 본인이 원하는 책을 구입하기 위해서 온오프를 막론하고 국내외 서점을 뒤지느라 쓰는 시간도 만만치 않다. 이런 취미 생활은 고상하기는 하지만 목사로서는 감당하기 어렵다. 장서의 수가 중요한 것이 아니라 한 권의 책이라도 실제로 읽는 게 중요하지 않겠는가. 나는 책이 별로 많지 않다. 책을 좋아하기는 하지만 그걸 취미로 삼을 정도는 아니다. 수년 전에 이사를 하면서 상당한 정도의 책을 필요한 다른 이들에게 주었다. 앞으로 나이가 들어도 책은 더 읽겠지만 소장하고 싶은 생각은 점점 줄어든다.

등산을 취미로 하는 목사도 제법 된다. 내가 스물다섯 살에 어느 교회 청년부 담당 전도사로 활동할 때의 이야기다. 그 교회 담임목사가 등산광이었다. 매주 월요일이면 만사를 제쳐놓고 산에 오른다. 주로 동료 목사들과 다니는 것 같았다. 공휴일에는 교회 청년이나 주일학교 교사들과도 다녔다. 그런 산행에 내가 몇 번이나 동행했는지 정확하게는 모르겠지만 한두 번은 따라갔던 기억이 어렴풋하게 난다. 요즘도 등산을 취미로 하는 목사들이 꽤 될 것이다. 좋은 취미다. 나는 바쁘다는 핑계로 등산을 가지 못한 지가 오래됐다. 더 나이가 들기 전에 실행에 옮겨야겠다. 금년 봄에 카드회사의 포인트로 구입한 등산 배낭이 지금 덩그러니 내 방 한쪽 벽에 걸려 있다.

목사의 취미 생활은 주로 운동이다. 탁구도 그중 하나다. 요즘은 탁구 인구가 크게 줄었지만 내가 신학대학교를 다니던 1970년대만 하더라도 탁구는 거의 국민 스포츠였다. 동네마다 탁구장이 없는 곳이 없었다. 교회 학생과 청년들도 교회에서 탁구를 자주 쳤고, 탁구대가 없는 교회 학생들은 동네 탁구장을 사용했다. 지금은 어떤지 모르지만 당시 신학생들은 탁구를 많이 쳤다. 내 기억에도 기숙사 생활을 할 때는 저녁을 먹은 뒤에 거의 매일 탁구를 쳤다. 기숙사 저녁식사 시간은 그렇지 않아도 좀 이른 차에 운동을 하고 나면 배가 쉽게 꺼진다. 그때 야식으로 먹던 라면 맛은 지금도 잊지 못한다.

당신 취미 생활은 무어요, 하고 물으면 나는 대뜸 테니스라고 답한다. 얼마 전에도 후배 목사가 내게 전화해서 하는 말이 다음 주 월요일에 신학대학교 동문 테니스 대회가 있으니 함께 참가하자고 했다. 마음은 굴뚝같았지만 요즘 한 주일의 내 일정이 빡빡하게 돌아가서 시간을 내기가 어려웠다. 더구나 개최 장소가 서울이었다. 이른 아침 출발해서 시합에 참가하고 밤늦게 돌아와야 할 텐데, 투자 대비 얻는 것보다는 잃는 게 더 많을 것 같아서 미련을 거두었다.

내가 테니스 라켓을 손에 잡은 지는 햇수로 40년 가까이 된다. 1979년 10월부터 시작했다. 신학생 시절부터 테니스를 시작한 친구들도 있긴 했지만, 나는 이런저런 사정으로 기회를 못 잡았다. 신학생 때는 주로 탁구와 배구, 축구 등을 했다. 테니스를 해야겠다는 마음을 먹은 이유는 1980년 봄 군목 입대와 연관된다. 선배들 말로 군목 활동을 하려면 테니스가 필요하다는 것이었다. 천호동에 살면서 동네 사설 테니스장에 나가 레슨을 받지도 않고 무조건 벽치기를 시작했다. 돌아보니 무식하기 짝이 없는 행동이었다. 레슨을 받지 않고 테니스를 배운다는 것은 말이 되지 않는다. 그때 왜 레슨을 받지 않으려고 했는지, 아직도 이해가 가지 않는다. 테니스장에서 그런 안내를 받지 못해 레슨을 받아야 한다는 사실조차 몰랐는지, 아니면 레슨 비용이 부담이 되었는지, 또는 레슨 없이도 얼마든지 할 수 있다는 자만심이었는지, 잘 모르겠다. 어쨌든 그렇게 벽치기만 몇 달 하다가 1980년 3월에 군목으로 입대하면서 테니스를 칠 줄 아는 사람으로 자처했다. 8사단 예하 연대에서 2년, 57후송 병원에서 1년, 이렇게 3년을 테니스와 함께 군목 생활을 하다가 제대했다. 당시가 1980년 대초다. 벌써 30여 년의 세월이 훌쩍 지났다.

테니스 레슨에 대해 한마디 해야겠다. 결론은 레슨을 철저하게 받아야 한다는 것이다. 나는 안타깝게도 레슨을 한 번도 받아본 적이 없다. 그런데도 자세가 그런대로 괜찮은 편이다. 여기에는 몇 가지 이유가 있다. 자랑 삼아 두 가지만 해보겠다. 하나는 운동신경을 타고났다는 것이다. 요즘 내가 나가는 테니스 동호회는 영천 정우회다. 영천에서 가장 역사가 깊다. 여기서 내 나이가 두 번째로 많다. 젊은 분들의 말이 내 발이 사십 대 못지않게 빠르다고 한다. 사실 발이 빠른게 아니라 눈과 예측력이 빠른 것이지만, 어쨌든 테니스장에서의 움직임이 젊은 분과 비교해서 전혀 떨어지지 않는다는 것은 분명하다. 이런 건 타고 나는 거다. 내 어릴 때 기억이다. 두 팀으로 나뉘어서 한쪽이 가로막고 있는 선을 뚫고 나가는 놀이를 자주 했다. 그쪽에서는 나를 손으로 터치하기만 하면 된다. 나는 한쪽으로 나가는 척 하다가 상대방이 그쪽으로 쏠리면 갑자기 다른 쪽으로 방향을 틀어 그쪽의 손에 닿지 않도록 뚫고 나갔다. 이런 걸 잘하려면 순발력이 필요하다. 내 기억으로 그런 놀이를 내가 꽤 뛰어나게 잘했던 것 같다.

다른 하나는 스스로 레슨을 하듯이 연습하고 실제 게임을 풀어나가는 것이다. 내가 직접 레슨을 받지는 않았지만 코치들이 다른 사람을 레슨 할 때 던지는 말을 옆에서 새겨들었다. 또는 나보다 한 수 위인 사람들의 말을 새겨들었다. 처음 테니스장에 나갔을 때 계속 벽치기만 했다고 앞에서 말했다. 그 자리에서 수준이 높은 분들이 몇 가지 팁을 주셨다. 라켓 헤드를 밑으로 떨어뜨리지 말고 손잡이와 수평이 되도록 치라는 것이다. 그 한마디를 잊지 않고 그렇게 쳐보도록 계속 노력했다. 어느 정도 수준이 오른 뒤에도 이렇게 배우려는 태도는 계속되었다. 또 언젠가는 볼을 밀지 말고 치라는 말도 들었다. 나는 나름대로 친다고 했는데 밀었나 보다. 그 말을 들은 뒤부터 미는 타법과 치는 타법이 어떻게 다른지 느낌이 왔다. 아직도 고칠 게 많지만 꾸준하게 자기를 성찰하는 방식으로 테니스를 하고 있다. 이런 태도를 고수한다면 레슨을 받지 않아도 테니스를 배우고 또 일정한 수준에 오를 수 있긴 하지만, 가능하면 레슨은 받는 것이 좋다. 내가 처음부터 제대로 레슨을 받았다면 시행착오를 빨리 고쳤을 것이다. 이제라도 레슨을 한번 받아볼까?

원당으로 이사 온 뒤에 테니스장 접근이 어려워졌다. 하양에서 살때는 자전거로 5분이면 해결이 되었는데, 지금은 차로 15분을 잡아야 한다. 하양에서는 일주일에 세 번을 나갔는데, 지금은 두 번 나간다. 차라리 잘됐다. 시간도 절약될 뿐만 아니라 나이가 들어 체력적으로도 세 번은 무리가 올 테니 말이다. 테니스장 환경은 물론 지금이 훨씬 좋다.

책 읽기와 글쓰기, 예배와 설교와 강의가 내게 기도라고 한다면 테니스는 일종의 노동이다. 테니스 외에 설거지와 청소와 텃밭 가꾸기도 몸으로 하는 것이지만 테니스만큼 몸을 많이 쓰는 것은 아니다. 한 번 테니스를 칠 때마다 두세 시간 동안 몸의 모든 에너지가 고갈 될 정도로 몸을 쓴다. 수도승에게 기도와 노동이 하나이듯이 나에게 목사로서의 활동과 테니스 운동은 하나다. 테니스가 아무리 몸을 쓰는 것이라고 하더라도 먹고살기 위해서 하는 노동과는 질이 다르지 않느냐, 하는 반문이 가능하다. 돈을 벌기 위한 노동은 강요에 의해 어쩔 수 없이 해야 하지만 테니스는 자기가 원해서 하는 것이라고, 그러니 테니스를 노동이라고 말하는 것은 안일한 발상이라고 말이다. 물론 건축 공사 현장에서 하는 노동과 테니스장에서 하는 운동은 직접 비교될 수 없다. 그러나 양쪽 모두 인간의 몸을 사용한다는 점에서는 다를 게 없다.

이런 점에서 우리는 이렇게 말할 수 있다. 노동의 본질은 놀이로 승화되어야 한다. 과연 이것이 가능할까? 아주 불가능한 것도 아니다. 여기 한 무리의 사람들이 집을 짓는다고 해보자. 그들은 각각의 역할을 통해서 집짓기의 창조적인 사건에 참여할 수 있다. 몸을 통해 창조적인 것을 경험하는 것이 바로 놀이다. 그런데 놀이로서의 노동이 현실에서 불가능한 이유는 노동이 금전적 가치로만 평가된다는 데 있다. 이것만 극복된다면 모든 노동은 놀이가 될 수 있다. 어쨌든 나는 테니스를 침으로써 수도승에게 기도와 더불어 필수적으로 중요한 노동에 참여한다고 생각한다.

# 목사의 구원

## 죽음

이제 글쓰기를 마쳐야 할 때가 다가왔다. 평소 내가 중요하게 생각하던 두 가지만 말하겠다. 하나는 죽음이고, 다른 하나는 구원이다. 먼저 죽음이다. 목사 공부에서 죽음의 문제가 중요한 이유는 몇 가지가 된다. 목사의 설교는 따지고 보면 신자들에게 죽음을 준비하라는 설득이요 권면이자 선포다. 죽음에 대한 공부와 경험 없이 설교할 수 없다. 비단 설교만이 아니다. 목사의 배타적 카리스마에 속하는 세례와 성만찬도 죽음과 깊이 연루되어 있다. 세례는 예수와 더불어 죽고 다시 산다는 것이고, 성만찬은 세례의 일상화다. 목사는 장례 의식도 자주 감당해야 한다. 결국 목사는 원하든 원하지 않든 신자들에게 죽음에 대해 자주 말할 수밖에 없다.

현대 목회는 죽음을 별로 진지하게 다루지 않는다. 대부분 세상에서의 삶에 치우쳐 있다. 하나님으로부터 복 받아 행복하게 사는 길을 제시하기에 바쁘다. 세상에서 좋은 인간관계를 맺는 종교적 노하우에 대한 이야기도 많다. 헌금과 교회 봉사 이야기도 모두 세상살이에 속한다. 세상에서의 삶 자체는 중요하다. 죽음 문제도 결국 삶의 문제다. 그러나 죽음을 진지하게 생각하지 않는 한, 삶도 진지하게 생각할 수 없다. 따라서 목사는 늘 죽음의 문제를 의식하고 있어야 한다. 아니 의식하기만 해서는 충분하지 않다. 죽음을 공부하고 경험해야 한다. 죽음에 대해 피상적인 이해밖에 없는 목사가 십자가와 부활과 종말론적인 하나님의 통치에 대해 설교하는 모습을 상상해보라. 이보다 더 재미있는 희극은 없다. 아니 슬픈 희극이라 해야 한다.

이제 내가 죽음을 정말 이해하고 있는지에 대해 솔직하게 말해보겠다. 우선 내가 살아오면서 겪었던 죽음에 대한 몇 가지 에피소드를 기억해내야겠다. 첫 경험은 어머니의 죽음이다. 초등학교 1학년 때다. 7남매를 낳으셨지만 한국전쟁 때 하나를 잃고 막내가 겨우 한 살을 넘긴 사십 대 초반의 어머니는 큰 뇌수술을 받고 얼마 지나지 않아서 돌아가셨다. 그 과정에서 기억나는 건 별로 없다. 몇 장면이 오래된 영화의 스틸 사진처럼 남아 있을 뿐이다.

열 살 정도 나이 차이가 나는 큰 누님의 손에 끌려 다른 곳에서 요양하고 있던 어머니를 찾아갔다. 그분은 앉은 채 방문을 열고 우리를 맞았다. 그 모습이 내게는 너무나 낯설었다. 반쯤 풀어헤친 긴 머리카락이 유난히 눈에 띄었다. 오래 머리를 감지 않은 탓인지 끈적거려보였다. 어머니에게 다가가서 안기라는 누님의 말을 들었지만 한 발자국도 내딛지 못했다. 왜 그랬는지 아직도 이유를 알 수 없다. 어머니에 대한 기억이 그 외에 한두 개밖에 기억나지 않는 걸 보면 어머니가 요양하느라 우리 가족과 오래 떨어져 지내셨는지도 모르겠다.

철이 없었던 탓인지 모르나 어머니가 돌아가셨다는 상실감을 당시에는 별로 느끼지 못했다. 얼마 뒤 학교에 갔을 때 담임선생님이 반 친구들에게 "용섭이 어머니가 얼마 전에 돌아가셨단다"라고 말씀하셨다. 장례를 마치고 돌아오는 가족과 친척들을 반갑게 맞으러 힘차게 달려갔던 내가 선생님의 말씀을 듣고는 책상에 얼굴을 파묻고 울었다. 어머니를 일찍 여읜 상실감은 아주 천천히 오랫동안 내 무의식에 자리하고 있었다. 죽음은 극한의 상실감이 아니겠는가.

1981년 후반기인지 1982년 전반기인지 기억이 가물가물하다. 당시 나는 8사단 포병연대 군종장교(군목)로 근무하고 있었다. 부대에서 큰 사고가 났다. 한 병사가 죽었다. 당시만 해도 이런 일은 군대에서 일상으로 일어났다. 정확한 사고 원인을 밝히기도 힘들고, 책임자 처벌은 더더욱 힘들었다. 당시 표면적으로 밝혀진 사고 경위는 다음과 같았다. 저녁 식사 시간 뒤에 점호가 이루어졌다. 공식적인 점호 시간이기는 하지만 이때 고참이 내무반 병사들의 군기를 잡는 경우가 많았다. 개인화기 개머리판으로 한 병사의 배를 쳤고, 맞은 병사는 가슴을 부여잡고 쓰러졌다. 그 병사는 죽었다.

부검을 하기로 했다. 상급 부대에서 부검의가 내려왔다. 장소는 천막이 설치된 연병장이었다. 우리 부대 군의관은 부검 현장에 입회하겠다는 내게 조언하기를, 그런 장면을 처음 대하는 사람은 속이 크게 불편할 테니, 가능하면 자리를 피하는 게 좋겠다고 했다. 나는 그냥 그 자리를 지켰다. 죽은 병사는 흰 천으로 덮여 있었다. 그 자리에서 내가 부대 목사로서 기도를 했던 것으로 기억하는데, 확실하지는 않다. 당시 나도 심리적으로 크게 불안했던 것 같다. 의사는 기계적으로 빠르게 손을 놀렸다. 배를 가르고 여러 장기를 적출했다. 그 장기들은 돼지나 양의 그것과 다를 게 없었다. 사체는 인간이나 동물 모두 동일했다.

초등학교(당시는 "국민학교") 다닐 때 나는 친구들과 노는 데만 정신이 팔려 있었다. 당시 아이들은 대개 그랬다. 부잣집 아이는 좀 다르긴 했지만 서민 가정의 아이들은 노는 게 일이었다. 그때가 그립다. 때는 1960년대였다. 우리는 이천 년대가 오면 세상이 어떻게 될까에 대해서 이야기했다. 이런 이야기를 친구들과 실제로 한 것인지, 아니면 내가 혼자 생각했으면서 친구들과 이야기한 것으로 기억하는 것인지 확실하지는 않다. 어쨌든 당시의 내 의식에는 이천 년대라는 게 신비의 시간이었다. 너무 까마득한 미래인 탓에 현실감은 별로 없었다. 내 나이를 계산하면서 막연하게나마 뭔가 내가 거대한 힘에 붙잡혀 있는 것처럼 느꼈다.

그 막연하면서도 신비롭게 생각했던 시간이 실제로 왔고, 그리고 지났다. 정말 눈 깜짝할 순간에 말이다. 내 나이도 그렇게 먹었다. 아니 그것보다 더 먹었다. 앞으로 20년이나 30년 후라는 시간도 올 것이다. 그 시간은 내게 죽음이다. 어쩌면 그 시간을 채우지 못할지도 모른다. 그 시간이 지금 이 순간에 아직 오지 않았다고 해서 내게 현실이 아니라고 말할 수 있을까? 그 시간은 내가 붙들지 못했을 뿐이지 이미 내 곁에 와 있는 것은 아닐까? 죽음의 시간이 내게 가장 분명한 현실(reality)이 아닐까? 그렇다면 나는 지금 이미 죽어 있는 것은 아닐까?

내일(또는 일 년 후나 10년 후) 내가 죽었다고 상상해보자. 무슨 일이 벌어지는가? 가족과 교회 신자들이 장례식을 거행할 것이다. 장례식은 따지고 보면 죽은 이를 위한다기보다는 살아 있는 이들을 위한 것이다. 죽은 이는 시간과 공간의 결합으로 경험되는 이 세상을 이미 떠났기 때문에 시간과 공간 안에서 일어나는 장례식과는 아무런 상관이 없다. 따라서 사람들을 모을 게 아니라 가족끼리만 조용하게 절차를 밟아서 화장하고, 남은 재는 납골당 같은 데 두지 말고 산이나 강에 뿌리는 게 가장 간편할 것이다. 당장은 아내와 딸들이 섭섭할지 모르겠지만 그게 모두에게 좋아 보인다.

내 몸을 의학 실험용으로 내놓는 것도 고려해볼 만하다. 의학도들이 내 몸을, 비록 죽은 몸이지만, 마음대로 다루는 게 꺼림칙하지만 곰곰이 생각하면 별일도 아니다. 죽은 몸이 불에 타든지, 아니면 땅에 묻혀 박테리아에게 먹히든지, 병원 실험실에서 해부되든지 아무런 차이가 없는 것이 아닌가. 이렇게 바꿔서 생각해보자. 이발소에서 내 머리(카락)를 깎았다. 그것을 어떤 사람이 모아서 불에 태우거나 다른 화학약품으로 녹인다고 하더라도 나와는 아무런 상관이 없다. 그것 때문에 내 몸이 고통스럽지도 않고, 마음이 아프지도 않다. 내게서 떨어져나간 머리카락은 지구 안에 있는 다른 사물들처럼 일종의 질료에 불과하기 때문이다. 어쨌거나 죽은 내 몸이 어떻게 처리될지는 그렇게 어렵지 않게 상상할 수 있다. 문제는 내 영혼이다.

몸이 죽어 없어진다는 것은, 또는 지구의 질료로 해체된다는 것은 누구도 부인할 수 없는 명백한 사실이기 때문에 더 이상 복잡하게 생각하지 않아도 되지만 영혼은 좀 다르다. 기독교는 죽음에 대해 말할 때 몸은 죽지만 영혼은 죽지 않는다고 한다. 이것이 옳은가? 정말 몸은 죽지만 영혼은 죽지 않는가? 영혼은 불멸하는가? 도대체 불멸이라는 것이 무슨 뜻일까?

인간을 몸과 영혼으로 분리해서 보는 성서적 근거는 많다. 한 군데만 예를 들겠다. 마태복음 10:28은 다음과 같이 말한다. "몸은 죽여도 영혼은 능히 죽이지 못하는 자들을 두려워하지 말고 오직 몸과 영혼을 능히 지옥에 멸하실 수 있는 이를 두려워하라." 이 구절을 표현된 그대로 본다면 다음과 같은 뜻이다. 이 세상의 권력자들은 우리의 몸을 죽일 수 있지만 영혼은 죽이지 못한다. 이와 달리 하나님은 우리의 몸과 영혼을 다 죽일 수 있다. 이 구절은 간접적으로 인간의 몸과 영혼이 분리된다는 사실을 암시한다.

이런 구절을 근거로 몸과 영혼의 이원론을 주장할 수는 없다. 이 구절이 말하려는 것은 기독교인이 이 세상 권력을 두려워하지 말아야 한다는 것이다. 초기 기독교인들은 로마 제국의 무시무시한 권력에 의해 박해를 받았다. 그 권력은 실제로 두려워할 만하다. 사람의 생살여탈권을 소유하고 있었다. 그러나 로마 권력은 사람의 영혼에는 손을 대지 못했다. 영혼은 생명의 가장 깊은 영역이기 때문이다. 여기까지는 누구나 다 아는 이야기다. 문제는 영혼이라는 것이 손에 딱 잡히지 않는다는 데 있다.

인간의 영혼은 무엇일까? 이런 질문에 답하려면 책 몇 권으로도 부족할 것이다. 어느 누구도 완전한 대답을 알지 못한다. 현대 뇌 과학자들은 영혼을 뇌 현상으로 설명하려고 할 것이다. 성서는 영혼을 몸과 대별되는 인간의 구성 요소로 본다. 뇌는 몸에 속하기 때문에 영혼은 뇌를 초월한다고 볼 수 있다. 어느 쪽이 옳은가? 최종 결론에는 아직 도달하지 못했다.

영혼이라는 말이 종교적으로 들린다면 이를 정신으로 바꿔도 된다. 인간의 정신은 무엇인가? 정신이 단순히 뇌의 현상에 불과하다고 주장하는 사람도 있고, 뇌의 영향을 받지만 거기 종속되지 않았다고 주장하는 사람도 있다. 만약 정신을 지성이나 이성에 한정시키면 뇌에 종속된다는 주장이 옳다. 뇌에 장애를 얻은 이들은 지성적 활동에 결정적인 영향을 받는다. 수학 계산도 할 수 없다. 그러나 정신을 감정과 정서 등을 포함한 복합적인 자기 초월 능력이라고 한다면 단순히 뇌의 현상만이라고 말할 수는 없다.

나는 인간의 영혼 또는 정신이 뇌 메커니즘과 어느 정도 결합되어 있는지에 대해 아는 게 별로 없다. 서로 다른 이야기를 따라갈 만한 능력도 없다. 내 입장에서는 이렇게 말하는 것이 최선이다. 인간의 영혼은 인간을 가장 인간답게 하는 생명 현상이라고 말이다. 그것이 때로는 인격으로 나타나기도 하고, 예술 감각으로 나타나기도 하고, 고도의 지성적 활동으로 나타나기도 한다. 자기의 정체성을 인식하는 능력으로 나타나기도 한다. 영혼의 작용은 너무 깊고 넓어서 어떤 하나의 작용으로 규정될 수 없다. 하나님과의 관계를 통해서만 리얼리티(reality)가 확보될 수 있는 생명의 궁극적인 신비가 곧 영혼이라는 뜻이다. 그렇다면 죽음과 함께 그런 영혼도 사라지는가? 아닌가?

나는 지금 죽음에 대해 이야기하는 중이다. 기독교인들이 가장 중요하게 생각하는 영혼불멸이 옳은지를 설명하다가 너무 관념적인 쪽으로 나간 것 같다. 다시 제자리로 돌아가야겠다. 몸은 실제로 흙이 되지만 영혼은 죽지 않고 하나님께로 올라가는가? 기독교인은 몸이 아니라 영혼의 구원을 희망하기 때문에 죽음을 두려워하지 않아도 되는가?

조금 단순한 질문을 하자. 이제까지 지구에서 살다가 죽어 구원받은 이들의 영혼은 지금 어디에 가 있는 걸까? 우주 공간 어디쯤에 영혼이 모여 사는 곳이 있을까? 장례식 때 목사는 유가족을 이렇게 위로한다. "고인이 되신 아무개 집사님은 지금 하늘나라에서 영원한 안식을 누리실 겁니다. 우리도 곧 그곳에 가서 고인을 만나게 될 것입니다." 그곳은 과연 어딘가? 그곳에서 우리는 어떤 모습으로 존재하는가? 여전히 남자는 남자로, 여자는 여자로 존재하는가? 한국 사람은 한국 사람으로, 미국 사람은 미국 사람으로 존재하는가? 이런 질문은 사실 아무런 의미가 없다. 죽음 이후의 세계는 우리의 생각을 초월하는 것이기 때문이다.

우리가 지금 확실하게 아는 것은 죽으면 몸이 해체된다는 사실뿐이다. 영혼이 불멸하는지, 또는 영혼도 죽는지를 아무도 정확하게 알지 못한다. 여기서 모른다는 말을 불편하게 생각하지 말기를 바란다. 모른다는 것은 거기에 대해서 아무것도 말할 것이 없다는 게 아니라 진리의 차원에서 개방된 질문으로 받아들여야 한다는 뜻이다.

앞의 이야기를 노골적으로 표현하면 다음과 같은 질문이 될 것이다. 죽으면 "나"는 완전히 없어지는 걸까? 죽음에 대한 두려움도 바로 "나"의 해체에 있다. 해체에 대해 말하기 전에 우선 "나"가 누구 또는 무엇인지를 질문해야 한다. 즉 자기 정체성에 대한 질문이다. 사람들은 자기 정체성을 주로 인간관계에서 경험한다. 아무개의 아내나 남편, 부모나 자식, 직장 상사와 동료, 스승과 제자 등의 관계를 통해 자기가 누구인지를 확인한다. 또는 자기가 행한 업적이 그런 통로가 되기도 한다. 시인들은 자기가 쓴 시를 통해서, 화가는 그림을 통해서, 목사는 교회 활동을 통해서 자기가 누군지를 확인한다. 죽음을 두려워하는 이유는 이런 관계와 업적이 송두리째 없어진다는 데 있다.

이제 죽음을 두려워하지 않을 수 있는 길이 무엇인지 답이 나왔을 것이다. 살아 있는 동안에 그런 관계와 업적을 상대화하는 훈련이 바로 그 답이다. 자기를 부인하라는 주님의 말씀이 바로 이것을 말하는 것이 아니겠는가. 문제는 그것을 상대화하는 것이 쉽지 않다는 데 있다. 오히려 이를 강화하는 것을 인생이라고 생각한다.

인간관계와 업적을 완전히 제거한 상태에서도 우리가 삶의 동력을 잃지 않을 수 있을까? 이를 위해 많은 사람이 구도의 길을 간다. 구도는 바로 인간관계와 업적으로부터 완전히 자유로운 삶을 추구하는 것이다. 만약 이런 구도의 과정이 일정한 경지에 이른다면 죽음에 대한 두려움까지 넘어설 수 있을 것이다. 이런 경지는 쉽게 말해서 잃을 것이 하나도 없는 사람이 되는 것이다. 이것이 말은 쉽지만 실제로는 쉽지 않은 삶의 단계다. 왜냐하면 사람은 본능적으로 인간관계를 확대하고 싶어하고 업적을 남기고 싶어하기 때문이다.

목사로 평생 살아온 사람인데도 나 역시 인간관계와 업적 등으로부터 완전히 자유롭지 못하다. 아마 죽을 때까지 완전히 해결은 안 될 것 같다. 다만 방향은 분명히 알고 있어서 다행이다. 하나님과의 일치가 그 답이다. 그것은 한순간에 완전히 주어지는 것이 아니니까 앞으로 남은 생애 동안 꾸준히 구도 정진해야겠다. 내가 들어간 깊이

만큼 죽음으로부터도 자유로워지지 않겠는가.

하나님과의 일치라는 말이 도대체 무슨 뜻일까? 우리에게 익숙한 표현으로 바꾸면 그것은 하나님 경험을 가리킨다. 하나님 경험이 우리의 정체성 문제에서 중요한 이유는 하나님 안에서만 "나"가 누구인지를 알 수 있다는 데 있다. 거꾸로 말하면 "나"가 누군지를 알게 되는 그 순간이, 또는 그 사태가 곧 하나님이기 때문이다.

지금 우리가 몰두하고 있는 일상을 통해서는 "나"가 누군지를 알수 없다. 앞에서 말한 인간관계와 업적만 해도 그렇다. 그 모든 것들은 먼지와 같다. 어느 순간에 날아가 버린다. 초등학교 시절이나 그 이전으로 돌아가 보자. 그때의 일이 오늘 우리와는 아무 상관이 없다. 당시 단짝처럼 지냈던 친구들도 어디론가 뿔뿔이 흩어져서 지금 나와는 아무런 관계가 없다. 설령 그런 죽마고우가 남아 있다고 하더라도 언젠가는 다 떠날 수밖에 없다. 그런 일들이 당시에는 아무리 강렬하게 자리하고 있었다 하더라도 세월과 더불어 다 시들해지고 결국에는 아무것도 남지 않는다. 지난 일만이 아니라 지금 여기서 나와 관계를 맺고 있는 사람들이나 내가 성취하려는 모든 일도 거기서 벗어나지 못한다. 목회 행위도 마찬가지다. 목회 업적이 아무리 커도 그것으로 자기를 확인할 수는 없다. 많은 신자가 "우리 목사님"이라고 따른다 해도 그것으로 이 문제가 해결되는 게 아니다. 이것이 우리의 적나라한 실존이다. 지난 이천 년 기독교 역사에서 수많은 수도사들이 일상을 포기한 이유도 바로 여기에 있다. 그런 일상에서 자기 정체성을 확인할 수 없었다는 뜻이다.

"나"가 누군지 모른다는 사실은 인간을 종(種)의 차원에서 바라볼 때 더 분명해진다. 인간 종은 현재 지구에서 절대 권력을 행사할 수 있는 자리까지 왔다. 소위 호모 사피엔스라고 자칭하는 인간 종이 지구 생태계를 압도하고 있다. 그래서 자신을 만물의 영장이라고 여긴다. 그런데 그 세월이 그렇게 오래지 않았다. 유인원 시절에는 다른 동물과 엇비슷하게 경쟁하면서 지냈다. 더 거슬러 올라가면 다른 동물들이 지구를 지배했다. 지금도 실상은 인간이 지구를 지배하는 것이 아니다. 겉으로만 그렇게 보일 뿐이다.

앞으로 인간 종의 미래는 어떨까? 그걸 누가 알겠는가. 상식적으로만 본다면 다음과 같이 예측할 수는 있다. 머지않아 빙하기가 닥치면 인간은 당연히 멸종한다. 대신 박테리아나 바퀴벌레 또는 쥐만 살아남을 것이다. 어쩌면 그것들마저 완전히 사라지는 순간이 올지도 모른다. 지구의 생태 메커니즘은 유기적이라서 어느 한두 종만 살아남을 수는 없다. 식물이 없으면 동물도 살아남을 수 없고, 온갖 세균이 없으면 다른 생명체도 살아남을 수 없다. 우리의 대장 안에는 2조 마리 이상의 세균이 산다고 한다.

인간 종이 없는 지구를 상상해보라. 이를 실존적으로 고쳐 말하면, "나"가 없는 세상을 상상하는 것이다. 그런 순간이 올 개연성은 아주 높다. 세상은 원시적 자연 상태로 돌아갈 것이다. 그런 상태가 좋은지 아닌지는 우리가 판단할 수 없다. 무인도에 비추어 생각해본다면 인간 종이 없는 지구가 오히려 파라다이스에 가까운 게 아닐는지. 이것도 가정일 뿐이지 우리가 뭐라고 단정할 수 있는 것은 아니다. 어쨌거나 지난 45억 년이라는 지구의 역사와 앞으로 대략 45억 년 동안 지탱하고 있는 지구의 전체 생명 현상이라는 차원에서 볼 때 과연 인간 종이 무엇인지를 말하기는 쉽지 않다.

죽음 이야기를 이렇게 길게 끌고 가는 이유는 목사가 그것을 실질적으로 이해하지 않으면 기독교 복음에 접근하기 어렵다는 사실을 전달해보려는 마음에서다. 복음은 말 그대로 복된 소식이다. 생명을 얻는 것이 가장 복된 소식이다. 예수 믿고 생명을 얻는다는 사실을 단순히 교리로서만 이해하면 복음의 세계로 들어갔다고 보기 힘들다. 죽음을 아는 것만큼 생명이 눈에 보일 것이며, 생명을 아는 것만큼 죽음이 눈에 보일 것이다. 문제는 생명도 그렇고 죽음 역시 마찬가지인데, 손에 확실하게 잡히지 않는다는 데 있다. 다만 용맹정진의 태도로 거기에 가까이 가도록 노력하는 것이 최선이다. 이는 생명, 구원, 하늘나라를 선포하는 목사라면 필수 불가결의 길이다.

생명과 죽음이 손에 확실하게 잡히지 않는다는 말과 용맹정진의 태도로 거기에 가까이 가는 것이 최선이라는 말이 모순처럼 들릴 것이다. 아무리 노력해도 결국 손에 잡히지 않는다면 노력 여부가 별로 중요하지 않기 때문이다. 그래서 많은 사람이 그런 노력을 포기한다. 어떻게 보면 그런 노력 자체가 뜬구름 잡는 것처럼 느껴지기도 하고, 그런 노력을 하기에는 현실의 삶이 너무 팍팍하기도 하다. 지금 생존에 힘겨워하는 사람이 어떻게 그런 주제를 붙들고 씨름할 수 있느냐는 것이다.

이런 논란을 여기서 반복해서 말하고 싶지 않다. 나는 지금 모든 기독교 신자를 대상으로 이 글을 쓰고 있는 것이 아니다. 이 글의 대상은 나와 똑같은 길을 가고 있는 목사다. 또는 기독교 영성의 중심으로 들어가려고 애를 쓰는 평신도다. 평범하게 신앙생활을 하는 사람들의 경우를 여기서 다 배려할 수는 없다.

이 문제를 바둑과 비교하면 다음과 같다. 모든 사람이 프로 바둑 기사처럼 바둑을 둘 수는 없다. 그들은 전문가다. 바둑의 세계로 들어가서 수행하듯이 새로운 수를 찾는 사람이다. 아마추어는 그들을 따라갈 수 없다. 흉내 낼 수도 없다. 자기 수준에서 바둑을 대하고 즐기면 충분하다. 그러나 여기서 중요한 것은 결국 프로 기사들에 의해 바둑이 발전한다는 사실이다. 그들의 바둑 세계가 아마추어에게 너무 어렵다고 해서 배격할 수는 없다. 목사는 신앙의 세계에서 프로이기 때문에 아마추어인 평신도가 다 알아듣지 못한다고 하더라도 기독교 영성의 깊이로 들어가는 노력을 게을리할 수 없다. 죽음의 문제도 이에 해당한다.

내게 다음과 같이 질문하고 싶은 분이 있을 것이다. 당신은 죽음이 두렵지 않은가? 당신은 죽어서 천국에 갈 자신이 있는가? 앞의 질문은 모든 사람에게 해당하고, 뒤의 질문은 기독교인에게 해당한다. 너무 평범한 질문처럼 들리겠지만 그 무게는 아주 무겁다. 각자의 인생 전체에 버금가는 무게다. 나는 죽음이 한편으로는 두렵고, 다른 한편으로는 두렵지 않다. 두려운 이유는 죽음이 처음으로 하는 경험이라는 데 있다. 비행기를 처음 타는 사람이 느끼는 두려움과 비슷하다. 이런 표현은 너무 느슨하다. 죽음 앞에서 실제로 고통 당하는 사람들의 경우에 비쳐보는 게 낫다. 내가 폐암 말기 환자라고 해보자. 그 고통은 무슨 말로도 표현할 수 없을 정도로 심할 것이다. 또는 강도가 오늘 밤에 내 방에 들어와 칼을 내 턱밑에 대고 죽인다고 말했다 하자. 그 순간에 나는 어떤 심정이겠는가. 죽음 앞에서 겪게 되는 육체적·정신적 고통을 쉽게 뛰어넘을 수 있는 사람은 없다. 나도 마찬가지다.

죽음에 이르는 육체적인 고통이 오래 지속되는 경우에 사람들은 여러 반응을 보인다. 정신까지 황폐해지거나, 아니면 그 상황을 순순히 받아들이든가 말이다. 살아 있는 것이 죽는 것보다 더 고통스러운 경우에는 죽음 앞에서 오히려 마음이 편안해질지도 모른다. 어떤 죽음이든지 간에 아직 살아 있는 사람은 죽음에 대해 왈가왈부할 수 없다. 이렇게 말하고 있는 나도 막상 눈앞에 죽음이 닥치면 어떤 태도를 취할지 장담하기 힘들다.

죽음이 두렵지 않다는 말은 지금 내가 죽음을 그대로 받아들일 준비가 어느 정도 되어 있다는 뜻이다. 실제로 육체적 고통이 따르면 그 순간에 말이 달라질지 모르겠지만, 내가 소멸되는 현상인 죽음 자체만 놓고 본다면 큰 두려움은 없다. 이것은 두 가지 의미다. 하나는 소극적인 것이며, 다른 하나는 적극적인 것이다. 소극적으로, 나는 이 세상에서 더 오래 살고 싶은 생각이 없다. 나이가 든 사람은 대개 나와 비슷한 생각일 것이다. 일단 내가 1953년 1월생이니, 나이도 먹을 만큼 먹었다. 그동안 이 세상에서 많은 것을 경험했다. 60여 년 이상 매일 세 끼씩 먹었으니, 내 몸을 통과한 먹을거리의 양이 얼마나 많았겠는가. 수많은 사람을 만났고 또 헤어졌다. 나름 책도 많이 읽고 또 쓰기도 했다. 배우고 가르치고 설교했다. 즐거운 일도 많았고 마음 아픈 일도 겪었다. 남에게 도움이 되는 일도 했지만 그렇지 못한 일도 많았다. 그 모든 것이 지나갔다. 지금도 지나가고 있으며, 앞으로 당분간 그런 일이 지나가게 될 것이다. 요즘 전도서의 가르침이 더 생생하게 다가온다.

> 헛되고 헛되며 헛되고 헛되니 모든 것이 헛되도다. 해 아래에서 수고
> 하는 모든 수고가 사람에게 무엇이 유익한가. 한 세대는 가고 한 세대
> 는 오되 땅은 영원히 있도다.…모든 만물이 피곤하다는 것을 사람이
> 말로 다 말할 수 없나니 눈은 보아도 족함이 없고 귀는 들어도 가득
> 차지 아니하도다(전 1:1-8).

지금 삶이 허무하다는 말을 하는 것이 아니다. 실제로는 지금도
재미있는 일이 내게는 많다. 다만 피조물로서의 실존을 내가 절실하
게 느낀다는 뜻이다. 그 무엇으로도 참된 안식이 불가능한 그런 실존
말이다. 그걸 뚫어볼 때만 "살아 있음"의 기쁨을 간접적으로나마 경
험하게 되지 않겠는가. 내 주변의 어떤 분은 가끔 내게 "목사님, 오래
사셔야 합니다" 하고 덕담을 한다. 내가 오래 살지 아닐지 전혀 예측
할 수 없지만, 평균 수명을 채우지 못한다고 해서 아쉬울 게 없다는
것만은 분명하다.

적극적으로, 나는 죽음 이후의 새로운 생명에 대한 기대가 크다.
이를 설명하기가 쉽지 않다. 내가 정확하게 이해하고 있는지도 확실
하지는 않지만, 그래도 말을 꺼냈으니 짧게라도 한마디는 해야겠다.
단 하늘나라에 가서 주님과 더불어 영원한 안식을 누린다는 식의 신
앙적인 언어로 포장된 말은 빼고 해야겠다. 이것이 가능할지는 잘 모
르겠지만.

우리 집은 산으로 올라가는 언덕에 자리하고 있다. 내 서재 창문

을 통해 언덕에 있는 대나무나 참나무가 손에 잡힐 듯이 가까이 있다. 조금 더 올라가면 서너 개의 무덤이 있다. 오래된 것도 있고, 오래되지 않은 것도 있다. 무덤은 우리 집에서 대략 30미터 정도 떨어져 있다. 작년까지만 해도 이층 서재의 창문에서 무덤이 보였는데, 요즘은 대나무에 가려 잘 보이지 않는다. 반대 창문을 통해서는 건너편 산이 보인다. 거기도 무덤이 곳곳에 보인다. 나는 늘 그 무덤을 생각한다. 어젯밤에도 늦게 집에 들어오면서 대나무 숲 너머의 무덤을 생각했다. 어떤 때는 아주 추운 날 집 마당에 나와 바람을 쐬면서 무덤 속의 시체를 생각한다. 언젠가 나도 저런 운명에 떨어질 것이다.

그 시체가 한편으로는 부럽다. 그들은 혼자 땅속에 묻혀 있어도 외로울 것도 없고 두려울 것도 없다. 내가 지금 그 시체와 같은 처지에 떨어진다면 얼마나 두려워하겠는가. 그 친구들은 칠흑 같은 어둠에서도 무서워하지 않고, 영하 10도에도 추위를 타지 않는다. 지금 살아 있는 우리가 힘들어하는 모든 것으로부터 그들은 자유롭다. 오해는 말기 바란다. 나는 죽음 예찬론자가 결코 아니다. 죽음을 초월한 것처럼 도사연하는 사람도 아니다. 가능한 한 재미있게 살려고 노력하는 평범한 사람이다. 다만 이 세상의 모든 것으로부터의 자유가 죽음을 통해서 주어진다는 사실을 어느 정도 이해하고 있을 뿐이다.

만약 내게 죽음이 없다면 어떻게 될까? 내가 구약성서에 나오는 므두셀라처럼 969세까지 산다면 행복할까? 내가 죽지 않고 영원히 사는 축복을 받았다면 어떻게 될까? 나뿐만 아니라 어느 누구도 이를 축복이라고 생각하지 않을 것이다. 죽음이 없는 삶은 오히려 저주다. 그런 저주로부터 벗어나는 것이 죽음이다. 그렇다면 죽음은 구원이라는 말이 된다. 이런 말이 억지처럼 들릴지 모르겠다. 죽음은 어떤 이유에서도 미화될 수 없다고 말이다. 나는 죽음을 미화하려는 게 아니다. 죽음 없는 삶이 무조건 행복한 게 아니라는 역설을 말하려고 그런 극단적인 예를 든 것뿐이다. 어쨌든 여기서 분명한 것은 오늘 현재의 삶도 죽음을 전제할 때만 의미가 있다는 사실이다.

중세기 유럽 사람들은 "죽음을 기억하라!"(memento mori)라는 문장을 자주 사용했다. 이는 고대 로마의 어떤 하인이 전쟁에서 승리한 왕 또는 장군에게 한 말로 전해진다. 쉽게 말해 교만하지 말라는 뜻이다. 죽음을 기억할 때만 삶을 바르게 살아낼 수 있다는 뜻이기도 하다. 우리 기독교인은 십자가에서 처형당한 예수의 죽음을 기억하는 사람들이다. 그의 죽음은 곧 하나님의 죽음이기도 하다. 하나님이 십자가에 처형당했다는 엄중한 사실을 기억하는 사람이라면 더 이상 죽음을 두려워하지 않아도 좋으리라.

나는 언제 죽을까? 그걸 누가 알랴만 그 순간이 온다는 사실만은 분명하다. 나를 포함한 모든 사람은 죽음이라는 동굴 안으로 들어가는 기차를 타고 여행하는 중이다. 누구는 앞 칸에 앉아 있고, 누구는 뒤 칸에 앉아 있다. 앞 칸과 뒤 칸의 거리는 보기에 따라서 멀기도 하도 짧기도 하다. 경우에 따라서는 순서가 바뀔 수도 있다. 많은 사람이 이 사실을 알고 있지만 평소에 생각하지 않으려고 한다. 하지만 생각하지 않는다고 해서 그 운명을 피할 수 있는 것은 아니다. 물론 생각한다고 해도 결과가 달라지는 것은 아니다. 이러나저러나 결과가 똑같기에 가능한 한 기억하지 않는 길을 선택한다. 살아 있는 그 순간만이라도 죽음에 대한 두려움에서 벗어나고 싶기 때문이다. 그렇게 살고 싶은 사람은 그렇게 살면 된다. 하지만 나는 생각하는 삶을 선택하겠다. 나이가 든 탓인가 보다.

내가 타고 있는 운명의 기차가 어떤 일이 벌어질지 전혀 예측할 수 없는 터널 안으로 들어간다는 사실을 예상한다는 것은 도대체 무슨 의미인가? 그 답은 단순하다. 그리고 명백하다. 지금 내 삶의 무화(無化)를 준비하는 것이다. 지금 나와 연관된 모든 것으로부터 완전히 단절되는 그 사태를 미리 준비하는 것이다. 터널 밖과 터널 안은 모든 것이 달라지기 때문이다. 여기서 "모든 것"은 그야말로 모든 것이다. 지금 내가 가치 있다고 생각하고 열심을 다해 성취하려는 것을 끊임없이 내려놓아야 한다. 목사로서의 정체성마저 거기에 포함된다. 당연하다. 터널에 들어가기 전에 지금부터 미리 목사가 아닌 상황을 받아들이고 살아야 하지 않겠는가.

자기 무화를 허무주의나 냉소주의로 받아들이면 곤란하다. 성서의 표현에 따르면 그것은 자기부정이다. 터널로 들어가면 자기부정을 아무리 막아보려고 해도 어쩔 수 없이 부정될 수밖에 없다. 그런 일이 실제로 일어나기 전에 그 사실을 받아들이고 살아가는 것이 지혜로운 삶이 아니겠는가. 자기부정으로 인해 현재 삶의 에너지가 훼손되는 것은 아니다. 실제로는 정반대다. 자기부정은 생명의 기운을 오히려 활기차게 한다. 이건 경험해본 사람만이 알 것이다. 예수님이 공연히 자기를 부정하라고 말씀하셨겠는가.

죽음에 대한 이야기가 목사 공부와 어떤 관계가 있는가? 바로 위의 글에서 어느 정도 암시되었다고 보는데, 목사로서 죽음을 직면한다는 것은 곧 자신의 목회 행위를 철저하게 상대화한다는 뜻이다. 그것을 부정하는 것이다. 죽으면 더 이상 목회를 할 수 없다는 사실을 미리 당겨서 살아내는 것이다. 그렇다면 모든 목회 행위를 포기하라는 말이냐 하는 질문이 가능하다. 그건 말이 되지 않는다. 목회를 치열하게 감당하지 않는다면 목사직을 그만두는 게 낫다. 목회 행위와 그 열정은 필요하다. 우리가 아직 터널로 들어가지 않았기 때문에 이 현실을 엄정하게 대처해야만 한다. 바르트 식으로 말해서 우리는 여전히 "순례자의 신학"을 감당해야만 한다. 어떤 목사도 자기가 이미 천국에 들어간 것처럼 이 현실에서 감당해야 할 책임을 회피하면 곤란하다. 그래서 여전히 싸울 때는 싸우고, 화해할 때는 화해하고, 공부할 때는 공부하고, 사랑할 때는 사랑해야 한다. 비록 우리의 인식과 판단이 오류로부터 완전히 자유롭지 못하더라도 말이다.

내가 보기에 목회 현장에서 오류를 줄이거나, 또는 목회의 용기를 얻기 위한 최선의 길은 신학 공부다. 신학 공부는 교회 공동체와 그 역사의 원천으로 돌아가는 영적 회개이기 때문이다. 신학 공부를 통해서 우리는 자신의 모든 것을 부정하고 하나님과의 원초적 관계로 들어가는 기쁨과 자유와 두려움을 경험하게 될 것이다. 그것이 곧 목사에게는 죽음의 준비가 아니겠는가.

## 구원

이 책의 마지막 주제는 목사의 구원이다. 목사로 평생 살아온 나는 구원받을 수 있을까? 이것은 나 자신을 향한 신앙 양심의 소리이기도 하다. 예수 그리스도를 통한 구원을 매주 설교할 뿐만 아니라 구원의 공동체인 교회를 꾸려가야 할 목사는 숙명적으로 이런 질문 앞에 벌거벗고 서야 한다. 목사라는 직책, 목회의 업적, 신학적 사유 능력을 모두 내려놓아야 한다는 말이다. 이게 쉽지 않다. 평생 이런 것들에만 몰두한 목사는 그것을 내려놓을 수 없다. 사람은 대개 자기가 살아온 그대로 세상을 본다. 웬만해서는 다른 시각이 열리지 않는다.

이런 점에서 목사는 구원 문제에서 가장 심각한 위기에 놓인 사람이다. 일반 신자는 그래도 자신의 구원에 대해서 성찰할 순간이 있지만 목사는 그게 없다. 교회 업무에 그의 영혼이 매달려 있기 때문이다. 쉽게 말해서 목사는 구원받았다는 사실을 너무 당연시한다. 자신이 구원과 거리가 멀다는 사실을 꿈에도 생각하지 못한다. 특히 목회에 성공한 목사에게서 그런 경향이 강하다. 그들은 넘치는 자신감으로 다른 사람들을 향해 구원받으라고, 구원받은 증거를 대라고, 그러니 교회에 충성하라고 다그친다. 그들은 자신이 무엇을 말하는지도 모를 때가 많다. 그래도 한국교회 신자들은 그런 설교에 은혜를 받는다고 한다. 목사인 나는 구원받았을까?

"구원받았나?" 하는 질문은 순서가 잘못된 거다. 구원이 무엇인가 하는 질문이 먼저다. 구원에 대한 개념이 전제되지 않은 상태에서는 구원받았나 하는 질문은 아무런 의미가 없다. 오히려 그것이 자기 합리화나 남을 공격하는 수단으로 사용될 수 있다. 여기서 신학적인 구원론(soteriology)을 다시 언급할 필요는 없다. 그런 문제를 다 전제한 채 나의 구원 경험 또는 희망에 대해 직접 말하는 게 좋겠다.

나는 구원받았다. 그렇게 믿고 그렇게 희망한다. 이런 믿음과 희망이 없다면 기독교인이라고 할 수 없다. 기독교인으로서의 확신이 있어야 한다는 체면 때문이 아니라 실제로 나는 구원받았다고, 더 정확하게는 구원받을 것이라고 믿고 희망한다. 이런 말에 반론이나 오해가 많을 것이다. 그것에 대해 일일이 내가 대답할 수는 없다. 내가 생각하는 구원을 간략하게나마 설명하는 게 나을 것이다.

나는 지금의 삶이 연장되는 어떤 세상을 생각하지 않는다. 죽으면 그것으로 지금의 삶은 끝이다. 차라리 다행스러운 일이다. 지금의 삶이 다시 연장된다면 지루해서 견디지 못할 것이다. 불교는 다시 연장되는 삶을 윤회로 설명하고, 거기서 벗어나는 것을 해탈 즉 열반이라고 한다. 그건 옳은 말이다. 기독교 역시 기본적으로 새 하늘과 새 땅을 말한다.

지금의 삶을 보라. 그 무엇으로도 만족이 불가능하다. 이런 삶이 영원히 연장된다면 그것은 구원이 아니라 저주다. 지금 지구에 있는 모든 생명체는 서로 먹고 먹히는 먹이사슬로 연결되어 있다. 한쪽이 다른 한쪽을 먹어야만 산다. 이런 먹이사슬이 반복되는 세상이 연장된다면 그것은 구원이 아니라 저주다. 그래서 나는 죽음으로 이 세상에서의 삶이, 그리고 그런 경험이 완전히 단절될 것이라고 생각한다. 지금의 모든 것이, 거기에는 자신의 조건과 가족 관계와 종교 문제까지 다 포함되는데, 죽음으로 끝난다면 죽음 자체가 일단 내게 구원이라는 말이 된다. 그러면 지금 왜 사냐, 차라리 빨리 죽는 게 더 낫지 않느냐 하는 이야기는 다른 주제니 내가 여기서 굳이 보충해서 설명하지 않겠다.

죽음을 통한 이 세상과의 단절은 바로 이 세상으로부터의 해방이며 구원이다. 이 세상에서의 삶에 미련이 있다면 그는 죽음을 통해 구원받지 못할 것이다. 이런 미련을 끊기가 쉽지 않다. 우리의 경험은 이런 미련을 오히려 강화시킨다. 목사는 교회 성장에 미련이 크다. 은퇴할 때까지 거기에 매달린다. 자식 문제도 마찬가지다. 거기에 미련이 크면 우리는 구원받지 못한다. 문제는 그런 미련이 우리에게 본능적으로 강하다는 점이다. 죽어야만 이런 데서 해방될 것이다. 그런 것에 아무리 미련이 강한 사람도 죽으면 거기로부터 자유로워진다. 본인이 원하지 않아도.

우리는 아직 죽지 않았다. 그러니 구원받지 못한 것이다. 죽을 때까지 아등바등 대면서 수많은 미련, 좋게 말해서 수많은 열정에 휩싸여 살아갈 수밖에 없다. 따라서 살아 있는 한 아무도 구원받지 못했다는 말이 된다. 바울도 비슷한 이야기를 했다. 죄의 능력이, 또는 율법의 능력이 너무 커서 우리가 죽어야만 해결된다고 말이다. 그것이 인간의 숙명이다. 살아 있는 한 우리는 살아보려고 발버둥을 친다. 그것이 우리를 파괴하는 힘이다. 죽어야만 그런 힘이 없어지니까 죽음이 구원이라고 말할 수 있다.

아직 죽음이 오지 않았으니까 살아 있는 한 구원을 얻은 것은 아니다. 그러나 나는 미래에 일어날 일을 미리 경험함으로써 현재적 구원도 가능하다고 믿으며, 그렇게 살아가려고 노력하고 있고, 그런 경험들이 시시때때로 주어진다. 그것은 곧 죽을 때 일어날 모든 미련으로부터의 단절을 지금 살아 있을 때 경험하는 것이다. 미련으로부터의 단절을 허무주의와 비슷한 어떤 것으로 생각하면 곤란하다. 겉으로는 그렇게 보이겠지만 실제로는 그렇지 않다. 그것은 허무가 아니라 모든 존재하는 것에 대한 사랑이다. 이런 일이 어떻게 가능한가?

내 경우에 그것은 예수 그리스도와의 일치다. 바울 식으로 말하면 "내가 그리스도 안에 있고, 그리스도가 내 안에 있다"는 인식이자 경험이며 신앙이다. 나는 예수 그리스도를 통해서, 그리고 그에게 일어난 사건을 통해서 이 세상 모든 미련으로부터 벗어났다고 또는 벗어나는 중이라고 말할 수 있다. 나는 예수님이 십자가에 처형당했다는 사실에서 죽음의 문을 통과할 용기를 얻었다. 그가 종말론적 생명의 궁극적인 현실(ultimate reality of eschatological life)로 제자들에게 현현했다는 사실을 통해 나는 인간의 모든 상상력을 뛰어넘는 차원에서 주어질 생명을 희망할 수 있게 되었다. 이런 용기와 희망이 곧 구원 아니겠는가.

지금 나는 내가 소유하고 있는 것들, 그리고 나와 관계된 사람들이 다 떠나도 걱정하지 않는다. 내가 지금 당장 무인도에 떨어진다고 해도 괜찮다. 암자에 들어가도 좋고, 수도원에 들어가도 좋다. 다치거나 큰 병이 들어 오랫동안 취미로 좋아했던 테니스를 계속하지 못해도 아무런 상관이 없다. 나이가 갑자기 더 들어 바짝 늙는 것도 괜찮다. 나를 둘러싸고 있는 환경과 조건이 나를 결정하지 못한다는 사실을 알고 있기 때문이다. 더 이상 원하는 것도 없고, 이루고 싶은 것도 없다. 다만 지금 모든 것을 충분한 것으로 생각하니, 구원받았다고 말할 수 있지 않겠는가.

그렇다고 해서 지금 내가 도사연하며 남은 인생을 유유자적하면서 살고 싶은 생각도 없다. 오히려 반대다. 팽팽한 활시위처럼 긴장하면서 삶을, 세상을, 인간을, 그리고 궁극적으로 하나님을 생각할 것이다. 생각할 뿐만 아니라 목사로서 가능한 한도까지 거기에 참여하고 투쟁하며 사랑할 것이다. 다음과 같은 바울의 경구가 내 영혼으로부터 나오는 고백이다. "내가 내 몸을 쳐 복종하게 함은 내가 남에게 전파한 후에 자신이 도리어 버림을 당할까 두려워함이로다"(고전 9:27). 결국 나는 목사이면서 기독교인으로, 그리고 한 인간으로서 구원을 향해 갈 뿐이지 구원을 완성한 것은 아니다. 구원의 빛을 향해서 천천히, 쉬지 말고, 숨이 끊어질 때까지 갈 뿐이다. 성령께서 도와주시기를!

목사 공부

# 목사 공부

수행과 순례로서의 목회

Copyright ⓒ 정용섭 2017

1쇄발행_ 2017년 4월 27일
3쇄발행_ 2017년 12월 20일

지은이_ 정용섭
펴낸이_ 김요한
펴낸곳_ 새물결플러스
편 집_ 왕희광·정인철·최율리·박규준·노재현·한바울·신준호·정혜인·김태윤
디자인_ 김민영·이재희·박슬기
마케팅_ 임성배·박성민
총 무_ 김명화·이성순
영 상_ 최정호·조용석·곽상원

아카데미_ 유영성·최경환·이윤범

홈페이지 www.holywaveplus.com
이메일 hwpbooks@hwpbooks.com
출판등록 2008년 8월 21일 제2008-24호
주소 (우) 07214 서울특별시 영등포구 양평로 11, 4층(당산동5가)
전화 02) 2652-3161
팩스 02) 2652-3191

ISBN 979-11-6129-008-9 03230

이 도서의 국립중앙도서관 출판예정도서목록(CIP)은 서지정보유통지원시스템 홈페이지
(http://seoji.nl.go.kr)와 국가자료공동목록시스템(http://www.nl.go.kr/kolisnet)에서
이용하실 수 있습니다(CIP제어번호: CIP2017009244).